Marcel Frölich

Was ist Geschichte?

D1669263

∞fe

© 2009 by fe-medienverlags gmbh
Hauptstaße 22, 88353 Kißlegg
www.fe-medien.de
Gestaltung: Renate Geisler
Druck: Ludwig Auer GmbH, Donauwörth
Printed in Germany

ISBN: 978-3-939684-55-8

Marcel Frölich

Was ist Geschichte?

Zur Problematik von Bedeutung, Sinn und Ziel der Geschichte zwischen Hegels dialektischer Geschichtsphilosophie und Bonaventuras theologischem Geschichtsentwurf im Horizont der Frage nach einem geschichtlichen
Sinn des Christentums und einem christlichen Sinn der
Geschichte. – Ein Beitrag zur Wiedergewinnung teleologischen Denkens.

Mit einem Geleitwort von Bischof Walter Mixa.

Inhaltsverzeichnis

Geleitwort..11

Vorbemerkung...13

Allgemeine Hinführung zur Fragestellung und zum
Ergebnis der Untersuchung 16

I. Teil:
Ein kleines Präludium statt einer Einführung: Zum
Ringen um die Geschichte und ihre Bedeutung in den
Entwürfen von P. Hünermann und K. Löwith 30

    I.1. Das Verhältnis zwischen Christentum und Neuzeit
        bei Löwith 34
    I.2. Die Geschichtlichkeit aller Wirklichkeit bei
        Hünermann 41
    I.3. Zusammenfassung und Problemanzeige 52

II. Teil:
Zum dialektischen Geschichtsverständnis bei Hegel ... 57

    II.1. Zur Stellung der Geschichts-Problematik in
        Hegels Denken 60

II.2. Das *werdende Wissen* nach Hegels *Phänomenologie des Geistes*: die Weltgeschichte als Bildungs-Geschichte des sich suchenden und findenden Geistes 66

II.2.1. Bedeutung, Ansatz und Tragweite der *Phänomenologie des Geistes* 66

II.2.2. »Arbeit« und »Schmerz« des Negativen: dialektische Methode, holistischer Wirklichkeitszugang und der Geistbegriff bei Hegel 74

II.2.3. Die *Phänomenologie des Geistes* als Weg und als Überstieg 78

II.2.4. Zusammenfassung: Eine dreifache Unterscheidung des Geschichtsbegriffs 87

II.3. »Die Vernunft in der Geschichte«: Versuch einer Versöhnung von *Geschichte* und *Philosophie* in Hegels *Vorlesungen über die Philosophie der Geschichte* 92

II.3.1. Die Arten der Geschichtsschreibung 95

II.3.2. Die Bestimmung bzw. die Verwirklichung des Geistes in der Weltgeschichte 102

II.3.3. Der Gang der Weltgeschichte 114

II.3.4. Zusammenfassung: Die Substanz ist *auch* in der Geschichte Subjekt. Die vernünftige Freiheitsordnung ist das dynamische Ende der Geschichte 123

II.4. Die auf den *Begriff* gebrachte Geschichte und die Problematik der *Aufhebung*: die »begriffne Geschichte« als absolute Geschichte 127

II.4.1. Tilgung der Zeit, Aufhebung der Zeit und die Zeit des absoluten Wissens: Eine Annäherung an die »begriffne Geschichte« 128

II.4.2. Das Ziel der Geschichte 137

II.4.3. Die diachrone Dimension des Versöhnungs*prozesses* und das offene Ende der Geschichte ... 140

II.4.4. Die Problematik der *Aufhebung*: Die Offenheit der absoluten Geschichte als eine paradoxale Vermittlung innerer Wendungen 144

II.4.5. Zusammenfassung: Die unvoreingenommene Erfahrung einer polaren und paradoxalen Wirklichkeit führt zu einer neuen Fragestellung 151

II.5. Zur *Logik des Kreuzes* in ihrer Bedeutung für die *Logik der Geschichte*: Dialektischer Umschwung oder Ankündigung einer ekstatischen Wende des Geschichtsdramas? 162

II.5.1. Die Konfiguration der neuen Fragestellung 152

II.5.2. Die Bedeutung der Kategorien *Ereignis* und *Struktur* 154

II.5.3. »Gott ist tot«: Der Schlüssel zur Dialektik von *Geschichte* und *Eschaton* 158

II.5.4. Die Kreuzeslogik als Logik der Freiheit einer beendeten Geschichte 163

II.5.5. Zusammenfassung: Jesus Christus als strukturbildendes Ereignis und ekstatischer Brennpunkt der absoluten Geschichte 167

III. Teil:
Der Hereinbruch einer *anderen Logik* jenseits der dialektischen Geschichte – zum Umgang mit dem Problem der Geschichte beim heiligen Bonaventura 171

III.1. Zur christologisch-staurologischen Prävalenz und zur Frage nach einem ekstatischen Ansatz im Denken Bonaventuras: Ergibt sich aus einer möglichen *Logik des Kreuzes* eine christliche *Logik der Geschichte*? ... 175

III.2. Zum konkret-existentiellen Aspekt des bonaventuranischen Geschichtsentwurfs. Das Drama um die
Krise des Franziskanerordens: Ist Franziskus die
Gestalt gewordene Ekstatik der Geschichte? 184
III.3. Zum mystisch-ekstatischen Aspekt des bonaventuranischen Geschichtsentwurfs. Der *Pilgerweg des Menschen zu Gott* als je schon ergangener, geschehender
und noch sich zu ereignender Entzug von Zeit und
Geschichte in Christus hinein 189
III.4. Zum universal-kosmologischen Aspekt des bonaventuranischen Geschichtsentwurfs. Die *Mitte des Wel-
tenkreises* und das auf den *Frieden* geordnete Drama
der Geschichte 198
III.5. Zur Frage nach einem *Sinn* der Geschichte bei
Bonaventura 206

IV. Teil:
**Versuch eines Ergebnisses und abschließende Betrach-
tungen: Bedeutung und Ziel der Geschichte im Kontext
einer doppelten Sinnfrage im Zueinander von Christentum und Geschichte** 216

**IV.1. Zum Verhältnis der Entwürfe Hegels und Bona-
venturas im Hinblick auf die Frage nach der
universalen Geschichte: Zwei Dimensionen einer
tri-dimensionalen Geschichts-Wirklichkeit** 218
IV.2. Der geschichtliche Sinn des Christentums 222
IV.2.1. Der wahre Horizont von Hegels Philosophie:
Das Christentum generiert eine neue Verhältnisbestimmung von *Staat* und *Religion* 222

IV.2.2. Die sozialen und politischen Implikationen einer neuen und ideologiekritischen Gegenwart, die das christliche Ereignis hervorgebracht hat 228

IV.3. Der christliche Sinn der Geschichte 234

IV.3.1. Eine teleologische Theologie der Geschichte 234

IV.3.2. Eine über die eigenen Abgründe aufgeklärte Freiheit 237

IV.4. Ein multipolarer Geschichtsbegriff als Grundlage von Welt- und Wirklichkeitserfahrung, *Anthropologie* und *Theo*-logie 240

IV.4.1. Der Vorrang einer historisch-phänomenologischen Methode 240

IV.4.2. Die kreisförmige Bewegung einer nach oben offenen Spirale 241

IV.4.3. Perspektiven einer kritischen Rezeption des sich gezeigten Geschichtsbegriffs 243

IV.5. Die *ekstatische Dialektik* der Geschichte 246

Post-Scriptum 248

Nachbemerkung 249

Bibliographie 252

Geleitwort

Was einst unmöglich erschien, das stellt sich in der Rückschau als unausweichlich heraus. – Angesichts der bedrückenden Erfahrungen im 20. Jahrhundert und der auch heute in der Welt vielfach herrschenden Gefährdungen von Freiheit, Gerechtigkeit und Frieden stellen sich manche Fragen an den nachdenkenden und erst recht an den glaubenden Menschen immer wieder und scheinbar ohne Antwort: Hat unsere Geschichte hier auf der Erde einen Sinn? Warum muß das Ziel einer glücklichen Welt, eines glücklichen, friedvollen Lebens (das wir bei Gott erhoffen) auf dem Weg *dieser* Geschichte erreicht werden? Welche Bedeutung hat all das, was Generationen erlebt haben und was wir erleben? Muß ein realistischer Blick auf die Wirklichkeit nicht zu Resignation führen?

All diesen Fragen stellt sich die Untersuchung von Marcel Frölich, die nun in Buchform publiziert werden kann. Sie deutet auch die politische Brisanz dieser Fragen an. Doch sie gibt keine Antworten. Sie nimmt mit auf einen Weg, auf dem das *Abenteuer unserer Freiheit* und damit der weite Horizont unserer Geschichte betrachtet werden können, und führt so zu sowohl inhaltlich wie formal überraschenden Einsichten. Der Verfasser der Untersuchung läßt sich dabei im wesentlichen von zwei Denkergestalten leiten, die einem ersten Blick nicht anders als gegensätzlich erscheinen können: *Bonaventura*, der große christliche Denker und heiliggesprochene Kirchenmann, über dessen Geschichtsdenken unser Heiliger Vater, Papst Benedikt XVI., seine bis heute lesenswerte und instruktive Habilitationsschrift verfaßt hat; *Hegel*, der deutsche Philosoph par excellence, dessen Denken oft so schwer zu erschließen ist und dabei in der Interpretationslinie des Verfassers doch für eine Weite des Geistes und für ein Vertrauen in die Vernunft steht, eine Vernunft, die für Hegel von Gott geschenkt ist und zu Gott führt. Die Untersuchung bleibt jedoch nicht unverbunden bei einem Vergleich dieser beiden Autoren stehen, sondern sie fragt weiter nach *Bedeutung*, *Sinn* und *Ziel* der Geschichte, von der wir als Christen fest glauben, daß sie in Gottes Liebe geborgen ist.

Detailgenau, mit großer Kenntnis der Texte und reichlich angeführten Belegen führt der Verfasser auf unkonventionellen Wegen gleichsam zu einem geschichtstheoretischen Aussichtsplateau, von dem aus gesehen zwar nicht aller Nebel aus den Tälern entwichen ist, das aber doch ein herrliches Panorama eröffnet. Hat unsere Geschichte hier auf der Erde mit all ihrem Leid und Elend also einen Sinn? Marcel Frölich zeigt in der hier veröffentlichten Untersuchung, daß wir nur vom *Ziel* her denken können. Doch wir müssen *denken* und dürfen uns keiner Ideologie, welcher Couleur sie auch sei, hingeben. Vielmehr müssen wir nach den gewonnenen Maßgaben dann auch handeln. So erweist sich die Einsicht in den vom Kreuz herab gezeichneten *Plan Gottes* für unsere Geschichte gleichermaßen als ein Diktat des Glaubens und der Vernunft.

Augsburg, Mai 2009

Dr. Walter Mixa
Bischof von Augsburg und Katholischer
Militärbischof für die Deutsche Bundeswehr

Vorbemerkung

Dieses Vorwort ist ausschließlich ein Wort des Dankes. Denn die hier vorgelegte bescheidene und unvollkommene Untersuchung weiß sich bei aller Unzulänglichkeit noch vielfacher Hilfe geschuldet. Daß sie letztlich eher als literarischer Diskussionsbeitrag denn als vermeintlich streng wissenschaftlichen Kriterien genügende Untersuchung zu verstehen ist – wiewohl diese Veröffentlichung keine plakativen Aussagen propagieren möchte –, stellt den Tribut an ihre Grundsätzlichkeit dar und liegt allein in der Verantwortung des Verfassers. Doch dieser gewählte Ansatz scheint angesichts des unternommenen Versuchs auch im Nachhinein der angemessenste und vielversprechendste zu sein.

Ich danke für die wissenschaftliche und freundschaftliche Begleitung und Unterstützung bei den Vorüberlegungen und in der Entstehungsgeschichte dieser Untersuchung in besonderer Weise Frau Prof. Dr. Marianne Schlosser (Wien) und Herrn Prof. Dr. Achim Schütz (Rom). Für vielfältige Hilfestellung, vor allem jedoch bei der Beschaffung von Literatur aus der Bayerischen Staatsbibliothek, danke ich der Historikerin Frau Dr. Britta Kägler (München), der ich mich seit vielen Jahren freundschaftlich verbunden wissen darf. Für wertvolle Beratung, technische Hilfe und den Entwurf des Covers danke ich Herrn Peter M. Matz (Hamburg), meinem bis heute langjährigen Freund noch aus Kindertagen. Besonders danke ich auch Herrn Christoph Zimmer (Rom/Aachen), dem geschätzten Mitbruder aus dem Collegium Germanicum, für die kritische Durchsehung und das Korrekturlesen der ursprünglich eingereichten Fassung sowie für die durch viele Gespräche auch inhaltlich konstruktive Begleitung bei der Entstehung weiter

Teile des Textes. Und schließlich danke ich herzlich meinem Bischof, S. Exz. Dr. Walter Mixa, der dieser Veröffentlichung ein Geleitwort vorangestellt hat.

Allen voran aber danke ich dem verehrten Herrn Prof. Dr. P. Elmar Salmann OSB (Sant'Anselmo, Rom) für die wohlwollende und aufgeschlossene Annahme dieses Projektes als Lizentiats-Arbeit und für die inspirierende Betreuung vor Beginn und während des Schreibens. Ich hatte großen Freiraum für diesen Versuch und durfte mir dabei kundiger und hilfreicher Hinweise und Ratschläge immer sicher sein.

Rom, im April 2008
Weißenhorn, im Mai 2009
Marcel Frölich

An die Möglichkeit des Erkennens einer allgemeingültigen Wahrheit zu glauben, ist keineswegs eine Quelle der Intoleranz; im Gegenteil, es ist die notwendige Voraussetzung für einen ehrlichen und glaubwürdigen Dialog der Menschen untereinander. Nur unter dieser Voraussetzung ist es möglich, die trennenden Uneinigkeiten zu überwinden und gemeinsam den Weg zur ganzen, ungeteilten Wahrheit einzuschlagen, indem wir jenen Pfaden folgen, die allein der Geist des auferstandenen Herrn kennt.

(*Johannes Paul II.*, Enzyklika *Fides et Ratio*, Nr. 92)

Allgemeine Hinführung zur Fragestellung und zum Ergebnis der Untersuchung

Was ist Geschichte? – Die provozierend reduktive Frage im Titel der hier veröffentlichten Untersuchung könnte vielleicht zunächst nahelegen, es gehe ihr um die allgemeine Einleitung in eine Disziplin als solche oder um eine Einführung in die historische Methode;[1] die Frage müßte dann allerdings treffender lauten: »Was ist Geschichtswissenschaft?«.

Unter Geschichte wird heute weitgehend nur die zeitliche Abfolge von Ereignissen verstanden. Diese kann darüber hinaus nicht weiter gedeutet werden, weil es keine unvoreingenommene Perspektive und keinen allgemeinen Standort einer Betrachtung gibt. Konsequenterweise wird dann zwischen *Geschichte* und *Geschichtlichkeit* unterschieden – nur über letztere können Aussagen in einem jeweiligen Kontext getroffen werden, weil die Kategorie der *Geschichtlichkeit* keinen umfassenden Anspruch stellt. Doch folgt aus der *Multiperspektivität* der Geschichte wirklich schon die Unmöglichkeit einer Bestimmung dessen, was unter *Geschichte* zu verstehen ist?[2] Beraubt sich damit nicht jeder wissenschaftliche und

---

[1] Vgl. in diesem Sinne die gleichnamigen Werke Carr E.H., *What is History?*, London 1961, dt. Übers. *Was ist Geschichte?*, Stuttgart 1963; Furrer N., *Was ist Geschichte?: Eine Einführung in die historische Methode*, Zürich 2003.

[2] Vgl. dazu Baberowski J., *Der Sinn der Geschichte. Geschichtstheorien von Hegel bis Foucault*, München 2005, 11-30. Der Historiker J. Baberowski sieht in der Multiperspektivität der Geschichte und in der daraus sich ergebenden Pluralität der Zugänge gerade den Vorzug geschichtlicher

allgemeine Diskurs seines eigenen Substrats, seines Grundes, auf dem er steht? Im Folgenden soll deshalb eine viel grundlegendere Reflexion vollzogen und nach einem adäquaten *Geschichts*begriff gesucht werden. Damit ist die Apologie eines meta-empirischen Geschichtsbegriffs intendiert, der indes nicht einfach zu einem metaphysischen, substanzonto-

---

Erkenntnis, denn Wirklichkeit ist ihm »ein intersubjektiver Erfahrungsraum, in dem Menschen einander bestätigen, was sie für real halten«, und deshalb »müssen wir akzeptieren, daß es mehrere Wirklichkeiten gibt, daß es darauf ankommt, wer mit wem über was und mit welchen Argumenten spricht« (ebd. 30). Die Grenzen der geschichtswissenschaftlichen Gnoseologie zieht Baberowski folglich Kantisch: »Denn obwohl erkenntnistheoretisch die Realität unzugänglich ist, ist es sinnvoll, ihre Existenz zu unterstellen. Denn für die Erklärung der Phänomene in der wahrgenommenen Wirklichkeit ist die Realität unverzichtbar. Nur darf man für diese Konstruktion keine objektive Gültigkeit beanspruchen« (ebd. 29). Daraus ergibt sich das heute prävalierende epistemologische Paradigma der Historiker: »Die Geschichtswissenschaft ist ein Verfahren der Selbstverortung des Menschen. Sie gibt keine Antwort auf die Frage, wie wir leben sollen. Sie belehrt uns nur darüber, was wir getan haben« (ebd. 25). Im Anschluß an H.-G. Gadamer unterstreicht J. Baberowski allerdings, daß gerade der wissenschaftlich Erkennende immer seine eigene Geschichtlichkeit berücksichtigen muß (vgl. ebd. 27). Dies weist genauso darauf hin, daß es ein Substrat der Geschichtlichkeit geben muß, wie die Bestimmung der Aufgabe des Historikers, die J. Baberowski gibt: »Dem Historiker ist es aufgetragen, das in der Erinnerung Aufbewahrte nicht nur weiterzuerzählen, sondern es für sich und andere verstehbar zu machen, es neuen Deutungen auszusetzen« (ebd. 21), denn der »Historiker möchte kein physikalisches Ereignis in Raum und Zeit bestimmen, sondern den Sinn und die Bedeutung von Handlungen ermitteln« (ebd. 25). – Allgemein zur Problematik der Geschichtstheorie(n) vgl. auch FABER K.-G., *Theorie der Geschichtswissenschaft*, erweiterte Auflage, München 1982; GOERTZ H.-J., *Umgang mit Geschichte. Eine Einführung in die Geschichtstheorie*, Reinbek bei Hamburg 1995. Am nächsten stehen dem Grundduktus der vorliegenden Arbeit indes die geschichtstheoretischen Betrachtungen bei KOSELLECK R., *Vergangene Zukunft. Zur Semantik geschichtlicher Zeiten*, erweiterte Auflage, Frankfurt a. M. 1992.

logischen, sondern vielmehr zu einem multipolaren, jedoch bestimmbaren Verständnis führen soll. Eine exakte oder gar zwingende Antwort auf die gestellte **Leitfrage** zu erwarten, ist ein Mißverständnis jener Wissenschaften und ihrer Vertreter, die heute allzu oft nur sich *selbst* als Voraussetzung ihrer *selbst* setzen und dabei die Notwendigkeit ihrer eigenen Grundlegung negieren.[3] Die *Wissenschaft denkt* eben *nicht*, wie Martin Heidegger ebenso provokativ wie luzid beobachtet hat.[4]

Auch die im Rahmen des hier vorgelegten Versuchs gemachten Anstrengungen sind freilich nicht einfachhin voraussetzungslos, es soll jedoch den Einsichten großer Meister des Denkens (namentlich Hegel und Bonaventura) zumindest nach-*gedacht* werden. Schon sind die Vorwürfe zu hören gegen eine überhebliche und maßlose Spekulation, die jeglicher kritisch-transzendentaler Grundlage entbehre. Darauf soll nicht einmal eigens eingegangen werden. Es genüge vorab der Hinweis, daß gerade die sogenannten Erfahrungswissenschaften (handelt es sich doch eigentlich um *Anwendungswissenschaften*) die *Geschichte* als den transzendentalen Boden ihrer

---

[3] Über die notwendigen Konsequenzen der »Selbstreferentialität wissenschaftlicher Erkenntnis« schreibt der Historiker J. Baberowski: »Die Wissenschaftlichkeit der Geschichte besteht darin, daß sie die Prämissen erfüllt, die sie sich selbst gesetzt hat, daß sie die erkenntnistheoretischen Voraussetzungen und die Beschaffenheit ihrer Quellen offenlegt, auf die sich ihre Interpretation bezieht« (BABEROWSKI, *Der Sinn der Geschichte*, 29f.). Diese Selbstreferentialität gilt indes auch für die übrigen Geisteswissenschaften und in gesteigertem Maße für die Naturwissenschaften.

[4] Vgl. HEIDEGGER M., *Was heißt Denken? (1952)*, in: Martin Heidegger Gesamtausgabe Bd. 7, hrsg. v. F.-W. von Herrmann, Frankfurt a. M. 2000, 127-143.

Erfahrung brauchen; eine *erfahrungswissenschaftliche* Meta-physikkritik ist widersinnig und schlechthin nicht möglich, sondern Metaphysikkritik muß sich immer schon als Meta-Metaphysik vollziehen. Das wirklich spekulative Denken ist zutiefst auf die Praxis bezogen und steht mit der Erfahrungsreflexion in einem wechselseitig gründenden Zusammenhang.[5] Dem Denken kann man sich nicht entziehen, und Denken ist in seiner höchsten Form Spekulation: Denn die geringste, flüchtigste und brüchigste Erkenntnis von den entscheidenden und grund-legenden Dingen, so lehrt der hl. Thomas, ist wertvoller und bedeutender als die sicherste und höchste Erkenntnis von Belanglosem. Daß dabei immer wieder die Erfahrungen der Schönheit, aber auch des Scheiterns und der Unerfülltheit, der mannigfachen Tragik unseres In-der-Welt-seins die geordneten Bahnen eines jeden Denkens durchbrechen, liegt gerade selbst im Geheimnis der Geschichte verborgen begründet. Da die vorliegende Untersuchung eine theologische sein möchte, ein unvollständiger Beitrag zur Metareflexion des Geschichtsbegriffs und zur Wiedergewinnung eines teleologischen Denkansatzes, stellt sie sich unter die biblische und

---

[5] Vgl. die tiefsinnigen und durch denkerische Erfahrung genährten Überlegungen bei Jürgen Moltmann, einem Vertreter einer durch-dachten politisch-sozialen Theologie:»Spekulatives Denken ist nicht abstraktes Denken. Es hat mit Erfahrungs- und Praxisferne überhaupt nichts zu tun. Es bemüht sich, das Geschehen *in* seiner Geschichte, die Erfahrung *im* Lebensganzen und die Aktion *im* Sinnzusammenhang ihrer Zukunft zu verstehen« (MOLTMANN J., *Gedanken zur „trinitarischen Geschichte Gottes"*, in: Evangelische Theologie 35 (1975), 222f.). Zur gleichwohl praxisbezogenen Dialektik von Spekulation und Ekstatik vgl. auch den *Epilog* zu MOLTMANN J., *Erfahrungen theologischen Denkens. Wege und Formen christlicher Theologie*, Gütersloh 1999, 291-297.

gleichwohl auch eigentümlich phänomenologische Methode einer *gesuchten Wissenschaft*: »Prüfet alles, und behaltet das Gute!« (*1Thess* 5,21) – in der Überzeugung, daß *Ideologie* auch und gerade im Reich des Denkens keinen Platz hat.

Die aufgeworfene Leitfrage »Was ist Geschichte?« ist einer Geschichtsphilosophie im eigentlichen Sinne gleichsam vorgängig, auch wenn die geschichtsphilosophischen Theoreme zu Sinn, Bedeutung und Ziel der/von Geschichte je schon mitbedacht werden müssen. Diese Fragen sind – und gerade darum, dies einzusehen, geht es – unabhängig von der Möglichkeit ihrer Beantwortung zu stellen: Sie sind die Grund-Fragen für jeden heilsgeschichtlichen Ansatz in der Theologie und für eine legitime Herangehensweise an die komplexen Zusammenhänge von Freiheit und Notwendigkeit, menschlichem Willen und göttlicher Vorsehung, sowie an die eminenten theologischen und anthropologischen Aufgaben der Protologie und der Eschatologie, an die Aussagen über den Anfang und das Ende, Schöpfung und Natur, Jüngstes Gericht, die letzten Dinge und über die erschütternden und unausweichlichen Themen von Tod und Ewigkeit. Doch die grundlegende Bedeutung der Aufgabenstellung erstreckt sich auch auf den praktischen Bereich: Es geht im Verständnis der Geschichte im letzten um die Frage nach der ethischen Verantwortung und Legitimation von (auch politischem) Handeln oder Nicht-Handeln, es geht schließlich um das Verhältnis von *Glaube* und *Vernunft* und ihren jeweiligen Wirklichkeitsbezug.[6] All die angesproche-

---

[6] Daß außerhalb von West- und Mitteleuropa *Glaube* und *Religion*, im Positiven wie im Negativen, einen außerordentlichen Einfluß auch auf politisches Handeln und Denken haben, und zwar bei weitem nicht nur vor

nen Felder müssen bzw. können erst gar nicht ins Auge gefaßt werden, wenn es *Geschichte* eigentlich nicht gibt. Über und in allem erhebt sich somit die Sinnfrage: Geschichte ist mit der Theodizee-Problematik und mit dem Sinn oder Unsinn des Lebens und Weltdaseins verknüpft. – Soll für diesen gesamten Komplex die Möglichkeit der Reflexion offengehalten werden, dann muß auch die Möglichkeit von *Geschichte* gerettet werden, dann ist ein adäquater Geschichtsbegriff unerläßlich.

Aus diesem Grund möchten die folgenden Überlegungen nicht den Nachlaß »überzogener „geschichtsphilosophischer" Ansprüche« verwalten,[7] doch sie wollen auch über die bloße Sinnkonstruktion oder das hermeneutische Sinn-Auffinden hinaus auf eine *Bedeutung*, einen *Sinn* und ein *Ziel* der Geschichte hin *zurück-* und *vor*denken, die sich vielleicht im geschichtlichen Sinn des Christentums und in einem möglichen christlichen Sinn der Geschichte als das die horizontalen und vertikalen Verstehenslinien zusammenführende *Andere* zeigen und auch jede hermeneutische Ideologiekritik noch einmal zu kritisieren vermögen. Was dabei die Vorgehensweise der hier vorgelegten Untersuchung angeht, können nur die Worte aus Karl F. Grimmers Untersuchung über die Grundelemente einer Geschichtstheologie wiederholt werden, die für den vorliegenden Versuch ungleich größere Geltung haben: »Fragestellungen und Themen der Arbeit

---

islamischem Hintergrund, ist eine Tatsache, deren Leugnung nicht nur von arroganter Ignoranz zeugt, sondern in vielen politisch-konkreten Fragen (auch der äußeren und inneren Sicherheit) eine höchst gefährliche Naivität darstellt.

[7] Vgl. LIEBSCH B., *Geschichte als Antwort und Versprechen*, Freiburg/München 1999, 18f. und besonders 23-61 u. 330-359.

am Begriff Geschichte sind kaum übersehbar und verlangen eine Auswahl. Daher bleibt auch eine wissenschaftliche Arbeit ein Fragment. Aber im Fragment [...] sind doch Ahnungen eines Ganzen enthalten, auch wenn das Ganze nie ganz darstellbar ist«[8].

* * *

Was einst unmöglich erschien, das stellt sich in der Rückschau als unausweichlich heraus. – Dies stellte im Rückblick auf die Geschichte im 20. Jahrhundert die ehemalige Außenministerin der Vereinigten Staaten von Amerika, *Condoleezza Rice,* die zuvor auch Nationale Sicherheitsberaterin und in früheren Zeiten bereits Sowjet-Beraterin des Weißen Hauses war, in einer prägnanten Formulierung fest.[9] Aus diesem Geschichtsbild ergeben sich gegen jede *Apologie des Zufälligen*

---

[8] Grimmer K.F., *Geschichte im Fragment. Grundelemente einer Theologie der Geschichte*, Stuttgart 2000, 16.

[9] In ihrer Dankesrede anläßlich der Verleihung des Eric-M.-Warburg-Preises der Atlantik-Brücke am 31. Mai 2007 in Potsdam rief die beeindruckende frühere Außenministerin der Vereinigten Staaten von Amerika, Condoleezza Rice, hinsichtlich der aktuellen Herausforderungen im Nahen und Mittleren Osten sowie in Mittel- und Südasien zu Optimismus auf, da die Geschichte in Europa nach dem Zweiten Weltkrieg und der Untergang des kommunistischen Ostblocks geschichtliche Lehren und somit Zukunftsorientierung für couragiertes politisches Handeln zu bieten hätten; so sagte sie: »Because you see, my friends, it is the nature of a historic sweep of humankind; that that which seemed once impossible in retrospect seems to have been inevitable«, weswegen »we should have every reason for optimism because we need to remember that history's judgement is almost never the same as today's headlines«.

(Odo Marquard)[10] zwei Konsequenzen: Zum einen ist daran festzuhalten, daß *aus der Geschichte zu lernen* ist und von ihr her das menschliche Verantwortungsbewußtsein reifen muß, weil in ihr sich eine *Bedeutung* und ein *Sinn* aussprechen,[11] weil *»Geschichte gleichursprünglich mit unserem Eintritt in ein unabweisbares Beunruhigtsein aufgrund der Sterblickeit des Anderen beginnt«*[12]. Zum anderen zeigt sich mit Nachdruck, daß die *Geschichte* nach einem *Plan* verläuft. Diese Überzeugung liegt der vorliegenden Untersuchung zugrunde und jede Form ihrer Negierung gehört zu den Wurzeln der in der Geschichte auftretenden, gefährlichen und oftmals menschenverachtenden Ideologien: Wer ein *Ziel* der Geschichte leugnet, vollführt jenen *salto mortale*, der unversehens in ei-

---

[10] O. Marquard möchte die Diskrepanz von Freiheit und Zufall überwinden (vgl. MARQUARD O., *Apologie des Zufälligen. Philosophische Überlegungen zum Menschen*, in: ID., *Apologie des Zufälligen. Philosophische Studien*, Stuttgart 1986, 117-139): Zwar könnte mitgegangen werden, daß das *Zu-fällige* als die *auferlegte Wirklichkeit* nicht zwangsläufig mit menschlicher Freiheit unvereinbar ist, allerdings nur in diesem ganz bestimmten Sinn, der im Laufe der vorliegenden Arbeit noch deutlicher werden soll. Nicht akzeptiert werden kann jedoch, daß die Menschen stets mehr ihre Zufälle seien als ihre freie Wahl – vielmehr müßte man von ekstatischer, »ernötigter Wahl« (SALMANN E., *Der geteilte Logos. Zum offenen Prozeß von neuzeitlichem Denken und Theologie*, Rom 1992, 135) sprechen – und daß menschliche Freiheit von der Gewaltenteilung lebe – dies würde eine *Konstruktion* der Freiheit bedeuten; vielmehr ist die Gewaltenteilung ein Postulat und eine Folge der an sich gegebenen Freiheit.

[11] In der ersten Rede eines ausländischen Regierungschefs überhaupt im israelischen Parlament, der *Knesset*, betonte die deutsche Bundeskanzlerin Angela Merkel am 18. März 2008, daß *Menschlichkeit aus der Verantwortung für die Vergangenheit erwächst*.

[12] LIEBSCH, *Geschichte als Antwort und Versprechen*, 13. – Geschichte ist demnach »ein Geschehen im Zeichen dieser Affizierbarkeit« (ebd. 14).

nem abscheulich-bitteren Meer aus Blut und Tränen landen könnte.[13]

Von daher soll in den folgenden Ausführungen und Reflexionen als **Grundhypothese** dargestellt werden, wie die *Welt* und ihre *Geschichte* als die *Geschichte der Freiheit* zu begreifen ist;[14] *Freiheit* ist die Bestimmung *aller* Menschen und die

---

[13] Vgl. zum Zusammenhang von *Krieg, Genozid, Vernichtung* und *totalitärem Geschichtsbild* sowie von *Geschichte* und *Macht, Anspruch* und *Wirklichkeit*, ebd. besonders 115-166 u. 261-277. – Die kommunistischen und faschistischen Ideologien sind ein Teil des Erbes der Französischen Revolution, nämlich ihrer *totalitären* Dialektik der Freiheit; in der Techno- und Mediokratie heutiger Gesellschaften wiederum ist das Erbe der genannten totalitären Ideologien wirksam, was zu vorgeblich gesellschaftlichen und technischen *Sachzwängen,* zum Verlust der Differenz von *Wirklichkeit* und *Simulation* sowie zur *Manipulation* des öffentlichen Diskurses führt, vgl. hierzu Fabeck H. v., *Jenseits der Geschichte. Zur Dialektik des Posthistoire,* München 2007, 61-178; die Einsicht aus dem positiven Erbe der Französischen Revolution, nämlich daß »die Dynamik einer zu ihrer Verwirklichung drängenden Freiheit tatsächlich mit dem Ablauf der Geschichte koextensiv ist, lässt sich allein durch die Aufhebung der Freiheits-Dialektik *in der Geschichte selbst* erweisen« (ebd. 9f.); dazu wird ein »Perspektivenwechsel, der *in* der Geschichte die Gegenwart ihres Jenseits eröffnet« (ebd. 11) notwendig sein: In diesen Bahnen möchte die vorliegende Untersuchung denken, indem sie den Spuren Hegels und Bonaventuras folgt. – Gerade weil die Geschichte einem *Plan* folgt, der den Menschen in die Verantwortung ruft und doch *nicht* ausschließlich in seinen Händen liegt, muß jeder Verantwortliche sich bei (politischen) Entscheidungen und Programmatiken vor fertigen Antworten hüten und zugleich festen humanistischen Prinzipien folgen; dies alles stets in dem Bewußtsein, mit dem *Unvorhersehbaren* und scheinbar *Unmöglichen* rechnen zu müssen.

[14] Es wird also darum gehen darzustellen, warum *paradoxerweise* das Gegenteil von dem gilt, was H.M. Baumgartner schreibt: »Die Philosophie der europäischen Neuzeit war in ihren großen Endgestalten eine Philosophie der Freiheit, die ihren Grundbegriff der autonomen Vernunft nicht nur unvermittelt als oberstes Prinzip alles Wirklichen behauptete, sondern zugleich als Resultat einer notwendigen Entwicklung des Denkens zu begreifen suchte. [...] Als Philosophie der Geschichte war die Philosophie der Freiheit *die* auf den

Kontradiktion jeder totalitären Ideologie. Es geht also mithin um einen Geschichtsbegriff, in dem *Pluralität* und *Differenz* ihren Raum haben, ohne daß auf einen *universalen Anspruch* verzichtet würde. Zu einem solchen Ergebnis wird man nur gelangen, wenn man sich *in Freiheit* von einem unverfügbaren und unableitbaren Anspruch *leiten* läßt und so eine je größere Freiheit gewinnt: Es tritt ein Punkt ein, an dem der Suchende von dem Gesuchten *ergriffen* wird. Als Folge müßte es darum gehen, den historisch erfahrenen »Widerfahrnissen gerecht zu werden«, »die uns auf enteignende Weise ergriffen haben«[15].

Begriff gebrachte und mit ihrer Vergangenheit zur Einheit versöhnte Gegenwart: Bild der Vollendung des Absoluten. So wenigstens im Selbstverständnis Hegels. Allerdings konnte diese faszinierende Konzeption, die bis heute das philosophische Bewußtsein, wo es am Anspruch des systematischen Denkens festhält, in ihren Bann zieht, weder der schon im Idealismus bei Fichte und Schelling weitergeführten Reflexion der Begriffe des Absoluten und der endlichen Freiheit noch den Erfahrungen der geschichtlichen Realität im 19. und speziell der großen Kriege im 20. Jahrhundert standhalten. [...] Die aus dem theoretischen Scheitern einer Philosophie der Freiheitsgeschichte des Geistes ebenso wie aus der Geschichtserfahrung der Welt des 20. Jahrhunderts erworbene Einsicht in die Problematik gleichermaßen der Freiheitsvorstellung wie eines spekulativen Begreifens von Geschichte führte [...] zu einer Auflösung der materialen Geschichtsphilosophie überhaupt« (BAUMGARTNER H.M., *Freiheit als Prinzip der Geschichte*, in: BAUMGARTNER H.M. (Hrsg.), *Prinzip Freiheit. Eine Auseinandersetzung um Chancen und Grenzen transzendentalphilosophischen Denkens*, Freiburg/München 1979, 299-301). Folgt aus diesen Beschreibungen nicht genau das Entgegengesetzte? Haben die *Erfahrungen* im 20. Jahrhundert nicht gerade gezeigt, daß jede Form von Totalitarismus und Ideologie *in sich nicht bestehen kann* und auch *nicht darf*? Spricht dies dann nicht dagegen, daß man Freiheit nur als »Prinzip« und »Sinnprinzip« der Geschichte verstehen könne, ohne die Entwicklungsgeschichte realer Freiheit, »als Offenbarung und Darstellung des Geschicks der Freiheit«, erkennen zu können (so H.M. Baumgartner ebd. 314-321)?

[15] LIEBSCH, *Geschichte als Antwort und Versprechen*, 22.

Diese scheinbar aporetische Aufgabenstellung bringt nun die vorliegende Untersuchung dazu, zwei der nicht unbedingt gewöhnlichsten Gesprächspartner zusammenzuführen: Georg Wilhelm Friedrich Hegel (1770-1831), der große und so wirkmächtige Philosoph aus Stuttgart und spätere Berliner Professor, und Johannes Fidanza alias Bonaventura (1217/1221-1274), der große Franziskanertheologe, Generalminister des Minderbrüderordens und zuletzt Kardinalbischof von Albano. Die Ausweglosigkeit einer geschichtstheoretischen Einbahnstraße soll gleichsam unterlaufen und überstiegen werden, indem die Straße zum Geschichtsverständnis von zwei unterschiedlichen Seiten und Richtungen her beschritten wird.

Hegel hat die *Weltgeschichte als Freiheits-Geschichte* konzipiert. Doch ist dies nicht eine *willkürliche Setzung?* Dies ist ihm oftmals vorgeworfen worden. Eine solche Behauptung könne niemals allgemein plausibel und für alle nachvollziehbar gemacht werden, sie bleibe immer hypothetisch. Weil man die Geschichte nicht solchermaßen teleologisieren könne, wird von gleicher Warte aus eine *offene Geschichte* gefordert. Setzen sich die Hegel-Kritiker damit nicht in einen peinlichen Selbstwiderspruch? – Die vorliegende Untersuchung möchte in ihrem Hauptteil eingehend darstellen, *wie* und *warum* Hegel die Geschichte als eine *vernünftige Freiheits-Geschichte* deutet; dies soll geschehen, indem Hegels entscheidende Textpassagen selbst ausführlich zur Sprache gebracht werden, weil gerade vielen Hegelschen Formulierungen die absurdesten Vorwürfe beigesellt werden und oftmals der sie begleitende Kontext, der erst das in sich kohärente Hegelsche Denken erschließt, sträflich übergangen wird. *Kohärenz* bedeutet jedoch *keinen Wider-*

spruch zu *Offenheit*; die Hegel-Interpretation der hier veröffentlichten Untersuchung möchte zeigen, wie der Hegelsche Denkweg durch alle Entwicklungen hindurch als einheitlich motiviert
und eben nur scheinbar brüchig zu begreifen ist. Denn Hegels
ganze Philosophie ist in der Konzeption seines umfassenden,
vielschichtigen und gleitenden Begriffs des *Geistes* verankert.
Die Geschichte ist schon von Hegel her als *multipolar* zu denken und somit *eo ipso* offen und als *Freiheit* bestimmt: Nur
Geschichte als *Geschichte der Freiheit* kann *offen* gedacht und
den verschiedenen Erfahrungen in der Welt gerecht werden;
die Freiheit der Geschichte ist letztlich eine *Freiheit von ihrem
eigenen Anspruch*, Freiheit von jeder Ideologie und gerade so
Freiheit der Geschichte *und* Geschichte der Freiheit.

Die Freiheit von einem selbst gestellten Anspruch schafft
aber unerwartet *Raum*: Damit dieser Raum seinerseits nicht
von einer verfestigten Ideologie ausgefüllt wird, muß von
einer *anderen Logik* her der Anspruch eines unverfügbaren
Anderen hereinbrechen. Bonaventuras Geschichtsdenken, das
in der vorliegenden Untersuchung in seinen christologischen,
staurologischen und trinitarischen Bezügen als letztlich *ekstatisch* interpretiert wird, vermag da ein unerwartetes *Remedium* anzureichen. Hegel und Bonaventura treten gleichsam in
einen für noch weitere Perspektiven offenen Dialog. So führt
der von seiner *Leitfrage* und seiner *Grundhypothese* getrie-
bene Gang der Arbeit am Ende zu vier Thesen, die das Ergebnis des vorliegenden Versuchs formulieren werden. Doch
zunächst sollen mit Hilfe von zwei uns zeitlich sehr viel nä-
herstehenden Denkern, nämlich Karl Löwith (1897-1973) und
Peter Hünermann (*1929), die Relevanz der Geschichtsthe-

matik und ihre vielfache, vorausgehend skizzierte Problematik punktualisiert und exponiert werden. Die weiteren Fragen werden sich dann *frei, von selbst* ergeben.

Was ist uns also im Angesichte der Geschichte aufgetragen? Wie und mit welcher Einstellung kann es gewagt werden, sich auf den Weg zu machen, *Geschichte* besser zu verstehen? – »Betet ohne Unterlaß!« (*1Thess* 5,17), so ermahnte der Apostel die ersten Christen. Doch ist damit keine Aufforderung zu Spiritualismus oder gar Weltflucht gemeint; vielmehr soll alles Denken, Reden, Handeln und Tun im *Geiste* des Gebetes geschehen, ja zu Gebet werden. So müssen sich auch Philosophie, Theologie und Kontemplation verbinden, muß der *Geist* in aller Wirklichkeit gewahrt werden, muß Wissenschaft immer schon zur Weisheit werden, weil sie nicht *unser* ist, sondern *von uns gesuchte* und *uns ergreifende* Gabe des *Geistes*.

So spricht der Herr: »Ich, Jesus, habe meinen Engel gesandt als Zeugen für das, was die Gemeinde betrifft. [...] Der Geist und die Braut aber sagen: Komm! Wer hört, der rufe: Komm!« (*Offb* 22,16.17).

Gegenwart, auch mühsame Gegenwart, kann gelebt und angenommen werden, wenn sie auf ein Ziel zuführt und wenn wir dieses Ziels gewiß sein können; wenn dies Ziel so groß ist, daß es die Anstrengung des Weges rechtfertigt. [...] Eine Selbstkritik der Neuzeit im Dialog mit dem Christentum und seiner Hoffnungsgestalt ist notwendig. In einem solchen Dialog müssen auch die Christen im Kontext ihrer Erkenntnisse und Erfahrungen neu lernen, worin ihre Hoffnung wirklich besteht, was sie der Welt zu bringen und nicht zu bringen haben. In die Selbstkritik der Neuzeit muß auch eine Selbstkritik des neuzeitlichen Christentums eingehen, das von seinen Wurzeln her sich selbst immer wieder neu verstehen lernen muß. [...] Gott ist das Fundament der Hoffnung – nicht irgendein Gott, sondern der Gott, der ein menschliches Angesicht hat und der uns geliebt hat bis ans Ende: jeden einzelnen und die Menschheit als ganze. Sein Reich ist kein imaginäres Jenseits einer nie herbeikommenden Zukunft; sein Reich ist da, wo er geliebt wird und wo seine Liebe bei uns ankommt.

(*Benedikt XVI.*, Enzyklika *Spe salvi*, Nr. 1.22.31)

DAS WORT IST FLEISCH GEWORDEN UND WOHNT UNTER UNS.

(*Joh* 1,14)

Ein kleines Präludium statt einer Einführung: Zum Ringen um die Geschichte und ihre Bedeutung in den Entwürfen von P. Hünermann und K. Löwith

K. Löwiths auf philosophisch-theologischer Ebene angesiedelte Deutung der Weltgeschichte als ein in der westlichen Welt geschehener Übergang von der christlichen Heilserwartung zur modernen Fortschrittsidee und sein »Versuch, die Herkunft der Geschichtsphilosophie von der heilsgeschichtlichen Eschatologie historisch aufzuweisen«[16], fanden ihre Replik in H. Blumenbergs Geißelung eines bis über das Mittelalter hinausreichenden »theologischen Gnadenabsolutismus« und in seiner Rechtfertigung der Moderne und des neuzeitlichen Fortschrittsdenkens als die *Selbstbehauptung* des Menschen gegenüber diesem anmaßenden und seiner Ansicht nach entmündigenden Anspruch eines starren augustinisch-verzerrten

---

[16] LÖWITH K., *Weltgeschichte und Heilsgeschehen. Die theologischen Voraussetzungen der Geschichtsphilosophie*, Stuttgart 1953, Neuauflage Stuttgart 2004, 218. – Löwith stellt fest: »Die Griechen frugen zuerst und zuletzt nach dem *Logos* des *Kosmos*, aber nicht nach dem *Herrn* der *Geschichte*. [...] Den Juden und Christen bedeutet Geschichte vor allem Heilsgeschehen. Als solches ist sie das Anliegen von Propheten und Predigern. Das Faktum der Geschichtsphilosophie und ihre Frage nach einem letzten Sinn ist dem eschatologischen Glauben an einen heilsgeschichtlichen Endzweck entsprungen« (ebd. 14f.).

theologischen Weltbildes.[17] Der Theologe W. Pannenberg

---

[17] Vgl. zu dieser philosophischen Absolution der Moderne BLUMENBERG H., *Die Legitimität der Neuzeit*, Frankfurt a. M. 1966, ²1988. – Blumenberg versucht hier, die Herkunft der Neuzeit aus dem Zusammenbruch des Mittelalters zu erfassen und ihre autonome Stellung zu legitimieren. Er verteidigt das Selbstbewußtsein der Neuzeit gegen den Absolutheitsanspruch und die für sich reklamierte Endgültigkeit des Christentums und wendet sich gegen Löwith: »Wäre die Eschatologie oder wäre der Messianismus tatsächlich der substantielle Ausgangspunkt des neuzeitlichen Geschichtsbewußtseins, so wäre es nachhaltig und unausweichlich durch Zielvorstellungen bestimmt. Dieser Satz läßt sich nicht umkehren zu der Behauptung, daß dort, wo absolute Zielvorstellungen auftreten, wie in der definitiven Moral des Descartes oder in der Wiedergewinnung des Paradieses des Francis Bacon, Säkularisierungen schon sichergestellt wären« (ebd. 45). Hätte die Neuzeit ihre Ideen dem Christentum enteignet, wäre sie gleichsam dessen illegitime Tochter. In Wirklichkeit ging die Neuzeit laut Blumenberg hervor als die Selbstbehauptung gegen die bis ins späte Mittelalter tradierte augustinische Gnadenlehre, welche die Theodizee-Problematik und die dadurch hervorgerufene Spannung zwischen Freiheit und Vorsehung lösen sollte: »Das Mittelalter ging zu Ende, als es innerhalb seines geistigen Systems dem Menschen die Schöpfung als ‚Vorsehung‘ nicht mehr glaubhaft erhalten konnte und ihm damit die Last seiner Selbstbehauptung auferlegte« (ebd. 151). Zu einer Darstellung von Blumenbergs Bestreitung der Säkularisierungsthese vgl. WIRZ C., *Der gekreuzigte Odysseus.* »*Umbesetzung*« *als Form des christlichen Verhältnisses zur Welt als dem Anderen*, Regensburg 2005, 130-139: Blumenberg denkt Diskontinuität und Kontinuität im geschichtlichen Prozeß des Epochenwandels durch die Kategorie der »Umbesetzung« von Funktionen des christlichen Systems zusammen und verwirft den Gedanken bloßer Enteignung christlicher Inhalte. Zu einer Kritik von Blumenbergs Säkularisierungsbegriff vgl. JAESCHKE W., *Die Suche nach den eschatologischen Wurzeln der Geschichtsphilosophie. Eine historische Kritik der Säkularisierungsthese*, München 1976, 34-42. W. Jaeschke unterstützt zwar die Überführung einer substantialistischen in eine funktionale Auffassung geschichtlicher Kontinuität, sieht Blumenbergs Umbesetzungstheorie allerdings in Abhängigkeit von einem substanzontologischen Geschichtsverständnis und einer dementsprechenden Säkularisierungsthese. Dadurch bleibt die Neuzeit als solche auch bei Blumenberg infragegestellt: »Der Preis für die Kritik der substantialistischen Säkularisierungskategorie ist die prinzipielle Resignation vor der Möglichkeit einer nicht durch das beharrende Welterklärungsschema depravierten Rationalität. Blumenbergs Verhandlung der Legiti-

beharrt seinerseits *gegen* Blumenberg auf einer christlich zu verstehenden *Legitimität der Neuzeit*,[18] wobei die Inkarnation Gottes in Jesus Christus als das zentrale, immanente und zugleich *ekstatische* Ereignis der Weltgeschichte anzusehen ist. Für P. Hünermann schließlich kann nicht die Geschichte primär theologisch erklärt, sondern muß die Theologie geschichtlich begriffen werden.[19]

Mit dieser Auseinandersetzung über die vermeintlich notwendigen oder eben nicht gegebenen *theologischen Voraussetzungen* einer (philosophischen) Interpretation der Ge-

---

mität der Neuzeit endet zwar mit einem Freispruch für die Beklagte von dem Enteignungsvorwurf, aber mit einem Freispruch, der sie in eine entschieden schlechtere Situation versetzt, als selbst die Anklage dies getan hat: sie erhält die Bestätigung ihrer Selbständigkeit gegenüber den Herrschaftsansprüchen der Theologie zugesprochen, wird aber zugleich davon in Kenntnis gesetzt, daß sie ihrem eigenen Legitimationskriterium der Vernunftautonomie niemals gerecht zu werden vermag« (ebd. 40).

[18] Vgl. PANNENBERG W., *Die christliche Legitimität der Neuzeit*, in: ID., *Gottesgedanke und menschliche Freiheit*, Göttingen 1972, 114-128. – Pannenberg fragt: »Wie kann man die neuzeitliche Säkularität bejahen und doch zugleich an einer Autorität festhalten, die Glauben fordert und begründet?« (ebd. 116). Er findet die Antwort im Inkarnationsglauben und dem daraus verstärkten Gedanken von der Gottebenbildlichkeit des Menschen, ist doch damit »jene Selbständigkeit des Menschen gegenüber dem Kosmos gewonnen worden, die im neuzeitlichen Denken und in der neuzeitlichen Wissenschaft immer schon vorausgesetzt ist« (ebd. 123).

[19] Vgl. hierzu HÜNERMANN P., *Jesus Christus – Gottes Wort in der Zeit. Eine systematische Christologie*, Münster 1994; vgl. zu den methodologischen Implikationen der Geschichtlichkeit für die Theologie auch ID., *Dogmatische Prinzipienlehre*, Münster 2003, und zur aufkommenden Bedeutung des geschichtlichen Denkens in der Geisteswissenschaft das frühere Werk *Der Durchbruch geschichtlichen Denkens im 19. Jahrhundert*, Freiburg i. Br. 1967.

schichte betritt man bereits unversehens das Schlachtfeld der Frage nach einem möglichen christlichen Sinn der Geschichte. Diese entscheidende Frage kann von einem biblisch-theologischen Ansatz unter Primat der Eschatologie her angegangen werden (Löwith) oder von einem Ansatz, welcher der Geschichte selbst den Primat zubilligt entgegen einer philosophisch-ontologischen Theologie (Hünermann). Hinter dieser komplexen Fragestellung verbirgt sich somit letztlich auch die Frage nach der Geschichte *an sich*; deswegen sollen im Folgenden exemplarisch die Positionen von K. Löwith und P. Hünermann hinsichtlich der Geschichts-Problematik grob skizziert werden, um in einem ersten Angang die allgemeine Frage nach Bedeutung, Sinn und Ziel der Geschichte aufzuwerfen: Dieses so grundlegende theoretische Problem kann gar nicht verbindlich abgehandelt und hier thematisch erschöpfend ausgeschritten werden, es können aber exemplarische Positionen dargestellt, die prinzipielle Problemlage erhellt und schließlich eine tiefere, wenn auch nicht alles erklärende Einsicht in die gestellte Anfrage gewonnen werden. – Die Positionen zum Verständnis der *Geschichte* bei K. Löwith und P. Hünermann richten sich indes nicht gegeneinander, setzen allerdings jeweils verschieden an, so daß im Ergebnis eine Differenz in der Bewertung steht.

I.1. Das Verhältnis zwischen Christentum und Neuzeit bei Löwith

Löwiths 1949 auf Englisch erschienenes *Meaning in History*, das der Verfasser 1953 als *Weltgeschichte und Heilsgeschehen* erstmals in deutscher Sprache veröffentlichte, bietet gleichsam einen Gang durch die Geschichte der Geschichtsphilosophie.[20] Das Ziel dieser Untersuchung ist der Nachweis des theologischen Sinns in aller Geschichtsphilosophie und vor allem im modernen geschichtlichen Bewußtsein, das gerade durch den Prozeß der Säkularisierung die christliche Heilserwartung – die aufgrund ihres linear-eschatologischen Charakters entgegen der heidnisch-klassischen Zykluskonzeption die Perspektive auf Zukunft allererst eröffnete – in die auf künftige Erfüllung harrende Fortschrittsidee umgewandelt habe. Jedoch hat sich die *Welt* nach Christus in ihrem weiteren Verlauf nur »die christliche Sicht auf ein Ziel und eine Erfüllung angeeignet und zugleich den lebendigen Glauben an ein bevorstehendes *eschaton* verabschiedet«[21]. Die geistig-moralische und politisch-soziale Geschichte der westlichen Welt hat christliche Grundsätze auf weltliche Dinge angewendet und gerade so das Christentum selbst untergraben. Die Entwicklung der westlichen Zivilisation ist also zwar auf die innere religiöse Dynamik des jüdischen Messianismus und vor allem der christlichen Eschatologie zurückzuführen, richtet sich

---

[20] Einige Aspekte dieser Untersuchung über den Verlauf der Geschichtsdeutung hatte Löwith bereits herausgearbeitet in LöwITH K., *Von Hegel zu Nietzsche. Der revolutionäre Bruch im Denken des neunzehnten Jahrhunderts*, Zürich 1941, Stuttgart 1958, Hamburg 1995.

[21] LöwITH, *Weltgeschichte und Heilsgeschehen*, 212.

nach Löwiths Interpretation dann aber *gegen* diese. In dieser Deutung erscheinen die neuzeitlichen Geschichtsphilosophien seit der Aufklärung und das moderne Geschichtsbewußtsein, das als geistige Größe mit der Industrialisierung und den Fortschritten in Wissenschaft und Technik im 19. Jahrhundert einhergeht, in einem paradoxen Licht, denn die »nachchristliche Welt ist eine Schöpfung ohne Schöpfer«[22] und die neuere und neueste Geschichte ist somit letztlich »christlich von Herkunft und antichristlich im Ergebnis«[23].

Löwith deklariert Christentum und Neuzeit als zwar durch die *Säkularisierung* christlicher Inhalte innerlich eng miteinander verbunden, im letzten jedoch gegensätzlich und unversöhnt-unversöhnlich, denn es »ergibt sich die merkwürdige Situation, daß der Versuch einer Philosophie der Geschichte zwar auf der biblischen Tradition beruht, daß aber gerade diese Tradition den Versuch, das Wirken Gottes philosophisch zu explizieren, vereitelt«[24]. Er erklärt diese Korrespondenz und den gleichzeitigen Gegensatz zwischen Christentum und neuzeitlichem Fortschrittsglauben unter Hinweis auf eine nicht-intentionale, nicht-determinierte Kausalität, die er sogar als *Gesetz der Geschichte* erkennt.[25] Das Christentum hat

---

[22] Ebd. 216.

[23] Ebd. 217.

[24] Ebd. 210.

[25] »Die Tatsache, daß das geschichtliche Ergebnis einer solchen Herkunft die ursprüngliche Intention verändert und verkehrt, widerspricht nicht dem „Gesetz" der Geschichte, sondern bestätigt es vielmehr. In der Geschichte kommt immer mehr oder weniger und immer etwas anderes heraus, als in der Absicht der Urheber einer Bewegung lag« (ebd. 227).

den *Fortschritt* ideengeschichtlich hervorgebracht mit seiner postulierten Ablösung des *Alten* durch ein *Neues* Testament; diese einmal generierte Fortschrittsidee an sich bleibt offen auch für weitere Ablösungsschritte und Entwicklungsprozesse, selbst wenn sich diese dann *gegen* den originären Urheber richten sollten. Über dieses merkwürdige, nahezu paradox anmutende Wechselverhältnis und den Zusammenhang von christlicher Eschatologie, Säkularisierung und Neuzeit hinsichtlich der Geschichtskonzeption führt Löwith am Ende seiner Untersuchungen – in einer Beleuchtung der Umwandlungen und späteren geistesgeschichtlichen Rückbezüge auf die geschichtstheologischen Thesen des mittelalterlichen Abtes Joachim von Fiore – folgendes aus:

> Das christliche Geschichtsschema und vor allem Joachims theologiegeschichtliche Konstruktion schufen ein geistiges Klima und eine Sehweise, in der allein gewisse Geschichtsphilosophien möglich wurden, die im Rahmen des klassischen Denkens unmöglich waren. Es gäbe weder eine amerikanische und französische, noch eine russische Revolution ohne die Idee des Fortschritts, und es gäbe keine Idee des weltlichen Fortschreitens zu einer Erfüllung ohne den ursprünglichen Glauben an ein Reich Gottes [...] Das Christentum mag letztlich „verantwortlich" sein für die Möglichkeit seiner eigenen Säkularisierung und ihrer gegenchristlichen Konsequenzen, aber die ursprüngliche Verkündigung eines Reiches Gottes zielte nicht darauf, die Welt weltlicher zu machen, als sie es für die Heiden war.[26]

Die Frage nach einem Verständnis der Geschichte zu stellen ist nur sinnvoll, wenn man unter *Geschichte* schon vorgängig

---

[26] Ebd. 227f.

zumindest mehr versteht als eine unverbundene Abfolge von Geschehnissen und Ereignissen in einem höchstens durch Zufall begrenzten zeitlichen Kontinuum. Demzufolge definiert Löwith für seine Untersuchung die Geschichtsphilosophie als eine »systematische Ausdeutung der Weltgeschichte am Leitfaden eines Prinzips, durch welches historische Geschehnisse und Folgen in Zusammenhang gebracht und auf einen letzten Sinn bezogen werden«[27]. Er sieht sie ferner durchgängig in Abhängigkeit von der Theologie, da die moderne Geschichtsphilosophie hervorgeht aus dem biblischen Glauben an eine Erfüllung und dabei die christliche Eschatologie umwandelt in die Idee eines Fortschreitens der Geschichte (in ihren Geschehnissen und Ereignissen) auf ein letztes Ziel hin. Im geistesgeschichtlichen Verlauf der unterschiedlichen Geschichtsdeutungen ersetzt der Glaube an den Fortschritt nach und nach den Glauben an die Vorsehung. Diesen gestuften Prozeß versucht Löwith in *Weltgeschichte und Heilsgeschehen* in chronologisch umgekehrter Reihenfolge darzustellen.[28] So gelangt er von J. Burckhardt ausgehend, der letzten Endes auf Vorsehung *und* Fortschritt in der Geschichte gleichermaßen verzichtet und sie als ein bloßes zeitliches Kontinuum zurückläßt, über Marx, Hegel, Voltaire, Vico, Bossuet, Joachim, Augustinus und Orosius schließlich zur biblisch-eschatologischen Auslegung der Geschichte und somit insgesamt zu einer analytischen »Reduktion des modernen Kompositums der „Geschichtsphilosophie" auf seine ursprünglichen

---

[27] Ebd. 11.

[28] Zur Begründung dieser Vorgehensweise vgl. ebd. 12f.

Elemente«[29], womit Löwith seine Grundthese über die Abkunft der Geschichtsphilosophie von der heilsgeschichtlichen Eschatologie für bewiesen sieht.

Löwith betont als Gemeinsamkeit von Christentum und griechischem Heidentum, daß beide sich nicht der modernen Illusion hingäben, die Geschichte sei eine fortschrittliche Entwicklung hin zum Guten, worin das Böse und das Leiden schrittweise immer mehr beseitigt würden. Als zentralen Schlüssel zum christlichen Verständnis der Geschichte sieht er das Kreuz: Das christliche Verständnis des Leidens mag möglicherweise auf einen theologischen »Sinn« der Geschichte hindeuten. Für Löwith nämlich ist »die Geschichte eine Schule des Leidens« und »eine Möglichkeit für die Kreatur, zu ihrem Schöpfer zurückzufinden«[30]. Sie ist im christlichen Verständnis, so Löwith, die Zwischenzeit, die sich *nach* der Schöpfung durch den Sündenfall ergibt, *in* der die Erlösung geschieht und die in Glaube und Hoffnung auf das *künftige* Endgericht harrt. Die christliche Heilserwartung eröffnet der Geschichte allererst die Zukunftsdimension und ermöglicht so die für das Christliche charakteristischen Haltungen von *Hoffnung* und *Glaube*.[31] Das christliche Kreuz durchbricht den klassisch-

---

[29] Ebd. 13.

[30] Ebd. 156.

[31] Dazu schreibt Löwith: »Der christliche Glaube ist keine weltliche Erwartung, daß irgend etwas sich wahrscheinlich ereignen wird, sondern eine Gesinnung, die sich auf den bedingungslosen Glauben an Gottes Erlösungsplan gründet. Echte Hoffnung ist deshalb so frei und unabhängig wie der Glaubensakt selbst. Die christlichen Tugenden des Glaubens und der Hoffnung sind Gnadengeschenke. [...] Hoffnung ist nur durch Glauben gerechtfertigt, und dieser rechtfertigt sich selbst. Vielleicht gedeihen beide nur auf den Trümmern

antiken Kreis der Weltgeschichte, deren Sinn somit letztlich in ihrem Zu-Ende-gehen besteht; Löwith führt aus:

> Mit dem Auftreten Jesu Christi beginnt nicht eine neue Epoche der Weltgeschichte, die man „christlich" nennen könnte, sondern der Anfang eines Endes der Geschichte. Die Zeit nach Christus ist nur insofern christlich, als sie Endzeit ist. Und da das Reich Gottes in keinem fortschreitenden Prozeß zu verwirklichen ist, kann auch das eschatologische Heilsgeschehen der Weltgeschichte keinen neuen, entwicklungsfähigen Sinn geben; diese ist erfüllt, indem sie ihre Grenze erreicht hat. Der „Sinn" der Geschichte dieser Welt erfüllt sich gegen sie, indem das Heilsgeschehen die hoffnungslose Weltgeschichte nicht fortsetzt, sondern abbaut. [...] Wenn wir also behaupten, unser modernes Geschichtsbewußtsein stamme aus dem Christentum, so kann dies nur bedeuten, daß die eschatologische Sicht des Neuen Testamentes den Blick auf eine künftige Erfüllung freigemacht hat – ursprünglich jenseits, und späterhin innerhalb des geschichtlichen Lebens. Infolge des frühen christlichen Bewußtseins haben wir ein spätes Geschichtsbewußtsein, das seiner Herkunft nach so christlich ist wie es in seinen Konsequenzen unchristlich ist, denn ihm fehlt der Glaube, daß Christus der Anfang eines Endes ist.[32]

Mit Löwith kann also festgehalten werden, daß die *Geschichte* nicht nur Vergangenes und bestenfalls noch Gegenwärtiges umfaßt – so faßt heute weithin eine sich empirisch verstehende Geschichtswissenschaft ihr Materialobjekt auf und verzichtet konsequenterweise nicht nur auf Zukunftsprognosen, sondern auch auf Handlungsanleitungen für die Zukunft, die sich aus

---

allzumenschlicher Hoffnungen und Erwartungen, auf dem fruchtbaren Boden der Verzweiflung an all dem, was Illusionen und Enttäuschungen unterworfen ist« (ebd. 220f.).

[32] Ebd. 211.

der Analyse von Gegenwart und Vergangenheit ergeben könnten –, sondern sich auch auf eine zukünftige, mithin eschatologisch qualifizierte Dimension erstreckt und allererst so als
ein Sinngebäude überhaupt begriffen werden kann. Der Weltgeschichte liegt ein *télos* zugrunde, dessen Erreichen in gewisser Weise ihren Zweck-Sinn darstellt. Über Löwith hinaus
bleibt allerdings kritisch zu fragen, ob die Geschichte selbst,
ohne ihr außerhalb angesiedeltes transzendentes *télos*, wirklich völlig belanglos hinsichtlich des erstrebten Heiles oder
eines möglichen Sinnes ist – warum sollte sich die Erlösung
dann *in* der Geschichte vollziehen müssen, durch das Endlichwerden eines ewigen Gottes? Hat die Geschichte nicht doch
noch eine tiefergehende und eigenständigere Bedeutung, als
gemäß Löwiths Interpretation »nur den äußeren Rahmen des
Heilsgeschehens«[33] zu bilden und nichts als der »Hintergrund«
und das »Werkzeug« eines »göttlichen Vorhabens«[34] zu sein?
Kann man nicht vielleicht von einer strukturellen Verbindung
aller Geschichte zur Heilsgeschichte sprechen, weil letztere
eben wirklich geschichtlich ist?[35] Und schließlich: Hat die Geschichte wirklich kein letztes Ergebnis, so daß die geschichtlichen Ereignisse als solche »nicht den mindesten Hinweis auf
einen umfassenden, letzten Sinn«[36] enthalten?

---

[33] Ebd. 198.

[34] Vgl. ebd. 201.

[35] Vgl. in diesem Sinne Ruggieri G., *La storia come luogo teologico*, in:
Laurentianum 35 (1994), 319-337.

[36] Löwith, *Weltgeschichte und Heilsgeschehen*, 205.

40

I.2. Die Geschichtlichkeit aller Wirklichkeit bei Hünermann

Ein anderer Zugang zur Geschichts-Problematik und eine eigenständigere Würdigung der *Geschichte* selbst finden sich
bei P. Hünermann: Für ihn stellt die Einsicht in die Geschichtlichkeit aller Wirklichkeit und in die mit dem 19. Jahrhundert gegebene wissenschaftsparadigmatische Relevanz des
geschichtlichen Denkens einen Grundpfeiler seines theologischen Schaffens dar. Bereits in seinem frühen, in terminolo-
gischer und teils auch atmosphärischer Hinsicht am Heideggerschen Sprachspiel orientierten Werk über den *Durchbruch
geschichtlichen Denkens im 19. Jahrhundert* definiert Hünermann Wahrheit als ein Geschehen und somit auch als ein Ereignis, das geschichtlich zu verstehen ist: Geschichte ist dabei
»das Gefüge von Welt und Welten, Mensch und Menschheit,
welches einbehalten ist ins Ereignis des Seins und der Zeit«[37].
In seiner *Dogmatischen Prinzipienlehre* versucht Hünermann,
das Christusgeschehen als ein Ereignis von Wahrheit zu begreifen, das im Geschehen der Sprache vermittelt wird: Theologie läßt so zwar die in Gott gründende Wahrheit des Glaubens aufleuchten, es zeigt sich aber auch, wie jeder menschliche Zugang zu dieser Wahrheit immer endlich, gebrochen
und begrenzt bleiben muß. Hünermann spricht davon, wie
ihm in seinem eigenen theologischen Denken »die Bedeutung von Zeit und Geschichte in der Auseinandersetzung mit
dem Aufbruch geschichtlichen Denkens im 19. Jahrhundert

---

[37] HÜNERMANN, *Der Durchbruch geschichtlichen Denkens im 19. Jahrhundert*,
387.

in einer bedrängenden Weise aufgegangen war«[38] und welche Folgerungen daraus für die Theologie und ihre Methode zu ziehen sind. Theologie ist demnach »Wissenschaft von Gott in Zeit und Geschichte«, die »sich nur in einem Wandlungs- und Fortschreibungsprozess vollziehen«[39] kann: So wird es der Theologie möglich, die diachrone und synchrone Pluralität von Kulturen, Gesellschaften, Religionen und anderer zeitgeschichtlicher Erfahrungen im Rahmen ihres eigenen, als geschichtliches Ereignis begriffenen Wahrheitsanspruchs theologisch zu bedenken. Um diese Operation vollziehen zu können, wird die *Geschichte* im Anschluß an Melchior Canos Lehre von den *loci theologici* methodologisch in die Theologie einbegriffen. Neben den sieben genuin theologischen *loci proprii* greift die Theologie auch auf sogenannte *loci alieni* zurück, die sie mit anderen Wissenschaften teilt und die folglich auch außertheologischer Kritik unterworfen sind: Zu dieser letzteren Kategorie der theologischen Fundstellen gehören die *ratio naturalis*, die *auctoritas philosophorum* und eben die *auctoritas historiae humanae.*[40] Eine Neubestimmung der epistemischen Relevanz der *Geschichte* als *locus theologicus* eröffnet der Theologie den Weg zur historischen Kritik von Glaube, Kirche und theologischer Methode selbst, die sich allesamt ihrer eigenen Geschichtlichkeit bewußt werden, und zu einer Anerkennung und Einbeziehung der Zeichen der Zeit, die mitten *in der Geschichte* das Wirken des Heiligen Geistes

---

[38] HÜNERMANN, *Dogmatische Prinzipienlehre*, VIIf.

[39] Ebd. VII.

[40] Vgl. hierzu ebd. 162-166.

zu bezeugen vermögen.[41] Die *loci alieni* und allen voran die Geschichte mit ihrem Blick auf die Gesellschaft, die Kultur, die Religionen und die Entwicklung in den Wissenschaften garantieren so der Theologie ihren genuinen Wissenschaftscharakter und ihre meta-reflexive Dimension, denn sie »bilden jene Instanzen der Wahrheitsbezeugung allgemeiner Art, die in den Vollzug und in die Reflexion des Glaubens notwendig mit einzubeziehen sind«[42].

---

[41] Vgl. hierzu ebd. 247-251. – »Die „Zeichen der Zeit" konfrontieren die Kirche mit ihrem eigenen Zustand. [...] Die geschichtliche, gläubige Erfahrung von „Zeichen der Zeit", von gemeinsamer Schuld und von Unheil haben selbstverständlich ihre Auswirkungen auf die Auslegung des Glaubens, die theologische Beurteilung und Differenzierung von Glaubenssätzen und -formen. Erfahrungen von Unheil und sinnlos erscheinender geschichtlicher Ereignisse können bei der Frage nach Gott nicht ausgeblendet werden: sie führen in ein neues Ringen um die Existenz und Geschichtsmächtigkeit Gottes. Geschichte ist so nicht nur in der [...] geschichtlichen Hermeneutik der übrigen Loci präsent, sondern ist als eigener Locus in die theologische Reflexion einzubeziehen« (ebd. 250f.).

[42] Ebd. 275; vgl. auch die Zusammenfassung ebd. 276-285. – Hünermann stellt die vermittelnde Bedeutung der Dogmatik in der Theologie heraus: »Die Erarbeitung des *intellectus fidei* ist an sich die grundsätzliche Aufgabe aller theologischen Disziplinen. Nur wenn es der Dogmatik gelingt, die formale Perspektive des Glaubens herauszustellen, haben die einzelnen Disziplinen die Möglichkeit, sich als theologische Disziplinen zu begreifen und zu vollziehen. Nur von dieser formalen Perspektive her kann die Theologie in ihren unterschiedlichen Disziplinen einen sachhaltigen Dialog führen, in dem die einzelnen Disziplinen jeweils ihr Proprium einzubringen vermögen. [...] Geht man von den bisherigen Traktaten der Dogmatik aus und überblickt man ihre Inhalte, so zeigen sich eigenartige Widerspiegelungen. Die Inhalte reflektieren sich ineinander« (ebd. 280). Dieses Ineinander der einzelnen Traktate offenbart auch das Gewachsensein der Theologie, die sich so in ihrer Geschichtlichkeit begreift und damit zugleich den eschatologischen Charakter ihres Depositums erst tiefer zu verstehen vermag: »Der *intellectus fidei*, der so aufgezeigt wird, hat seine Bewährung jeweils in der Offenheit für alle Aspekte

Wenn die Christologie »in die Mitte der Vermittlung Gottes und des Menschen mit seiner Welt und Geschichte«[43] führt, dann wird verständlich, warum es P. Hünermann darum zu tun ist, gerade das Christusereignis in einer theologischen Methode anzugehen, die der Geschichtlichkeit des Glaubens und der Theologie Rechnung trägt und die so versucht, dem christlichen Glauben eine Antwort zu geben auf die »Frage nach der Bestimmung seines eschatologischen Unbedingtheitsanspruchs«[44]. Diesen Versuch unternimmt Hünermann in seinem christologischen Entwurf *Jesus Christus – Gottes Wort in der Zeit*, dessen Programmatik er folgendermaßen umreißt:

> Wenn das Christusgeschehen als eschatologisches Ereignis des Heiligen bewährt werden soll, dann dürfen die geschichtlichen Gestalten des kirchlichen Christusglaubens und ihre theologische Ausformung nichts anderes sein als Artikulationen dieses Ereignisses im Bezug auf den jeweiligen epochalen geschichtlichen Kontext. Kontinuität und Differenzen der Christologien müssen von daher Transparenz gewinnen. Kurz und pointiert gesagt: Die Geschichte der Christologien kann nicht einfach die Abfolge einer Reihe

---

des Wahren, die in der Geschichte auftauchen. [...] Dogmatik, in diesem Sinne verstanden und vollzogen, hat einen wissenschaftlichen Charakter, insofern sie unter Voraussetzung des Glaubens den *intellectus fidei* argumentativ und nach genau bezeichenbaren Kriterien erhebt. Sie besitzt den Charakter der Weisheit, insofern sie die grundlegenden Linien eines Verständnisses des Menschen in der Geschichte vom Glauben an Gott her entfaltet. Sie repräsentiert als solche Weisheit, die sich auf die eschatologische Offenbarung Gottes in Jesus Christus stützt, kein geschlossenes System, sondern sie ist durchpulst von der Hoffnung auf die unabsehbar sich auszeitigende Endgültigkeit des Christusereignisses« (ebd. 282f.).

[43] Ebd. 281.

[44] HÜNERMANN, *Jesus Christus – Gottes Wort in der Zeit*, 9; vgl. auch die gesamte *Einleitung* in das Werk.

von Resultaten menschlichen Nachdenkens über einen geglaubten Sachverhalt darstellen, sie muß vielmehr wesentlich zur Geschichte des gekreuzigten und erhöhten Jesus Christus gehören.[45]

Zum Wesen der Christologie und der Theologie gehört also auch deren eigene Geschichtlichkeit, denn es geht ihnen in wissenschaftlicher Form um Jesus Christus, der Mensch wurde und so Gottes Wort in der Zeit geworden ist. Der Zeitlichkeit und Geschichtlichkeit des Christusglaubens möchte Hünermann in seiner Christologie *nach*-denken, um die bleibende Gültigkeit und eschatologische Bedeutung dieses geschichtlichen Ereignisses zu erheben.[46] Nur wenn die Theologie dies zu leisten vermag, kann auch der neuzeitliche Mensch ohne Bewußtseinsspaltung gläubig sein und seinen Glauben mit der Gesamtrealität versöhnen; mehr noch: Durch das eschatologische Christusereignis erhalten Wirklichkeit und Geschichte erst ihre Ganzheit, nämlich in der Verbindung des Kontingenten mit dem es bedingenden Absoluten. Angesichts dieses eschatologischen Geschehens eröffnet sich auch dem Menschen allererst eine Sinnperspektive und somit die Möglichkeit des

---

[45] Ebd. 28.

[46] P. Hünermann möchte ohne Verleugnung der geschichtlichen Bedingtheit des Christentums und des Glaubens an Jesus Christus zeigen, »daß alle Momente von Welt und Geschichte auf ihn als die Mitte der Wirklichkeit hingeordnet sind« (ebd. 21). So schreibt Hünermann über das Zeugnis der Heiligen Schrift: »Hier wird für ein geschichtliches Ereignis – wir haben es mit dem Wort „Christusereignis" bezeichnet – eine umfassende Maßstäblichkeit beansprucht: Dieses Ereignis wird als jene Realität vorgestellt, von der Menschen, Welt und Geschichte ihre Ordnung, ihren inneren Zusammenhang, ihren Sinn, ihr Heil empfangen« (ebd.).

Ganzseinkönnens, denn in der Erfahrung des geschichtlich gewordenen Absoluten und im daraus resultierenden Sich-Überfragen fragt der Mensch »zugleich auf die Grenze von Welt und Geschichte, auf die Grenze der Wirklichkeit im ganzen vor«[47]. Die Welt und ihre Geschichte werden für Hünermann so Ort, Sphäre und Raum der Begegnung von Unendlichem und Endlichem, von Gott und Mensch. Er schreibt:

> Welt ist in diesem Kontext nicht mehr einfach Vorhandenheit, verfügbares Material für menschliche Absichten etc. Welt gewinnt die Bedeutung, Ort dieser von Gott selbst her eröffneten Begegnung mit ihm zu sein, in der der Mensch zugleich sein Wesen gewinnt. Und die Geschichte ist nicht einfach Verlauf von Ereignissen der Natur, denen der Mensch ausgesetzt ist und innerhalb derer er sich selbst zu behaupten sucht. Geschichte ist nicht nur das wechselhafte Geschehen menschlichen Miteinanderseins. Geschichte wird vielmehr zum *kairós* versammelt, in dem Vergangenheit, Gegenwart und Zukunft ihre Sinnerschließung von Gott her erfahren. [...] Deswegen ist das eine Christusereignis immer wieder zu bezeugen und zu verkünden. Es muß mit immer anderen Worten umschrieben, mit jeweils neuen Begrifflichkeiten charakterisiert, in immer wieder frischen Anläufen zu denken unternommen werden. Damit aber wird die ein für allemal geschehene Offenbarung nicht fortgesetzt, sondern gerade in ihrer ereignishaften Einmaligkeit und geschichtseinbegreifenden Mächtigkeit bestätigt.[48]

Die damit von Hünermann geforderte geschichtliche Christologie steht vor der Herausforderung einer *relecture* ihres ontotheologischen Erbes. Hünermann spricht in seiner Christologie von der Heideggerschen Verwindung: Die Metaphy-

---

[47] Ebd. 39.

[48] Ebd. 50.

sik soll nicht durch die Geschichte ersetzt, sondern in diese einbehalten werden. Dies versucht der Tübinger Theologe im letzten Teil seines christologischen Werkes *Gottes Wort in der Zeit*. Seit dem späten Mittelalter löst eine Metaphysikkritik die andere ab, was schließlich – so Hünermann – im 19. Jahrhundert zum Verlust aller Teleologie in den (Natur-) Wissenschaften und im vorherrschenden Weltbild führt und in der Theologie den Boden für eine historische Kritik des Lebens Jesu und der frühen Kirche bereitet; unter Ausschluß jedes metaphysischen Systemdenkens suchen diese Theologien direkt beim geschichtlichen Christusereignis anzusetzen und rekurrieren in einem hermeneutischen Sprung über die Tradition hinweg direkt auf die neutestamentlichen Texte.[49] Was jedoch »in all diesen Versuchen fehlt, ist die Möglichkeit, die eschatologische, die erlösende Bedeutung Jesu Christi im ganzen Umfang herauszustellen«[50], weil jeder Autor – das hatte bereits Albert Schweitzer gesehen – seine eigenen Vorstellungen in den „historischen" Jesus retrojiziert. Vor allem nach dem Zweiten Weltkrieg kommt es deswegen »zu christologischen Entwürfen, die vom geschichtlichen Christusereignis ausgehend dessen endgültige, die Geschichte der Menschen in ihr Ziel führende Bedeutung darzulegen suchen«[51]: Ohne in die überkommenen ontotheologischen Raster zu verfallen, sollen beispielsweise bei Schillebeeckx, Rahner, Pannenberg, Moltmann und Jüngel die wesentlichen christologischen und

---

[49] Vgl. ebd. 343-349.

[50] Ebd. 349.

[51] Ebd. 350.

theologischen Aussagen der Tradition und der Konzilien neu bestimmt und gleichsam in Hegelschem Sinne „aufgehoben" werden.[52] Diese Vermittlung geschieht vermittels einer transzendental-geschichtlichen Reflexion, die Hünermann so als einen »wissenschaftstheoretischen Beitrag« der Theologie versteht.

Das Zweite Vatikanische Konzil rezipiert teilweise diese Neuansätze der Christologie, nimmt den Gedanken der Geschichtlichkeit auf und schlägt eine narrative Theologie vor. Zum ersten Mal wird somit auch in kirchlichen Dokumenten eine ontotheologische Verengung aufgesprengt, weshalb Hünermann feststellt:

> Nicht ein vorgegebener metaphysischer Rahmen bildet das Raster, von dem her das Christusereignis in seiner Glaubwürdigkeit erschlossen und zugleich begrifflich gefaßt wird. Vielmehr wird in der umgekehrten Richtung vorgegangen: Das Christusereignis – verstanden als Geschehen göttlicher Selbsterschließung in der Geschichte – ist der Ausgangspunkt, von dem her das Welt- und Selbstverständnis im Glauben entfaltet werden.[53]

---

[52] Zu den christologischen Entwürfen der genannten Autoren bemerkt Hünermann: »Mit diesen Ansätzen ergibt sich nun gegenüber den Jesusbildern des 19. und beginnenden 20. Jh.s ein wesentlicher Wechsel. Dort wurde die historische Einmaligkeit Jesu in einen zeitgeschichtlich begrenzten, partikularen Rahmen gesetzt. Hier werden der geschichtliche Jesus und das geschichtliche Christuszeugnis in universaler und eschatologischer Bedeutsamkeit verstanden. Zugleich hat sich gegenüber der mittelalterlichen und der neuzeitlichen Christologie eine Kehre vollzogen. Standen bei Anselm als Ausgangspunkt der Gottesbegriff und die Anthropologie fest und wurde daraus rekonstruiert, was Jesus Christus sein muß, so erschließt sich das Wesen Gottes und des Menschen – nach den modernen christologischen Entwürfen – gerade im Christusereignis und in der Begegnung mit ihm« (ebd. 352).

[53] Ebd. 357.

Um die skizzierte Vermittlung von geschichtlicher und traditioneller Christologie zu erreichen, fordert Hünermann von der Theologie eine Neubestimmung wesentlicher Begriffe wie *Natur* und *Person* unter Berücksichtigung des Ereignischarakters der Wirklichkeit, die sich immer als ein Geschehen vollzieht, und der dynamischen Struktur im Selbstwerdungsprozeß des Menschen *als* Person hin zur *menschlichen* Person.[54] Vermag die terminologische Klärung und Aktualisierung dieser Begriffe die Person Jesu Christi neu als wirklich göttlich und wirklich menschlich vorzustellen, so wird gemäß Hünermann – unter Anklang der Hegelschen Religionsphilosophie – in Tod und Auferstehung Jesu Christi »den Menschen der definitive, durch keine Vorläufigkeit mehr charakterisierte Raum des Geistes eröffnet«[55], d.h. »ein definitives Versöhntsein« mit Gott. Gerade in allen geschichtlichen Selbstvollzügen *ist* Jesus Christus göttliche Person und *gewinnt* menschliche Identität, muß er als göttliches *und* menschliches Subjekt gedacht werden, das gleichwohl transzendent von außen konstituiert ist: »So ist er in der Zeit,

---

[54] Vgl. hierzu ebd. 382-400. – Es geht in dieser Neudefinierung darum, »die Geschichte des Menschen als Weg der Aufdeckung und des Gewinns der Identität zu fassen. Diese Identität ist wesentlich durch und im Selbstvollzug vermittelt, wobei im Glauben solcher Identitätsgewinn als Ermächtigung und Mitteilung von Gott her zu denken ist« (ebd. 392f.).

[55] Ebd. 397. – Aus dem Dargelegten ergeben sich auch weitere theologische Konsequenzen, z.B. für die Trinitätslehre: So ist das Vatersein der ersten Person »als wesentliches Freiheitsgeschehen, als Sich-zum-Vatersein-Bestimmen zu verstehen« (ebd. 399). Die neugewonnene Natur- und Personbestimmung des Menschen erlauben es, auch »theologische Begriffe zu bilden, die die Offenbarungsgeschichte als Wesensgeschehen zu denken gestatten ohne die fundamentalen Differenzen von Gott und Schöpfung einzuebnen« (ebd.).

aber nicht von der Zeit, in der Welt, aber nicht von der Welt. [...] Weil aber Jesus Christus seinen Ursprung in dem hat, von dem her es Zeit allererst gibt, weil er in diesem Sinne zwar in der Zeit, aber nicht von der Zeit ist, deswegen offenbart sich in ihm zugleich auch der Sinn aller Zeit«[56].

Für die so sich in ihrer eigenen Geschichtlichkeit begriffene Theologie ergeben sich ganz neue Möglichkeiten, auf die Herausforderungen des Glaubens im geschichtlichen Kontext dieser Weltstunde einzugehen und dergestalt die *Geschichte* positiv als einen Schauplatz der Begegnung von Mensch und Mensch, von Gott und Welt tiefer zu verstehen. Hünermann bringt diese Perspektive mit hoffnungsvollen Worten zum Ausdruck:

> Es ist ein trostvolles Zeichen für die Präsenz des Herrn in der Zeit, wenn man sieht, wie in Asien, Afrika und Lateinamerika die eigentümlichen Anschauungen des Lebens, die menschlichen und gesellschaftlichen Grunderfahrungen, die niederdrückendsten Leiden und Entfremdungen zum Ausgangspunkt für lebendige Neuentdeckungen des Christusgeheimnisses werden. [...] Die sich entfaltende Pluralität der Christologien bedeutet keine Gefährdung der Einheit des Glaubens, vielmehr den Reichtum dieses einen und selben Glaubens. Dies ist keine leere Beteuerung. Die Auseinandersetzung der Theologie gerade mit den jüngsten sprachphilosophischen und geschichtlich-transzendentalen Reflexionsansätzen stellt ein reiches begriffliches Instrumentarium bereit, um dieser unableitbaren geschichtlichen Pluralität mit dem nötigen Verständnis begegnen zu können.[57]

---

[56] Ebd. 400.

[57] Ebd. 403.

Im Unterschied zu Löwith gestattet der denkerische Entwurf Hünermanns der *Geschichte*, in einem gewissen Sinne *mehr* als nur *Zwischenzeit* zu sein, deren Ende bereits verborgen angebrochen ist.

I.3. Zusammenfassung und Problemanzeige

Aus dem bisher Dargelegten ist die Relevanz der Geschichts-
Thematik für die Theologie klargeworden. Aus der einstigen
Problematik *Theologie oder Geschichte* ist heute längst der
Zusammenhang von *Theologie und Geschichte* geworden:[58]
Wenn Offenbarung und Erlösung aber als Heils*geschichte* begriffen werden sollen, dann muß *zeitliche Kontinuität* als solche zumindest über eine innere Struktur und Grammatik, wenn
nicht sogar über einen Sinnzusammenhang verfügen; dann muß
man, entgegen dem heute in der (Geschichts-) Wissenschaft
vorherrschenden Paradigma, den *Lauf der Zeit* als einen *Lauf
der Geschichte* verstehen können. Dies ist sowohl in anthro-
pologischer als auch in theologischer Hinsicht von entschei-
dender Bedeutung, denn nur das Vorhandensein von Struktur
und Zusammenhang des Geschehens erlauben es, das Leben
der Menschen und die göttliche Geschichte des Heils *als Drama* und somit eben in ihrer Dramatik und Pluridimensionalität
zu verstehen. Wenn es überhaupt *Sinn* geben soll, dann muß
es auch *Geschichte* geben in ihrer Bedeutung und Sinnhaftigkeit. Dieser gesamte Fragenkomplex betrifft grundlegend die
»Diskussion über das Verhältnis neuzeitlichen Denkens zum
Christentum«[59]: W. Jaeschke sieht dabei in seiner kritischen

---

[58] Vgl. JAESCHKE, *Die Suche nach den eschatologischen Wurzeln der Geschichtsphilosophie*, 13.

[59] Ebd. 16. – Vgl. auch für eine transzendentalreflexive und offenbarungs-
phänomenologische Fundierung dieser Debatte SALMANN E., *Neuzeit und Offenbarung. Studien zur trinitarischen Analogik des Christentums*, Rom 1986,
besonders 105-162; die Neuzeit wird hier in ihrer Legitimität ernstgenommen,
sie wird aber auch als der »verlorene Sohn der Offenbarung« (ebd. 107) je neu
theologisch zu verstehen gesucht; einen Überblick über verschiedene Auto-

Untersuchung der Säkularisierungsthese, in der er sich gegen
F. Gogarten und gegen die hier vorgestellte Position Löwiths
wendet, die Möglichkeit einer nicht unter Herrschaft und in
Abhängigkeit von der Eschatologie stehenden Geschichtsphilosophie. So ist beispielsweise seiner Ansicht nach Hegels Geschichtstheorie nicht eschatologisch, sondern rein teleologisch
motiviert, da der Zweckbegriff in ihr nur im Kontext »des in
der Vermittlung von Geschichte und Vernunft sich verwirklichenden Geistes verständlich«[60] wird: Hegels Welt- und Geschichtsverständnis sei nämlich nicht durch eine Antizipation
des Absoluten und eine somit präsentische Eschatologie gekennzeichnet, sondern durch die Gegenwart des Absoluten als
Folge der an sich vollbrachten Versöhnung der Vernunft mit
der Wirklichkeit.[61]

Zur Grundlegung eines überempirischen Geschichtsbegriffs – der das Christusereignis als geschichtlich zu beden-
kendes Erlösungsgeschehen (Hünermann) verstehbar machen
kann – soll im weiteren Gang der Untersuchung mit Hilfe von

---

ren und Aspekte der Auseinandersetzung zwischen Neuzeit und Christentum
gibt Ruh U., *Säkularisierung als Interpretationskategorie. Zur Bedeutung des
christlichen Erbes in der modernen Geistesgeschichte*, Freiburg i. Br. 1980.
Für eine nicht geistesgeschichtlich-philosophisch orientierte, sondern sozio-
logisch-kulturelle Herangehensweise an die Säkularisierungsproblematik vgl.
Martin D., *A General Theory of Secularization*, Aldershot 1993; Id., *On Secularization. Towards a Revised General Theory*, Aldershot 2005.

[60] Jaeschke, *Die Suche nach den eschatologischen Wurzeln der Geschichtsphilosophie*, 312.

[61] Vgl. insgesamt ebd. 296-324. – Jaeschke wendet sich gegen die Interpretation Hegels im Sinne der traditionellen christlichen Eschatologie bei Theunissen M., *Hegels Lehre vom absoluten Geist als theologisch-politischer Traktat*,
Berlin 1970.

Hegels Geschichtsverständnis die Frage nach der Kohärenz und inneren Struktur von Geschichte beleuchtet werden; unabhängig von der Auseinandersetzung zwischen eschatologischer (Löwith) und teleologischer (Jaeschke) Interpretation ist »für Hegel Geschichte nicht sinnlos erscheinende Anhäufung von Ereignissen«[62], sondern erweist sich in ihrer dialektischen Grammatik als auf ein Ziel gerichtetes und fortschreitendes Geschehen. Gegen einen »geschichtsphilosophischen Agnostizismus«[63] möchte die hier vorgelegte Reflexion dem Zusammenhang zwischen dem strukturellen, Sinn anzeigenden und dem ereignishaften, die Tatsachen als solche einbegreifenden Aspekt der Geschichte nach-denken,[64] in der mit P. Ricœur geteilten Überzeugung, »daß es mehrere Lesarten der Geschichte gibt«[65] und ihr Sinn sich auf die Dimensionen des *Fortschritts*, der darin sich zeigenden *Zweideutigkeit* und der von außen hinzutretenden *Hoffnung* erstreckt.[66] Ist der Fortschritt bereits in die Dialektik der Geschichte einbegriffen, so weiß doch auch Hegel die Geschichte auf die Verwirklichung der im absoluten Geist schon vollzogenen Versöhnung als ihren Endzweck gerichtet, damit aber als endlich und letztlich

---

[62] Jaeschke, *Die Suche nach den eschatologischen Wurzeln der Geschichtsphilosophie*, 302.

[63] Ricœur P., *Histoire et Vérité*, Paris 1955. Es wird nach der dt. Übersetzung von R. Leick zitiert, hier: Ricœur P., *Geschichte und Wahrheit*, übersetzt und mit einer Einleitung versehen von R. Leick, München 1974, 36.

[64] Vgl. dazu ebd. 39-87.

[65] Ebd. 89.

[66] Ricœur geht diesem Theorem ebd. 89-109, in seinem Aufsatz *Das Christentum und der Sinn der Geschichte*, nach.

eines Gegenpols bedürftig.[67] Um schließlich der Geschichte einen globalen Sinn zuschreiben und sie in der Zweideutigkeit des Fortschritts auf Hoffnung hin offenhalten zu können, wird ihre dialektische Grammatik von einer anderen Logik her durchbrochen werden müssen. Doch soll zunächst betrachtet werden, wie bei Hegel nicht die *Geschichte* in die/der *Welt-geschichte*, sondern diese in die/der *absolute(n) Geschichte* aufgehoben wird.[68]

---

[67] Dies wird zu zeigen sein.

[68] Entgegen W. Jaeschkes Vorwurf einer Reduktion von Geschichte auf Welt-geschichte bei Hegel; vgl. JAESCHKE W., *Die Geschichtlichkeit der Geschichte*, in: ARNDT A./BAL K./ OTTMAN H. (Hrsg.), *Hegel-Jahrbuch 1995*, Berlin 1996, 368-370.

Dem geradezu entgegengesetzt, was in der Heiligen Schrift als höchste Pflicht geboten wird, Gott nicht bloß zu lieben, sondern auch zu erkennen, herrscht jetzt das Geleugne dessen vor, was ebendaselbst gesagt ist, daß der Geist es sei, der in die Wahrheit einführe, daß er alle Dinge erkenne, selbst die Tiefen der Gottheit durchdringe. [...] Gott will nicht engherzige Gemüter und leere Köpfe zu seinen Kindern, sondern solche, deren Geist von sich selbst arm, aber reich an Erkenntnis seiner ist und die in diese Erkenntnis Gottes allein allen Wert setzen. Die Entwicklung des denkenden Geistes, welche aus dieser Grundlage der Offenbarung des göttlichen Wesens ausgegangen ist, muß dazu endlich gedeihen, das, was dem fühlenden und vorstellenden Geiste zunächst vorgelegt worden, auch mit dem Gedanken zu erfassen. Es muß endlich an der Zeit sein, auch diese reiche Produktion der schöpferischen Vernunft zu begreifen, welche die Weltgeschichte ist.

(*Georg Wilhelm Friedrich Hegel*, aus der Einleitung zu den *Vorlesungen über die Philosophie der Geschichte*)

Der Tod, wenn wir jene Unwirklichkeit so nennen wollen, ist das Furchtbarste, und das Tote festzuhalten das, was die größte Kraft erfordert. [...] Aber nicht das Leben, das sich vor dem Tode scheut und von der Verwüstung rein bewahrt, sondern das ihn erträgt und in ihm sich erhält, ist das Leben des Geistes. Er gewinnt seine Wahrheit nur, indem er in der absoluten Zerrissenheit sich selbst findet.

(*Georg Wilhelm Friedrich Hegel*, in der *Vorrede* zur *Phänomenologie des Geistes*)

GOTT IST GEIST UND ALLE, DIE IHN ANBETEN, MÜSSEN IM GEIST UND IN DER WAHRHEIT ANBETEN.

(*Joh* 4,24)

II. Teil

Zum dialektischen Geschichtsverständnis bei Hegel

Angesichts der Leitfrage, was es erlauben kann, von *Geschichte an sich* als einem Sinnzusammenhang zu sprechen, möchte dieser zweite, umfängliche und prinzipielle Teil der Untersuchung nicht so sehr die Debatten der aktuellen Hegel-Forschung untersuchen als vielmehr versuchen zu erheben, was Hegel unter *Geschichte* versteht.[69] – In Hegels Denkweg ist freilich eine Entwicklung auszumachen, und oft werden die verschiedenen Perioden und Reifungen mit den Aufenthaltszeiten Hegels in Bern, Frankfurt, Jena, Nürnberg, Hei-

---

[69] Hegels Werke werden zitiert nach HEGEL G.W.F., *Gesammelte Werke* (GW), (in Verbindung mit der Deutschen Forschungsgemeinschaft) hrsg. von der Rheinisch-Westfälischen Akademie der Wissenschaften, Hamburg/Düsseldorf 1968ff. und nach HEGEL G.W.F., *Theorie-Werkausgabe* (TWA), 20 Bde. u. Register, Frankfurt a. M. 1986ff. In den einzelnen Anmerkungen werden jeweils der (Kurz-) Titel des entsprechenden Werkes sowie die Sigle der verwendeten Ausgabe mit der Nummer des Bandes angegeben. Hegels *Phänomenologie des Geistes* als von ihm selbst publiziertes Werk wird, soweit nicht anders angegeben, zitiert nach dem von W. Bonsiepen und R. Heede herausgegebenen Band 9 im Rahmen der historisch-kritischen Ausgabe der *Gesammelten Werke*, Hamburg/Düsseldorf 1980 (= GW 9). Hegels *Vorlesungen über die Philosophie der Geschichte* werden, wegen der übersichtlichen Textaufbereitung und da es in der vorliegenden Arbeit nicht um eine textkritische Zielstellung hinsichtlich der nicht von Hegel selbst veröffentlichten Vorlesungen geht, zitiert nach Band 12 der von E. Moldenhauer und K. M. Michel auf der Grundlage der *Werke* von 1832-1845 neu edierten *Theorie-Werkausgabe*, Frankfurt a. M. 1986 (= TWA 12).

delberg und Berlin in Zusammenhang gebracht. Nachdem die Relevanz der Geschichtsthematik bereits in der Frankfurter/ Jenaer *Verfassungsschrift* aufscheint, so führt in Jena ihre Problematik zu einer eingehenden Reflexion des Verhältnisses von Philosophiegeschichte und Weltgeschichte in den ersten *Vorlesungen zur Geschichte der Philosophie*; in der systembegründenden *Phänomenologie des Geistes* von 1807 gelangt Hegel bereits zu einem dreifachen Geschichtsbegriff, nämlich als (1) der kontingenten Geschichte des Zufalls, (2) der Bildungs- und Konstituierungsgeschichte des Geistes und (3) der absoluten Geschichte als *er-innerte* und in den *Begriff* aufgehobene Geschichte des sich wissenden Geistes. Nach einem groben Überblick zur Stellung der Geschichts-Problematik in Hegels Werk soll im Folgenden in einem ersten Schritt vor Augen geführt werden, wie Hegel durch die Entdeckung der *Geschichtlichkeit des Geistes* sozusagen Geschichte in die Vernunft bringt. In den Berliner Vorlesungen zur *Philosophie der (Welt-) Geschichte* sucht Hegel dann auch die Vernunft in der Geschichte zu erfassen. Es wird zu sehen sein, wie sich dabei das Problem des Verhältnisses von sogenannter Weltgeschichte, Geistes-Geschichte und einer postulierten Universalgeschichte ergibt. Dabei sind auch viele Unsicherheiten zu berücksichtigen, die mit der schwierigen Edition der von Hegel insgesamt fünfmal gehaltenen Berliner Vorlesungen zur Geschichtsphilosophie verbunden sind und die zur Vorsicht in einer voreilig negativen Bewertung des Hegelschen Geschichtsverständnisses gemahnen sollten. In einem weiteren Schritt soll der Versuch gemacht werden, das Postulat der Berliner Geschichtsphilosophie-Vorlesungen an die Konzeption der »begriffne[n] Geschichte« in der *Phänomenologie des Geistes* zurückzubinden und zu rechtfertigen. Schließlich erhebt sich die Frage, ob in den – ebenfalls nicht von Hegel selbst publizierten – Vorlesungen zur *Religionsphilosophie* nicht noch eine andere Logik angedeutet ist, wenn der als *Tod Gottes* verstandene Kreuzestod Christi »die *absolute Geschichte der göttlichen Idee*« darstellt und somit den Kristallisationspunkt im Verständnis des Selbstwerdungsprozesses des Geistes ausmacht.

II.1. Zur Stellung der Geschichts-Problematik in Hegels Denken

Hegels Denken – das ist oft schon bemerkt worden – erschließt sich nur dem, der sich darauf einläßt und, soweit möglich, zumindest versucht, es mitzuvollziehen. Man muß den inneren Übergang vom Verstand und vom bloßen Selbstbewußtsein auf die Ebene der Vernunft des Geistes wenigstens zu erahnen gewillt sein. Ohne diese Bereitschaft nimmt sich das Ganze unverständlich aus und wird wohl immer als Hybris erscheinen.

Einerseits ist Hegels Philosophie des absoluten Geistes in ihrer Gesamtheit als ineinsgefaßte Geschichts- und Religionsphilosophie definiert worden.[70] Andererseits wurde kritisiert, daß die Geschichtsthematik als solche überhaupt keinen eigenen systematischen Ort habe in Hegels Gesamtwerk.[71] Dieser Vorwurf ist so nicht ohne weiteres berechtigt. Denn die für den Berliner Hegel eng miteinander verbundenen Themenfelder von Recht, Politik und Geschichte sind Teil der *Philosophie des Geistes*, des näheren als die Sphäre des *objektiven Geistes*. Diese tritt bei Hegel an die Stelle der traditionellen praktischen Philosophie, und der »systematische Ort der Philosophie des objektiven Geistes zwischen der Philosophie des subjektiven und des absoluten Geistes (seit der „Enzyklopädie" von 1817) macht die Abhängigkeit der praktischen Philosophie Hegels von seiner Theorie des Geistes und ihre innere Beziehung zu den Themen der Anthropologie, der Philosophie der Kunst und

---

[70] Vgl. THEUNISSEN, *Hegels Lehre vom absoluten Geist als theologisch-politischer Traktat*, 60f.

[71] Vgl. z. B. JAESCHKE, *Die Geschichtlichkeit der Geschichte*, 371.

der Religionsphilosophie erkennbar«[72]. Freilich ist in Hegels Philosophie alles mit allem verknüpft, was zunächst eine Systematisierung einzelner Aspekte zu erschweren scheint, letztlich jedoch darauf verweist, daß entgegen anders lautender Vorwürfe jede Realität gerade in der Konzeption des *Geistes* verankert ist. So findet sich in der Einleitung zur *Philosophie des Geistes* in der *Enzyklopädie* (§384) eine Formulierung, die sich gleichsam als Schlüssel zu Hegels alles – auch Kunst, Religion, Wissenschaft und die Weltgeschichte – einbegreifenden Geschichtsverständnis erweist:

> Das Absolute ist der Geist; diß ist die höchste Definition des Absoluten. – Diese Definition zu finden und ihren Sinn und Inhalt zu begreifen, diß kann man sagen, war die absolute Tendenz aller Bildung und Philosophie, auf diesen Punkt hat sich alle Religion und Wissenschaft gedrängt; aus diesem Drang allein ist die Weltgeschichte zu begreifen.[73]

Die Geschichtsthematik ist in Hegels Denken zwar prinzipiell mit den Fragen des Rechts und der Politik verknüpft und im Bereich der Staatslehre und der Sittlichkeit angesiedelt – so bereits in den frühen Systementwürfen und in der *Verfassungsschrift*.[74] Allerdings tritt ein Übergang von einem

---

[72] BAUM M./MEIST K. R., *Recht – Politik – Geschichte,* in: PÖGGELER O., *Hegel. Eine Einführung in seine Philosophie*, Freiburg/München 1977, 106. Dieser Aufsatz gibt insgesamt einen guten Überblick über die Einordnung der drei Thematiken in die Philosophie des objektiven Geistes.

[73] HEGEL, *Enzyklopädie der philosophischen Wissenschaften*, GW 20, 382f.; vgl. auch TWA 10, 29.

[74] In der frühen Jenaer Zeit sieht Hegel in seinen Überarbeitungen zur bereits in Frankfurt begonnenen *Verfassungsschrift* erstmals die Notwendigkeit

als *Naturgeschehen* aufgefaßten Prozeß der Ausbildung von Sittlichkeit und von Allgemeinheit im Staat hin zu einer als *geschichtlichen Prozeß* begriffenen Ausbildung des Weltgeistes ein; dieser Übergang vollendet sich in den verschiedenen Entwürfen und Arbeiten der Jenaer Periode und schließlich im Jahre 1807 mit der Veröffentlichung der *Phänomenologie des Geistes*,[75] in der als dem Grundstein zur Ausfaltung von Hegels System die *Geschichte* innerhalb der Geschichte des Bewußtseins bzw. des zu sich kommenden Geistes erscheint. Bereits in der Jenaer Vorlesung zur *Geschichte der Philosophie* im Wintersemester 1805/06 vertritt Hegel die Auffassung, daß die Geschichte der Philosophie der Entwicklung des Geistes zu sich selbst *in der Geschichte* entspreche.[76]

»weltgeschichtlicher« Überlegungen für eine angemessene Deutung seiner Zeit. Vgl. MAIER H., „...*diese dritte universale Gestalt des Weltgeistes". Weltgeschichtliches Denken in Hegels Verfassungsschrift*, in: KÖHLER D./WEISSER-LOHMANN E. (Hrsg.), *Hegels Vorlesungen über die Philosophie der Weltgeschichte*, Hegel-Studien, Beiheft 38 (1998), 15-33. Vgl. auch HEGEL, *Die Verfassung Deutschlands*, TWA 1, 461-581 und zu den verschiedenen Entwürfen besonders GW 5, 1-219. Ausführlich vgl. dazu auch die Habilitationsschrift MEIST K.R., *Zur Entstehungsgeschichte einer Philosophie der „Weltgeschichte" bei Hegel in den Frankfurter und Jenaer Entwürfen*, Bochum 1986.

[75] Für umfassende Interpretationen verschiedener Aspekte der *Phänomenologie* vgl. die Sammelbände FULDA H.F./HENRICH D. (Hrsg.), *Materialien zu Hegels ‚Phänomenologie des Geistes'*, Frankfurt a. M. 1973 u. KÖHLER D./PÖGGELER O. (Hrsg.), *G.W.F. Hegel. Phänomenologie des Geistes*, Berlin 1998.

[76] Vgl. dazu PÖGGELER O., *Geschichte, Philosophie und Logik bei Hegel*, in: LUCAS H.-C./PLANTY-BONJOUR G. (Hrsg.), *Logik und Geschichte in Hegels System*, Stuttgart-Bad Cannstatt 1989, 104-115; KÖHLER D., *Der Geschichtsbegriff in Hegels „Phänomenologie des Geistes"*, in: KÖHLER D./WEISSER-LOHMANN E. (Hrsg.), *G.W.F. Hegels Vorlesungen über die Philosophie der Weltgeschichte*, Hegel-Studien, Beiheft 38 (1998), 36-38; SIEP L., *Der Weg der Phänomenologie des Geistes. Ein einführender Kommentar zu Hegels*

Insofern kann man davon ausgehen, daß die Philosophiegeschichte in Hegels Jenaer Zeit »modellbildend für eine logische Geschichtsauffassung«[77] ist und »daß die Vorlesung über
die Geschichte der Philosophie in einer besonderen Nähe zur
Phänomenologie des Geistes steht«[78].

In Hegels System selbst jedoch verliert die *Weltgeschichte*
nicht ihren Ort innerhalb der Staatslehre: So wird sie auch in
der Berliner *Enzyklopädie der philosophischen Wissenschaf-*
ten im dritten Teil, in der Geistphilosophie, explizit thematisiert in der Sphäre des objektiven Geistes (zu der Recht, Moralität und Sittlichkeit gehören), und zwar als Unterpunkt der
Staatslehre in der Abhandlung der *Sittlichkeit* (§§548-552).[79]

„Differenzschrift" und *„Phänomenologie des Geistes"*, Frankfurt a. M. 2000,
52-57. – Über den Zusammenhang von Philosophiegeschichtsvorlesung und
Phänomenolgie des Geistes schreibt L. Siep: »Die Philosophie als höchste
Selbstreflexion des Geistes wird gegen Ende der Jenaer Zeit Gegenstand einer
Vorlesung über die Geschichte der Philosophie. Die Wahrheit der spekulativen
Philosophie wird darin als Resultat einer notwendigen Entwicklung des philosophischen Gedankens dargestellt. Die Übereinstimmung dieser Entwicklung
mit der Geschichte der menschlichen Kultur ist eines der zentralen Themen
der *Phänomenologie*« (ebd. 55).

[77] PÖGGELER, *Geschichte, Philosophie und Logik bei Hegel*, 104.

[78] Ebd. 109. – Über den Schluß der Vorlesung zur Philosophiegeschichte von
1805/06 schreibt O. Pöggeler: »Die These ist, daß eine „neue Epoche in der
Welt entsprungen" sei. Diese These wird belegt durch den Hinweis, daß der
Geist sich in der Überwindung seiner Veräußerlichung und Entfremdung nun
als absoluter Geist entfalte und erfasse. Dieser Weg des Geistes wird zu gleicher Zeit in der *Phänomenologie des Geistes* als Einleitung in die spekulative
Philosophie vorgetragen. Am Schluß der Vorlesung zur Geschichte der Philosophie hält Hegel fest, daß der Geist das gegenständliche Wesen von sich
abgetan habe und das, was ihm gegenständlich werde, allein aus sich selbst
erzeuge« (ebd. 111).

[79] Vgl. HEGEL, *Enzyklopädie der philosophischen Wissenschaften*, GW 20,

63

In der Rechtsphilosophie (die eigentlich nichts anderes als die Philosophie des objektiven Geistes ist) werden unter der Abteilung der Sittlichkeit wiederum der Staat und somit auch die Weltgeschichte ausführlich thematisiert.[80] Ihren eigenen und eigentlichen Platz als *Philosophie der Geschichte* finden diese Ausführungen schließlich in den nicht von Hegel selbst veröffentlichten Berliner Vorlesungen über die philosophische (Welt-) Geschichte, deren Einleitung versucht, die in der Geschichte waltende Vernunft aufzuzeigen.[81] Einen Überblick über die schwierige Forschungslage hinsichtlich der Jenaer Geschichtskonzeption und der Berliner Weltgeschichtsvorlesungen, verbunden auch mit den editorischen Tücken und Unwägbarkeiten dieser letzteren, bietet E. Weisser-Lohmann in der Einleitung zum Beiheft der Hegel-Studien über *Hegels Vorlesungen über die Philosophie der Weltgeschichte*.[82] Deren Konzeption muß im Spannungsfeld zwischen der aus Hegels Hand stammender Einleitung samt logischem Grundriß der Vorlesung und den eher unsicheren Schülernachschriften der Berliner Vorlesungszyklen samt einigen fragmentarischen

---

523-541; vgl. auch TWA 10, 347-365.

[80] Vgl. HEGEL, *Grundlinien der Philosophie des Rechts*, TWA 7, besonders 503-512.

[81] Vgl. HEGEL, *Vorlesungen über die Philosophie der Geschichte*, TWA 12, besonders 11-141. Vgl. auch HEGEL G.W.F., *Die Vernunft in der Geschichte*, hrsg. von J. Hoffmeister, Hamburg 1955.

[82] Vgl. WEISSER-LOHMANN E., *Einleitung*, in: KÖHLER D./WEISSER-LOHMANN E. (Hrsg.), *Hegels Vorlesungen über die Philosophie der Weltgeschichte*, Hegel-Studien, Beiheft 38 (1998), 7-12.

Manuskripten Hegels herausgearbeitet werden.[83] Die Vorlesungen über die *Philosophie der Weltgeschichte* können nicht
einfach ohne weiteres als systematisch abgeschlossenes Werk
betrachtet werden.

Hegel ist der erste Autor, bei dem sich der Terminus *Geschichtlichkeit* nachweisen läßt;[84] *Geschichtlichkeit* bezeichnet die Struktur eines Zusammenhangs, der »durch das *In-
einanderfallen von Zeitlichkeit und Reflexion auf Zeitlichkeit*
konstituiert wird«[85]. W. Jaeschke schreibt Hegel die Entdek-
kung der Geschichtlichkeit des Geistes zu; doch wiewohl Hegel in der *Phänomenologie des Geistes* die *Geschichte* in die
Vernunft, in den Geist hineingedacht hat, so scheitert er nach
Jaeschkes Interpretation in seinen Vorlesungen bei dem Versuch, umgekehrt auch die *Vernunft* in die *Geschichte* hinein-
zudenken. Damit ist die grundlegende Problematik skizziert,
um die es im Folgenden gehen wird.

---

[83] Für einen Überblick zur Quellenlage, den überlieferten Nachschriften und
den verschiedenen Editionen der Geschichtsphilosophievorlesungen vgl.
GROSSMANN A., *Hegel oder „Hegel"? Zum Problem des philosophischen und
editorischen Umgangs mit Hegels geschichtsphilosophischen Vorlesungen*, in:
KÖHLER D./WEISSER-LOHMANN E. (Hrsg.), *Hegels Vorlesungen über die Philosophie der Weltgeschichte*, Hegel-Studien, Beiheft 38 (1998), 51-70.

[84] Vgl. JAESCHKE, *Die Geschichtlichkeit der Geschichte*, 366.

[85] Ebd.

II.2. Das werdende Wissen nach Hegels *Phänomenologie des Geistes*: die Weltgeschichte als Bildungs-Geschichte des sich suchenden und findenden Geistes

II.2.1. Bedeutung, Ansatz und Tragweite der *Phänomenologie des Geistes*

Vermag man sie in rechter Weise einzuordnen, so erscheint Hegels *Phänomenologie des Geistes* als eines der kühnsten Unternehmen in der menschlichen Denkgeschichte überhaupt: Sie ist gerade als eine *Philosophie des Absoluten* nicht zu Unrecht als »systematische Lebensweltanalyse«[86] bezeichnet worden und nimmt sich dergestalt als eine permanente Ideologiekritik aus, indem im Gang der *Phänomenologie* jeder Standpunkt außerhalb des Absoluten als eben *nicht-absolut*, als *eine* Perspektive, *ein* Moment des Ganzen aufgewiesen wird.[87] Hegel

---

[86] FALKE G.-H. H., *Begriffne Geschichte. Das historische Substrat und die systematische Anordnung der Bewußtseinsgestalten in Hegels Phänomenologie des Geistes*, Berlin 1996, 9; vgl. zum Folgenden insgesamt auch ebd. 13-69.

[87] Vgl. SIEP, *Der Weg der Phänomenologie des Geistes*, 57f. Vgl. auch die Hegel-Interpretationen bei WAGNER F., *Was ist Theologie? Studien zu ihrem Begriff und Thema in der Neuzeit*, Gütersloh 1989, 204-232, und bei SALMANN, *Der geteilte Logos*, 291-370: »Jede Ansicht ist in sich berechtigt, ist *eine* Perspektive des Ganzen, *ein* Ort der Wahrheit, die sie freilich nur gewinnt, wenn sie sich an ihren Gegensatz und darin an das Geschehen im Geist preisgibt, der erst die größere gemeinsame Wahrheit zu heben weiß. [...] Ein Phänomen, eine Perspektive bewahrheiten sich nur, insofern sie als Reflex der Selbstauslegung des absoluten Geistes und als vom menschlichen Geist erhoben und darin ihrer beider korreflexiven Geschichte zugehörig erwiesen werden« (ebd. 295f.). Jean Hyppolite hat darauf hingewiesen, daß es keinen systematischeren und zugleich weniger systematischen Denker gibt als Hegel; vgl. HYPPOLITE J., *Anmerkungen zur Vorrede der Phänomenologie des Geistes: das Absolute ist Subjekt*, in: FULDA H. F./HENRICH D. (Hrsg.), *Materialien zu Hegels ,Phänomenologie des Geistes'*, Frankfurt a. M. 1973, 45. Für eine Einführung in Hegels

selbst spricht im Hinblick auf den Weg, den das *natürliche Bewußtsein* in der *Phänomenologie* auf sich nimmt, vom »sich vollbringende[n] Skepticismus«[88]. Die Wurzeln einer solchen Analyse der Bewußtseins- und Wissensentwicklung liegen in Hegels durch zeitgeschichtliche und politische Kultur- und Wissenschaftskritik motiviertem Bedürfnis nach einer Überwindung der allseitig zutage tretenden Entzweiungen und Dualismen, die zu mannigfachen Entfremdungen führen. In diesen Wurzeln und in Hegels auf die *Vermittlung* von subjektiver und objektiver Dimension angelegtem Wahrheits- und Wirklichkeitsverständnis liegt hinsichtlich der notwendigen Meta-Kritik sozialer und politischer Handlungsmuster sowie aller Wissenschaftsgebiete eine ungeahnte Aktualität der *Phänomenologie des Geistes.*[89] Vom philosophischen Stand-

---

Phänomenologie des Geistes vgl. die bereits zitierte Monographie SIEP, *Der Weg der Phänomenologie des Geistes*; vgl. auch HANSEN F.-P., *Georg W.F. Hegel: „Phänomenologie des Geistes". Ein einführender Kommentar*, Paderborn 1994.

[88] HEGEL, *Phänomenologie des Geistes*, GW 9, 56.

[89] Die Gefahr bei der Wirklichkeitswahrnehmung und Weltorientierung liegt zumal in der Wissenschaft immer in einer einseitigen Reduktion auf die subjektive oder objektive Dimension des Ganzen der Wirklichkeit. Die Geschichte des Denkens, der Wissenschaft und der Technik ist gleichsam dialektisch durchzogen von dem steten Wechsel solch einseitiger Entwürfe. Der aus diesem Dilemma erlösende grundlegende Neuansatz Hegels in der Wirklichkeitskonzeption besteht nach W. Schulz darin, »daß die Geschichte als Grundcharakter des Wirklichen überhaupt erscheint« (SCHULZ W., *Philosophie in der veränderten Welt*, Pfullingen 1972, 498). W. Schulz stellt Hegels einzigartige Bedeutung für den Prozeß der „Vergeschichtlichung" des Denkens und der neuzeitlichen Weltanschauung heraus: »Entscheidend für das Geschichtsverständnis Hegels ist seine Auffassung von der *Wirklichkeit* überhaupt. Hegel konzipiert einen neuen Wirklichkeitsbegriff, der sich heute immer deutlicher auf allen Gebieten durchzusetzen beginnt. [...] Die Vorstellung: dort steht das

punkt aus betrachtet mag sie als die zu Ende gedachte Synthese von Platons Ideenlehre, aristotelischem Hylemorphismus, Spinozas Substanzlehre und Kants Transzendentalphilsophie erscheinen, die durch eine entscheidende Weiterentwicklung der Schellingschen Identitätsphilosophie alle möglichen philosophischen, ja überhaupt theoretischen Konzeptionen gegeneinander ausgleicht und miteinander *versöhnt* und so zum *absoluten Standpunkt* der Philosophie gelangt. Schon seit der *Differenzschrift* erklärt Hegel das Absolute zum alleinigen Gegenstand der Philosophie: »es ist das Ziel, das gesucht wird; es ist schon vorhanden, wie könnte es sonst gesucht werden? die Vernunft producirt es nur, indem sie das Bewußtseyn von den Beschränkungen befreyt«[90].

Damit ist bereits die Aufgabe der *Phänomenologie* vorge-

Objekt und hier stehe ich, der sogenannte Subjekt-Objekt-Standpunkt, muß durchgängig auf allen Gebieten des wesentlichen Erkennens negiert werden. Wesentliches, das heißt konkretes Erkennen, ist ein Lebensvollzug, und Leben wandelt sich aufgrund dieser dialektischen Struktur ständig. [...] Wenn aber die konkrete Wirklichkeit als ein *Prozeß* aufzufassen ist, dann ist Geschichte kein Gebiet neben anderen. Grundsätzlich gesagt: Geschichte ist überall, wo sich eine *Vermittlung von Subjektivem und Objektivem* vollzieht. Geschichte *ist* diese Vermittlung, und da es nichts wahrhaft Seiendes gibt, was von dieser Vermittlung ausgeschlossen ist, ist die Geschichte der *Wesenscharakter* der Wirklichkeit überhaupt« (ebd. 498f.). Der neue Wirklichkeitsbegriff wirkt sich auch auf die Wahrheitstheorie aus. A. Schütz hat herausgestellt, daß der Vermittlungsgedanke entscheidend für Hegels Wahrheitsverständnis und damit für sein gesamtes Denksystem ist, das jede Frage und jeden Ansatz je schon in sich einschließt; vgl. Schütz A., *Wahrheit und Vermittlung. Das Wahrheitsverständnis im absoluten Idealismus Hegels*, in: *Gregorianum* 87, (1/2006), 102-127: »Wahrheit ist Vermittlung – anders gibt es sie nicht. Der Ort, an dem sich Wahrheit eröffnet, ist ein Ort der *Mitte*« (ebd. 114).

[90] Hegel, *Differenz des Fichte'schen und Schelling'schen Systems der Philosophie*, GW 4, 15; vgl. auch TWA 2, 24.

zeichnet: Sie soll das Bewußtsein von seinen Beschränkungen befreien, indem sie die Gegensätze der Reflexion des Bewußtseins aufstellt, sie in Widersprüche überführt und so zur Selbstaufhebung der Reflexion führt. Die *Phänomenologie* erwächst somit aus Hegels Bemühungen um eine Einleitung in die spekulative Philosophie und um die Grundlegung aller Geistphilosophie. Der Begriff des *Geistes* ist dabei vielschichtig: Er ist nicht *sensu stricto* personal aufzufassen, aber doch als Subjekt zu verstehen; er bezeichnet immer eine Totalität, so zum Beispiel das Selbstverständnis einer Epoche oder Kulturform, und nimmt sich in seiner vordringlichen Ausdrucksform qua *Bewußtsein* als individueller und sozialer, als theoretischer und praktischer *Geist* aus.[91] Als Prozeß der Selbstreflexion besitzt er die Struktur der *Andersheit* und des »Gegenteils seiner selbst« und befähigt das Denken so zu »Unparteilichkeit«, zu »Selbstdistanz« und zur »umfassenden Berücksichtigung aller Perspektiven«[92]. So wird der Geist zur Wissenschaft: Für das Erfahrung machende Bewußtsein ist er die Dynamik des Gedankens, »denn er ist diese Bewegung, sich ein anderes, d. h. Gegenstand seines Selbsts zu werden, und dieses Andersseyn aufzuheben«[93]. Daß diese Struktur der Selbstnegation, der *Geist*, das Selbige und Verbindende von *Natur*, *Mensch* (Endlichem) und *Gott* (Unend-

---

[91] Vgl. Siep, *Der Weg der Phänomenologie des Geistes*, 59-62. – Für den Menschen als *Geist* bedeutet dies, daß er »in seinem Bewußtsein von allen besonderen Inhalten abstrahieren, seine Bewußtheit selber zum Gegenstand machen« (ebd. 61) kann und so zum Selbstbewußtsein wird.

[92] Ebd.

[93] Hegel, *Phänomenologie des Geistes*, GW 9, 29.

lichem) ist, soll in der *Phänomenologie des Geistes* gerade aufgewiesen werden.

Hegels Denken und die Konzipierung seines Systems stellen nun aber auf wissenschaftliches Erkennen und somit auf *wirkliches Wissen* ab. Dabei möchte Hegel jede Direktheit, jede Unvermitteltheit von Geschehen und Gegenständen überwinden, um sie durch eine *vermittelnde Versöhnung* zu wahrem Verständnis im Selbstbewußtsein und schließlich zum *absoluten Wissen* zu geleiten. Die *Phänomenologie des Geistes* soll den Grundstein dazu legen, sie soll den dialektischen Prozeß des wissenschaftlichen Erkennens herausarbeiten, der immer vom *An-sich* des Reflexionsgegenstandes über das *Für-sich* zum vermittelten *An-und-für-sich* führt.

Das Absolute, das zu denken und in seinen Erscheinungen zu finden nach Hegel die Aufgabe der Philosophie ist, entläßt sich als zunächst nur an sich seiender *Geist* in die Zeit, um in einem dialektischen Selbstwerdungsprozeß zu sich selbst als dem an und für sich seienden Geist zu finden. Das Endlichwerden des Unendlichen als ein Prozeß der Ver-anderung und der Ent-äußerung wird also zum Ermöglichungsgrund von Geschichte, die sich somit als Welt-Geschichte des Geistes ausnimmt. Die Geschichte ist das *Werden des Wissens zu sich selbst;*[94] in diesem Prozeß wird jede Verabsolutierung von Begriffen und Methoden, die eine Erscheinungswelt je sowohl

---

[94] Hegel selbst schreibt in der *Vorrede* über dieses Sichandersswerden des Geistes, der so um sich selbst weiß und Wissenschaft ist:»Der Geist, der sich so als Geist weiß, ist die Wissenschaft. Sie ist seine Wirklichkeit und das Reich, das er sich in seinem eigenen Elemente erbaut. Das reine Selbsterkennen im absoluten Andersseyn, dieser Aether als solcher, ist der Grund und Boden der Wissenschaft oder das Wissen im Allgemeinen« (ebd. 22).

hervorbringen als aber eben dadurch auch das darüber hinaus-
gehende Gesamte beschränken wollen, einer Kritik unterworfen und gleichsam in ein neues Stadium überführt. Ziel dieses
Vorgehens ist eine stufenweise Aufhebung der Dichotomie
von Form und Inhalt, damit das Wissen im absoluten Geist,
der alle Stufen durchlaufen hat, auch *sich selbst* und den *Weg
zu sich* weiß und so jede Ideo-logie, jede verfestigte, fixe Idee,
je schon unterläuft. Die Wahrheit, ihr Inhalt und ihre Erkenntnis, sind nur holistisch, nur als ein Ganzes zu fassen. Das *Absolute*, das jede Verengung und jede Ideologie ab-solviert, ist
demzufolge prozessual zu verstehen als Resultat zusammen
mit seinem Werden; so erläutert Hegel in der *Vorrede* zur *Phänomenologie des Geistes*:

> Das Wahre ist das Ganze. Das Ganze aber ist nur das durch seine
> Entwicklung sich vollendende Wesen. Es ist von dem Absoluten
> zu sagen, daß es wesentlich Resultat, daß es erst am Ende das ist,
> was es in Wahrheit ist; und hierin besteht seine Natur, Wirkliches,
> Subject, oder sich selbst Werden, zu seyn. So widersprechend es
> scheinen mag, daß das Absolute wesentlich als Resultat zu begrei-
> fen sey, so stellt doch eine geringe Ueberlegung diesen Schein von
> Widerspruch zurecht. Der Anfang, das Princip, oder das Absolute,
> wie es zuerst und unmittelbar ausgesprochen wird, ist nur das All-
> gemeine.[95]

Das Absolute ist also Anfang und Ende. Es ist der Anfang, der
zu seinem Ende will, der vom Allgemeinen zum Konkreten,

---

[95] Ebd. 19. – Bereits ganz zu Beginn der *Vorrede* schreibt Hegel: »Denn die
Sache ist nicht in ihrem Z w e c k e erschöpft, sondern in ihrer A u s f ü h r u n g,
noch ist das R e s u l t a t das w i r k l i c h e Ganze, sondern es zusammen mit seinem Werden; der Zweck für sich ist das unlebendige Allgemeine, wie die Tendenz das bloße Treiben, das seiner Wirklichkeit noch entbehrt, und das nakte
Resultat ist der Leichnam, der sie hinter sich gelassen« (ebd. 10f.).

zur alle Momente seiner selbst einbehaltenden Gestalt werden möchte. Dieses Absolute ist der Geist; in seiner Selbstwerdung besteht gemäß Hegel die vollendete Wissenschaft oder das *System der Wissenschaft*, deren einführende Grundlegung und zugleich erster Teil die *Phänomenologie des Geistes* als die *Wissenschaft der Erfahrung des Bewußtseins* (so der ursprünglich von Hegel intendierte Titel für das Werk), ja als »die Wissenschaft des erscheinenden Wissens«[96], ist. Über ihr Grundanliegen und Selbstverständnis schreibt Hegel selbst auf erhellende und prägnant zusammenfassende Weise in einer Anzeige vom 28. Oktober 1807 im Intelligenzblatt der *Jenaer Allgemeinen Literaturzeitung*:

> Dieser Band stellt das werdende Wissen dar. Die Phänomenologie des Geistes soll an die Stelle der psychologischen Erklärungen, oder auch der abstractern Erörterungen über die Begründung des Wissens treten. Sie betrachtet die Vorbereitung zur Wissenschaft aus einem Gesichtspuncte, wodurch sie eine neue, interessante, und die erste Wissenschaft der Philosophie ist. Sie faßt die verschiedenen Gestalten des Geistes als Stationen des Weges in sich, durch welchen er reines Wissen oder absoluter Geist wird. Es wird daher in den Hauptabtheilungen dieser Wissenschaft, die wieder in mehrere zerfallen, das Bewußtseyn, das Selbstbewußtseyn, die beobachtende und handelnde Vernunft, der Geist selbst, als sittlicher, gebildeter und moralischer Geist, und endlich als religiöser in seinen unterschiedenen Formen, betrachtet. [...] Die letzte Wahrheit finden sie zunächst in der Religion, und dann in der Wissenschaft, als dem Resultate des Ganzen. In der Vorrede erklärt sich der Verf. über das, was ihm Bedürfniß der Philosophie auf ihrem itzigen Standpuncte zu seyn scheint [...].[97]

---

[96] Ebd. 434.

[97] Ebd. 446.

Der *Phänomenologie des Geistes* sollte als zweiter Band des *Systems der Wissenschaft* die spekulative Philosophie, d.h. das System der Logik, sowie die Natur- und Geistphilosophie folgen. Tatsächlich gelangte Hegels System dann zu einer anderen Ausführung: Es entfaltete seine grundlegende Methodik in der *Wissenschaft der Logik* über die Dialektik von *Sein – Wesen – Begriff* und sollte schließlich in der *Enzyklopädie der philosophischen Wissenschaften* mit ihrer Logik, der Naturphilosophie und der Philosophie des subjektiven, objektiven und absoluten Geistes nochmals die gesamte Wirklichkeit einholen.[98] Die niemals von Hegel selbst publizierten Heidelberger und Berliner Vorlesungen explizierten schließlich die Geistphilosophie in Ausführungen über Recht, Ästhetik, Philosophiegeschichte, Religionsphilosophie und Geschichtsphilosophie. – Hier jedoch soll im Folgenden nur festgehalten werden, wie Hegel *Geschichte* in den Weg des Bewußtseins und der Vernunft hineindenkt, wie er so die *Geschichtlichkeit des Geistes* aufweist und was dies wiederum für den Geschichtsbegriff bedeutet.

---

[98] Zur bleibenden Bedeutung der *Phänomenologie des Geistes* als eine Einleitung in die *Wissenschaft* (d.h. in Hegels Philosophie) und zur Möglichkeit, »die Phänomenologie von 1807 im Horizont der Systematik von 1817 zu interpretieren«, vgl. FULDA H. F., *Das Problem einer Einleitung in Hegels Wissenschaft der Logik*, Frankfurt a. M. 1965; allerdings könne die *Phänomenologie* in Hegels späterem Denkgebäude nicht mehr als »Erster Theil« des Systems betrachtet werden.

II.2.2. »Arbeit« und »Schmerz« des Negativen: dialektische Methode, holistischer Wirklichkeitszugang und der Geistbegriff bei Hegel

Hegels philosophischer Ansatz ist als die Verbindung von Essentialismus und Holismus gekennzeichnet worden;[99] jede Stufe des Daseins muß von dem, was es *an sich*, seinem Wesen nach ist, zu dem werden, was es wirklich, *an und für sich* ist; und erst das Ganze ist für Hegel das Wahre, wie bereits dargestellt wurde. Wie aber ist das Wahre, das Absolute zu denken? Es ist umgreifend Vermittlung, System, Leben, Geist – und bleibt doch ganz klassisch Substanz: »Daß das Wahre nur als System wirklich, oder daß die Substanz wesentlich Subject ist, ist in der Vorstellung ausgedrückt, welche das Absolute als G e i s t ausspricht«[100] – Hegel versucht hier, den klassisch-philosophischen Substanzbegriff, den aufklärerisch-transzendentalphilosophischen Subjektbegriff und den Begriff des Geistes, welcher »der neuern Zeit und ihrer Religion«[101], also dem Christentum angehört, in Einklang zu bringen und zu versöhnen. In der im Vorausgegangenen dargestellten Aufgabe der *Phänomenologie des Geistes* kommt »alles darauf an, das Wahre nicht als S u b s t a n z, sondern eben so sehr als S u b j e c t aufzufassen und auszudrücken«[102].

---

[99] Vgl. Siep, *Der Weg der Phänomenologie des Geistes*, 66-69.

[100] Hegel, *Phänomenologie des Geistes*, GW 9, 22.

[101] Ebd.

[102] Ebd. 18. – Über die innere Dynamik und die nicht enzyklopädische, sondern erkenntnistheoretisch-ontologische Intention dieses Gesamtvorgehens in der *Phänomenologie des Geistes* schreibt A. Schütz sehr erhellend: »Das Wissen soll zu seinem Wesen vordringen. Hegel strebt nicht nach einer Auflistung

Die lebendige, geist-erfüllte und so Subjekt gewordene Substanz, die allein ein nicht trügerisches Bild von der Wirklichkeit erschließt, *setzt* nun nicht einfachhin die Wahrheit, im Sinne einer einseitigen, isolierten Erkenntnis und Kategorialisierung, sondern sie ist dialektisch »die Bewegung des sich selbst Setzens oder die Vermittlung des sich anders Werdens mit sich selbst«[103]. Die Wahrheits-Theorien der *adaequatio intellectus ad rem* (klassisch-scholastisch) und der *adaequatio rei ad intellectum* (Kant) werden bei Hegel in ihre gegenseitige Vermittlung hinein aufgehoben. So ist die in wirklicher, d. h. nicht vereinseitigender Weise dargestellte Wirklichkeit das wahre Erkennen, Wissen und Sein, oder anders gesagt »als Subject die reine einfache Negativität, ebendadurch die Entzweyung des Einfachen, oder die entgegensetzende Verdopplung, welche wieder die Negation dieser gleichgülti-

---

all dessen, was gewusst werden kann. Eher nebenbei werden unterschiedliche Stationen von objektiv feststellbaren ‚Brechungen' des Wissens abgeschritten. Die Stoßrichtung seiner Bemühungen ist fundamentalerer Art. Es geht darum, dass sich das *Wissen seiner selbst bewusst* wird. Da es sich auf *alle* Gegebenheiten der Wirklichkeit beziehen kann, kennt es keine Beschränkungen: Wissen ist seiner möglichen Ausdehnung nach vollkommen; nichts vermag sich ihm zu entziehen. Kommt das Wissen *wirklich* – will sagen im Durchgang durch die konkrete Wirklichkeit – zu sich selbst, dann wird es sich darüber klar, formal bereits immer Wissen des Absoluten zu sein. Die vielen Formen, unter denen es auftritt, weisen über sich hinaus. Aus den mannigfaltigen Weisen, wie das Wissen in Erscheinung tritt, wird deutlich, was Wissen an und für sich ist: ein geistiges Geschehen. Das Wissen ist je und je eine Konkretisierung des Geistes in seiner Absolutheit, ist ein Moment der dialektischen Bewegung des absoluten Geistes. Sich von seiner Wahrheit erfassen zu lassen, kennzeichnet den Gang der „Phänomenologie des Geistes"« (SCHÜTZ A., *Phänomenologie der Glaubensgenese. Philosophisch-theologische Neufassung von Gang und Grund der analysis fidei*, Würzburg 2003, 41f.).

[103] HEGEL, *Phänomenologie des Geistes*, GW 9, 18.

gen Verschiedenheit und ihres Gegensatzes ist; nur diese sich wiederherstellende Gleichheit oder die Reflexion im Andersseyn in sich selbst – nicht eine ursprüngliche Einheit als solche, oder unmittelbare als solche, ist das Wahre«[104]. Im Sinne einer holistischen Zugangsweise zur Wirklichkeit muß also das Negative als Moment des Ganzen einbehalten werden, muß der Geist (das »Leben Gottes«) die »Arbeit« und den »Schmerz« des Negativen auf sich nehmen, weil er nur in dieser »absoluten Zerrissenheit« seine Wahrheit gewinnt und sich selbst findet.

Als *Subjekt* und *Bewegung* fällt der Geist aber in die *Zeit*. Hegel setzt hier einen eigenen dialektischen Zeitbegriff voraus: Für ihn ist *Zeit* als da-seiender Begriff der im Selbst gesetzte Unterschied, konstituiert sich also im Moment der Negativität, wobei sie »als leere Anschauung sich dem Bewußtseyn vorstellt«[105]. Deswegen »erscheint der Geist nothwendig in der Zeit«[106], und zwar so lange, bis er im *absoluten Wissen* seinen eigenen Begriff erfaßt und so die Zeit »tilgt«. Hegel schreibt über diese notwendige Ent-äußerung des *Geistes*, die seine Bewegung in die/der Zeit ist:

> Er [der Geist] ist an sich die Bewegung, die das Erkennen ist, – die Verwandlung jenes Ansichs in das Fürsich, der Substanz in das Subject, des Gegenstands des Bewußtseyns in Gegenstand des Selbstbewußtseyns, d. h. in ebenso sehr aufgehobenen Gegenstand, oder in den Begriff. Sie ist der in sich zurückgehende Kreis, der seinen Anfang voraussetzt, und ihn nur im Ende erreicht.

---

[104] Ebd.

[105] Ebd. 429.

[106] Ebd.

– Insofern der Geist also nothwendig dieses Unterscheiden in sich ist, tritt sein Ganzes angeschaut seinem einfachen Selbstbewußt-seyn gegenüber, und da also jenes das unterschiedene ist, so ist es unterschieden in seinen angeschauten reinen Begriff, in d i e Z e i t, und in den Inhalt oder in das A n s i c h; die Substanz hat, als Subject, die e r s t i n n e r e Nothwendigkeit an ihr, sich an ihr selbst als das darzustellen, was sie an s i c h ist, als G e i s t.[107]

In der Zeit hat der Geist als *Weltgeist*, als »das allgemeine Individuum«[108], für seine Selbstkonstituierung im Sinne der beschriebenen Dialektik von Anfang und Ende »die ungeheu-re Arbeit der Weltgeschichte zu übernehmen«[109]: Im langen Laufe dieser Arbeit des Geistes in der Weltgeschichte macht das erkennende und erfahrende Bewußtsein als das »natür-liche Bewußtseyn«, das Hegel definiert als »Standpunkt des Bewußtseyns, von gegenständlichen Dingen im Gegensatze gegen sich selbst, und von sich selbst im Gegensatze gegen sie zu wißen«[110], in jedem erreichten Entwicklungsstadium je neu den Versuch, »auch einmal auf dem Kopfe zu gehen«[111] und den Gegensatz des Subjekt-Objekt-Standpunktes so zu überwinden und sich von seinen Beschränkungen zu befrei-en. Zum Zwecke dieser Aufhebung des Gegensatzes im na-türlichen Bewußtsein und der *Versöhnung* des Wissens mit sich selbst, de- und rekonstruiert die *Phänomenologie des*

---

[107] Ebd.

[108] Ebd. 24.

[109] Ebd. 25.

[110] Ebd. 23.

[111] Ebd.

Geistes die gesamte Kultur- und Bildungsgeschichte der Menschheit bzw. des Weltgeistes – ihrer begrifflichen, nicht chronologischen Logik nach –, in welcher die Wissenssubstanz fortschreitet vom zunächst seiner selbst nicht gewissen *Bewußtsein* zum *Selbstbewußtsein* und über die *Vernunft* und den *Geist*, der die Wahrheit in der *Religion* bereits erfaßt, hin zum *absoluten Wissen*, in dem der Geist auch um sich selbst weiß und die in der *offenbaren Religion* »vorgefundene Vorstellung« der Wahrheit in ihren Begriff erhebt. In diesem Konstruktionsgeschehen der *Phänomenologie* erweist sich, daß die Weltgeschichte nicht anders als aus der Dialektik dieses Zu-sich-Kommens des Geistes als der »Arbeit, die er als wirkliche Geschichte vollbringt«[112], zu verstehen ist.

II.2.3. Die *Phänomenologie des Geistes* als Weg und als Überstieg

Da der Geist *dialektische Bewegung* und Selbstnegation ist, ist er in jeder seiner Entwicklungsstufen immer schon über sich hinaus, stellt sich selbst infrage und reflektiert, und zwar so, »daß jede Reflexion zugleich ein Umschlag ins Gegenteil seiner selbst ist«[113] und diese Konversionen und Umkehrungen jeder Bewußtseinsgestalt des Geistes »zu einer endlichen Stufenfolge zunehmend umfassender Selbsterkenntnis führen«[114]. Es handelt sich nämlich nicht um einen unabschließbaren, sondern um einen teleologischen Prozeß, in dem der Anfang zu

---

[112] Ebd. 430.

[113] Siep, *Der Weg der Phänomenologie des Geistes*, 61.

[114] Ebd. – Vgl. auch ebd. 63f.

seinem Ende will. In diesem Prozeß stellt Hegel die verschiedenen einseitigen philosophischen und wissenschaftlichen Positionen als Reflexions- und Bildungsstufen des Geistes in der Geschichte dar. Der Geist unterzieht sich ständiger Selbstprüfung und wird so in seiner Selbstorganisation und Selbsterzeugung durchsichtig; nur so ist es möglich, daß er sich in der *Phänomenologie*, die dieses Werden darstellt, doch schon im Medium der *Wissenschaft* (die dem absoluten Wissen zugehört) bewegt. Die *Phänomenologie des Geistes* steht selbst nicht mehr auf dem Standpunkt des *natürlichen Bewußtseins*, sondern antizipiert den des wahren Wissens.[115]

Die ersten drei Kapitel der *Phänomenologie des Geistes* prüfen, negieren und über-führen die Geistesgestalten des einfachen Bewußtseins:[116] So geht das erkennende Subjekt in der

---

[115] Vgl. ebd. 64f.

[116] Die Struktur und Gliederung der *Phänomenologie des Geistes* so, wie sie vorliegt, ist äußerst komplex und auf den ersten Blick unübersichtlich: Dies hat mit ihrer Vorgeschichte, zahlreichen Umarbeitungen und den insgesamt schwierigen Entstehungsumständen zu tun. Das Werk ist zunächst in acht mit römischen Ziffern gekennzeichnete Kapitel eingeteilt; in der letzten Korrekturphase hat Hegel dem Werk dann eine nicht unbedingt kohärente Buchstabeneinteilung gegeben. Dies vielfältig verschachtelte Ineinander der verschiedenen Entwicklungsstufen des Geistes muß im vorliegenden Rahmen jedoch ohnehin nicht eingehend berücksichtigt werden. Zur eindeutigen Bestimmung soll ausschließlich auf die Kapiteleinteilung der römischen Ziffern Bezug genommen werden. Zu den Schwierigkeiten mit der Gliederung der *Phänomenologie des Geistes* und zu möglichen Korrelationen zwischen Inhaltsverzeichnis und Komposition bzw. zur Komposition und Logik des Werkes im allgemeinen vgl. PÖGGELER O., *Die Komposition der Phänomenologie des Geistes*, in: FULDA H.F./HENRICH D. (Hrsg.), *Materialien zu Hegels ‚Phänomenologie des Geistes‘*, Frankfurt a. M. 1973, 329-390; FULDA H. F., *Zur Logik der Phänomenologie von 1807*, in: FULDA H.F./HENRICH D. (Hrsg.), *Materialien zu Hegels ‚Phänomenologie des Geistes‘*, Frankfurt a. M. 1973, 391-425; SIEP, *Der Weg*

sinnlichen Gewißheit (I.) zunächst davon aus, unmittelbaren Zugang zur Realität zu haben, muß aber deren Abhängigkeit von den Begriffen einsehen, die in ihrer Dialektik über sich selbst hinausführen;[117] Hegel versucht bei der Abhandlung dieser ersten Bewußtseinsgestalt im ersten Kapitel der *Phänomenologie* »indes nicht, das Bewußtsein auf Grund dieser Tatsache aus einem höheren Prinzip zu deduzieren, sondern er sucht einen Weg, der es dem unmittelbaren Bewußtsein gestattet, seine Abhängigkeiten und Verflechtungen schrittweise selbst einzusehen«[118]. Ebenso legen im *Wahrnehmungs*-Kapitel (II.) und im daran sich anschließenden Kapitel zu »Krafft und Verstand« die jeweiligen Bewußtseinsgestalten die eigentliche Realität noch in die Gegenstandsseite:[119] Auch wenn alle »Erfahrung mit der Wahrnehmung anfängt, so bleibt sie

---

der Phänomenologie des Geistes, 79-82.

[117] Zur Bewußtseinsstufe der *sinnlichen Gewißheit* vgl. WIELAND W., *Hegels Dialektik der sinnlichen Gewißheit*, in: FULDA H.F./HENRICH D. (Hrsg.), *Materialien zu Hegels ‚Phänomenologie des Geistes‘*, Frankfurt a. M. 1973, 67-82 u. GRAESER A., *Zu Hegels Portrait der sinnlichen Gewißheit*, in: KÖHLER D./PÖGGELER O. (Hrsg.), *G.W.F. Hegel. Phänomenologie des Geistes*, Berlin 1998, 35-53.

[118] WIELAND, *Hegels Dialektik der sinnlichen Gewißheit*, 78.

[119] Zur Bewußtseinsstufe der *Wahrnehmung* vgl. WESTPHAL M., *Hegels Phänomenologie der Wahrnehmung*, in: FULDA H.F./HENRICH D. (Hrsg.), *Materialien zu Hegels ‚Phänomenologie des Geistes‘*, Frankfurt a. M. 1973, 83-105; HAGNER J., *Die Wahrnehmung; oder das Ding, und die Täuschung*, in: KÖHLER D./PÖGGELER O. (Hrsg.), *G.W.F. Hegel. Phänomenologie des Geistes*, Berlin 1998, 55-90; zur Bewußtseinsstufe des *Verstandes* vgl. GADAMER H. G., *Die verkehrte Welt*, in: FULDA H.F./HENRICH D. (Hrsg.), *Materialien zu Hegels ‚Phänomenologie des Geistes‘*, Frankfurt a. M. 1973, 106-130; FLAY J. C., *Hegel's „Inverted World"*, in: KÖHLER D./PÖGGELER O. (Hrsg.), *G.W.F. Hegel. Phänomenologie des Geistes*, Berlin 1998, 91-107.

darum doch nicht eben immer bei der Wahrnehmung. Das natürliche Bewußtsein zieht aus der Welt der Wahrnehmung aus und richtet sich in einer neuen Welt, die Hegel Verstand nennt, ein. [...] Die Hauptaufgabe des Kapitels über die Wahrnehmung ist es, die Natur und innere dialektische Notwendigkeit dieser Bewegung zu zeigen«[120]. Im *Verstandes*-Kapitel (III.) wird über die Dialektik der *verkehrten Welt* die Wissensgestalt dazu geführt, das Sein als Lebendiges zu denken: »Was wir als Lebendiges ansehen, das müssen wir in der Tat in einem entschiedenen Sinne als ein Selbst sehen. [...] Die Seinsweise des Lebendigen entspricht darin der Seinsweise des Wissens selber, das das Lebendige versteht. [...] Damit ist der Übergang in das Selbstbewußtsein grundsätzlich vollzogen. [...] So löst dieser erste Teil der Phänomenologie die Aufgabe, dem Bewußtsein den Standpunkt des Idealismus in ihm selbst aufzuzeigen«[121].

Mit der Selbsterkenntnis der dialektischen Bewegung (d.h. des eigentlichen Lebensvollzugs) wird Geschichte nun zur *Geschichte des Selbstbewußtseins*. Das *Selbstbewußtseins*-Kapitel (IV.) behandelt Sphären des Lebens und wissenschaftliche oder philosophische Positionen, die im Subjekt die eigentliche Realität angesiedelt sehen, von der auch alles außerhalb des Subjekts Erscheinende hergeleitet wird. Es geht um das Problem der gegenseitigen *Anerkennung* der nunmehr selbst-bewußten Geister (in der so berühmten und folgenreichen Abhandlung über *Herrschaft* und *Knechtschaft*) und um das Problem der

---

[120] WESTPHAL, *Hegels Phänomenologie der Wahrnehmung*, 88f.

[121] GADAMER, *Die verkehrte Welt*, 128f.

Freiheit des Selbstbewußtseins (hier verhandelt Hegel Stoizismus, Skeptizismus und das *unglückliche Bewußtsein*).[122] Hegel entwirft eine Theorie der Intersubjektivität und erklärt den Identitätsgewinn des Selbstbewußtseins, indem er zeigt,»daß jedes selbstbewußte Wesen in gewisser Weise seine Identität in einem anderen selbstbewußten Wesen hat, aber dieses „Anderssein" seiner selbst auch negieren muß«[123]. Über Kants Kritizismus und Fichtes transzendentalen Idealismus hinaus weist Hegel allerdings diese Bewußtseinsgestalt als nur *für sich seiend* auf, die somit »noch nicht das wahre Wesen, als Geist und Vernunft«[124], ist: Zwar tut sich dem Selbstbewußtsein bereits die Einheit von Sein und Denken auf, doch handelt es sich erst um eine gleichsam innere Freiheit, die sich noch weiter, über die lediglich *intersubjektiv konstituierte Gewißheit seiner selbst*

---

[122] Vgl. dazu KELLY G. A., *Bemerkungen zu Hegels „Herrschaft und Knechtschaft"*, in: FULDA H.F./HENRICH D. (Hrsg.), *Materialien zu Hegels ‚Phänomenologie des Geistes'*, Frankfurt a. M. 1973, 189-216; GADAMER H. G., *Hegels Dialektik des Selbstbewußtseins*, in: FULDA H.F./HENRICH D. (Hrsg.), *Materialien zu Hegels ‚Phänomenologie des Geistes'*, Frankfurt a. M. 1973, 217-242; SIEP L., *Die Bewegung des Anerkennens in Hegels Phänomenologie des Geistes*, in: KÖHLER D./PÖGGELER O. (Hrsg.), *G.W.F. Hegel. Phänomenologie des Geistes*, Berlin 1998, 109-129; PÖGGELER O., *Selbstbewußtsein als Leitfaden der Phänomenologie des Geistes*, in: KÖHLER D./PÖGGELER O. (Hrsg.), *G.W.F. Hegel. Phänomenologie des Geistes*, Berlin 1998, 131-143.

[123] SIEP, *Die Bewegung des Anerkennens in Hegels Phänomenologie des Geistes*, 113. – In neueren Intersubjektivitäts-Theorien spricht man hinsichtlich des problematischen Anerkennungsprozesses von „Erwartenserwartungen". Zur Problematik insgesamt vgl. auch DÜSING E., *Intersubjektivität und Selbstbewußtsein. Behavioristische, phänomenologische und idealistische Begründungstheorien bei Mead, Schütz, Fichte und Hegel*, Köln 1986; zum Selbstbewußtseins-Kapitel der *Phänomenologie des Geistes* vgl. besonders ebd. 312-327.

[124] GADAMER, *Hegels Dialektik des Selbstbewußtseins*, 219.

hinaus, explizieren und konkretisieren muß.[125] O. Pöggeler faßt die Aspekte dieses Kapitels folgendermaßen zusammen: »So hat die Erfahrung des Selbstbewußtseins zwei Teile: es geht zuerst um die Unabhängigkeit des Selbstbewußtseins im Leben, dann um dessen Freiheit oder Selbsthaftigkeit, in der das Einzelne selbst doch eingebunden bleibt in das übergreifende Ganze von Leben und Selbstbewußtsein.«[126] Der Geist muß auf seinem Weg also noch weiter voranschreiten, um das Selbstbewußtsein *vernünftig* zu verwirklichen.

Wenn Hegel nun bei der Vernunft anlangt, ist bereits deutlich geworden, daß es zu ihrer Explikation »der Explikation auch dessen, was zuvor als das Andere der Vernunft erschienen war«[127], bedurfte; so leuchtet schon die Geschichte als *Geschichte des Geistes* auf. Im *Vernunft*-Kapitel (V.) geht es um Positionen, die insofern den Gegensatz des natürlichen Bewußtseins zu überwinden beginnen, als sich subjektive und objektive Dimensionen im und durch den jeweils anderen konstituiert wissen: Das Wissen vermag nun sowohl um sich selbst als auch um die äußere Realität zu wissen, da die Vernunft eine »Synthese von Bewußtsein und Selbstbewußtsein«[128] zu

---

[125] Vgl. ebd. 239f.

[126] PÖGGELER, *Selbstbewußtsein als Leitfaden der Phänomenologie des Geistes*, 135f. – Das Selbstbewußtsein ist in alldem als Teleologie aufzufassen: »Die Dualität des Bewußtseins von etwas erweist sich nach Hegel als Leben, das im Anderen und mit dem Anderen sich selbst findet und Selbstbewußtsein werden soll. In diesem Selbstbewußtsein wird das, was an sich ist, erst für sich, und so ist dieses Selbstbewußtsein ein teleologischer Prozeß« (ebd. 141).

[127] JAESCHKE, *Die Geschichtlichkeit der Geschichte*, 367.

[128] PÖGGELER, *Selbstbewußtsein als Leitfaden der Phänomenologie des Geistes*, 139. – Vgl. zum *Vernunft*-Kapitel auch DÜSING K., *Der Begriff der Ver-

bewirken sucht. Diese subjektivitätstheoretische Vernunftkonzeption kann sich verschiedenen Kontexten anpassen, denn Vernunft bedeutet für Hegel »eine ontologische Struktur als Einheit des Wissens und des Seienden«[129]; das Selbst erfaßt sich gemäß Hegel in einer dialektischen Bewegung, und dabei immer im Medium des Denkens. Vernunft bleibt in der *Phänomenologie des Geistes* jedoch eine vorläufige Weise des Fürwahrhaltens,[130] da erst der vollständig sich wissende Geist seinem eigenen Wesen nach sich selbst weiß. So schwingt sich der Geist in Gestalt eines bereits wissenden Wissens in eigentliche kulturelle und moralische Sphären auf und gelangt zur Ausbildung von *Sittlichkeit,* deren Errungenschaften und bleibende Ambivalenzen (z. B. in der *Aufklärung* und in der *Französischen Revolution*) im *Geist*-Kapitel (VI.) erhoben und kritisch weitergetrieben werden.[131] Der sittliche Geist konkretisiert sich in der Geschichte in Staaten und Rechts-

---

nunft in Hegels Phänomenologie, in: KÖHLER D./PÖGGELER O. (Hrsg.), *G.W.F. Hegel. Phänomenologie des Geistes,* Berlin 1998, 145-164.

[129] Ebd. 163. – K. Düsing sieht bei Hegel einen eindeutigen Vorrang des Denkens gegenüber der Poesie, der beispielsweise F. Schlegel den ontologisch höheren Rang einräumt. Für Hegel hingegen ist wahre Vernunfterkenntnis »nicht abstrakt, sondern konkret-allgemein, erfaßt somit auch das lebendige Seiende« (ebd. 146). Doch erst innerhalb der Philosophie des subjektiven Geistes in der *Enzyklopädie,* so K. Düsing, bekommt die Vernunft einen neuen systematischen Stellenwert als spekulative, unendliche Einheit einer absoluten Vernunft; vgl. dazu ebd. 158-161.

[130] Vgl. ebd. 147-151.

[131] Vgl. dazu WEISSER-LOHMANN E., *Gestalten nicht des Bewußtseins, sondern einer Welt – Überlegungen zum Geist-Kapitel der Phänomenologie des Geistes,* in: KÖHLER D./PÖGGELER O. (Hrsg.), *G.W.F. Hegel. Phänomenologie des Geistes,* Berlin 1998, 185-209.

verfassungen, in Völkern und Individuen. Daraus ergibt sich für den Gang der *Phänomenologie des Geistes*, die in ihrem doppelten Ansatz zum einen das natürliche Bewußtsein zur Wissenschaft führt und diesen Weg zum anderen als Entäußerung des absoluten Wissens begreift, das Problem einer »Verschränkung von systematischer Problementfaltung und Rückgriff auf Wirklichkeiten des Selbstbewußtseins, die für Hegel in konkreten (geistes)geschichtlichen Phänomenen anschaulich werden«[132]. Deswegen sind die Bewußtseinsgestalten des *Geist*-Kapitels »insofern unlösbar an ihre Wirklichkeit gebunden, als die Bewußtseinsformen hier objektive Institutionen hervorbringen und tragen«[133]. Diese Bewußtseinsgestalten gehören also zwar als Objekte der Erfahrung zum Erfahrungsprozeß des sich bewußt werdenden Geistes, haben für das fortschreitend lernende Bewußtsein aber durchaus eher exemplarische Bedeutung. So weiß erst in der Religion der Geist auch von sich: Das *Religions*-Kapitel (VII.) beschreibt, wie dem Geist über die Bewußtseinsgestalten der natürlichen Religion und der Religion des abstrakten, des lebendigen und des geistigen Kunstwerks in der *offenbaren Religion* bereits das Absolute zuteil wird, und zwar in der unmittelbar gegebenen Vorstellung Gottes. Phänomenologisch entspricht die Naturreligion dem Standpunkt des Bewußtseins, die Kunstreligion dem Standpunkt des Selbstbewußtseins und das Christentum als die offenbare Religion dem Standpunkt der Vernunft.

Im letzten Kapitel der *Phänomenologie des Geistes* erreicht

---

[132] Ebd. 187.

[133] Ebd. 208.

der von sich wissende Geist das *absolute Wissen* (VIII.); inhaltlich entspricht diese Bewußtseinsgestalt der offenbaren Religion, die das Absolute bereits unmittelbar weiß; dennoch handelt es sich beim *absoluten Wissen* um eine eigene Bewußtseinsgestalt,[134] und zwar die letzte, da die Vorstellung des Absoluten – durch die Erinnerung des Weges *zu* sich selbst – *mit* sich selbst vermittelt und in seinen Begriff oder das reine Wissen aufgehoben wird.

---

[134] Diese notwendige letzte Bewußtseinsgestalt bringt das Absolute in »die einfache Einheit des Begriffs«. Hegel erläutert folgendermaßen, warum das *absolute Wissen* als letzte Gestalt des Geistes noch eine letzte Stufe des Prozesses der Versöhnung darstellt: »Diß sind die Momente, aus denen sich die Versöhnung des Geistes mit seinem eigentlichen Bewußtseyn zusammensetzt; sie für sich sind einzeln, und ihre geistige Einheit allein ist es, welche die Krafft dieser Versöhnung ausmacht. Das letzte dieser Momente ist aber nothwendig diese Einheit selbst, und verbindet, wie erhellt, sie in der That alle in sich. [...] Diese Versöhnung des Bewußtseyns mit dem Selbstbewußtseyn zeigt sich hiemit von der gedoppelten Seite zu Stande gebracht, das einemal im religiösen Geiste, das anderemal im Bewußtseyn selbst als solchem. [...] Die Vereinigung beyder Seiten ist noch nicht aufgezeigt; sie ist es, welche diese Reihe der Gestaltungen des Geistes beschließt; denn in ihr kommt der Geist dazu, sich zu wissen nicht nur wie er an sich, oder nach seinem absoluten Inhalte, noch nur wie er für sich nach seiner inhaltslosen Form oder nach der Seite des Selbstbewußtseyns, sondern wie er an und für sich ist. Diese Vereinigung aber ist an sich schon geschehen, zwar auch in der Religion, in der Rückkehr der Vorstellung in das Selbstbewußtseyn, aber nicht nach der eigentlichen Form, denn die religiöse Seite ist die Seite des Ansich, welche der Bewegung des Selbstbewußtseyns gegenübersteht. [...] Der Inhalt, so wie die andre Seite des selbstbewußten Geistes, insofern sie die andre Seite ist, ist in ihrer Vollständigkeit vorhanden und aufgezeigt worden; die Vereinigung, welche noch fehlt, ist die einfache Einheit des Begriffs. Dieser ist an der Seite des Selbstbewußtseyns selbst auch schon vorhanden; aber wie er im Vorhergehenden vorgekommen, hat er, wie alle übrigen Momente die Form, eine besondere Gestalt des Bewußtseyns zu seyn« (HEGEL, *Phänomenologie des Geistes*, GW 9, 424f.).

II.2.4. Zusammenfassung: Eine dreifache Unterscheidung des Geschichtsbegriffs

Die ihrer selbst bewußte Vernunft (das wesensgemäß sich selbst wissende Wissen) oder der absolut gewordene Geist ist also *geschichtlich*: Er ist nämlich, wie gesehen wurde, nicht anders aufzufassen denn als Resultat »zusammen mit seinem Werden«. So wird *Geschichte* bei Hegel »zur Verwirklichung des Selbstbewußtseins des Geistes«[135] und zu einem »Durchsichtigwerden des Absoluten«[136]. Diese ganze im Vorausgehenden beschriebene Selbstbewußtwerdung des Geistes wird von Hegel als eine dynamische Entwicklung hin zur Freiheit im sich selbst wissenden Wissen, als ein teleologischer Prozeß dargestellt, der die Dialektik von Anfang und Ende je schon in sich einbegreift. Daraus ergibt sich nun das »Problem, welchen Begriff der Geschichte man mit einer derartigen in sich geschlossenen Totalität noch in Verbindung bringen könnte«[137]. Wenn die Wahrheit sich *geschichtlich* vermittelt, dann muß auch durch die Entwicklung der Philosophiegeschichte hindurch eine Vermittlung philosophischer Positionen stattfinden, und die *Phänomenologie des Geistes* wäre die Darstellung der begrifflich-logischen Abfolge dieser philosophischen Positionen.[138] Denn gemäß Hegel »kann die

---

[135] JAESCHKE, *Die Geschichtlichkeit der Geschichte*, 367.

[136] PÖGGELER, *Selbstbewußtsein als Leitfaden der Phänomenologie des Geistes*, 141.

[137] KÖHLER, *Der Geschichtsbegriff in Hegels „Phänomenologie des Geistes"*, 36.

[138] Zu dieser Problematik des Verhältnisses von *Philosophie* und *Geschichte der Philosophie* vgl. KOLMER P., *Philosophiegeschichte als philosophisches*

Wahrheit nur in einem wissenschaftlichen System existieren, welches die Totalität der Entwicklung des Geistes mit allen dazugehörigen Entwicklungsstadien und einzelnen Gestalten darlegt«[139].

Hinsichtlich der problematischen Frage, wie solch ein »in sich vollendetes System des Geistes mit der Geschichte im Sinne einer offenen Entwicklung in Einklang zu bringen sei«[140], deutet Hegel in den letzten Zeilen der *Phänomenologie des Geistes* eine Verständnisweise an, die von einer dreifachen Unterscheidung des Geschichtsbegriffs ausgeht: (1) die chronologische und dabei kontingente Geschichte »in der Form der Zufälligkeit«, (2) die Geschichte als Bildungs- und Konstituierungs-Geschichte des absoluten Geistes gemäß ihrer begrifflich-logischen Erfassung in der *Phänomenologie des Geistes* und (3) die absolut gewordene »begriffne Geschichte«, welche die beiden anderen Verständnisweisen vereinigt

---

Problem. Kritische Überlegungen namentlich zu Kant und Hegel, Freiburg i. Br./München 1998. Den Ausführungen von P. Kolmer zu dem von ihr in dem umständlichen Wort von der »Philosophiegeschichtsphilosophie« zum Ausdruck gebrachten Anliegen ist nur teilweise zuzustimmen. Dabei scheinen ihre Funktionszuschreibungen der *Philosophiegeschichte im Sinne einer reinen Historie* als Orientierung, Korrektiv und Erinnerung durchaus sinnvoll. Ihr (allerdings v. a. auch gegen Kant gerichteter) Vorwurf, daß ein teleologisch konzipierter Geschichtsbegriff *eo ipso* dogmatisch sein müsse (vgl. ebd. 412) und eine Philosophie der Philosophiegeschichte nicht möglich sei, bleibt jedoch unter dem Hegelschen Standpunkt und vermag nicht einzuleuchten. Denn »die Vielfalt des Überlieferten in seinem unschätzbaren Wert für den philosophierenden Menschen« (ebd. 413) bringt Hegels umfassende und auf Selbstprüfung angelegte Geschichtskonzeption gerade je neu zur Geltung.

[139] KÖHLER, *Der Geschichtsbegriff in Hegels „Phänomenologie des Geistes"*, 38.

[140] Ebd.

und als Erinnerung des absoluten Geistes aufbewahrt.[141] Die Abfolge der Bewußtseinsgestalten des Geistes, die Hegel als »Geisterreich« bezeichnet, findet im *absoluten Wissen* ihr Ziel, von woher nun der Geschichtsbegriff aufgeschlüsselt werden kann; so schreibt Hegel am Schluß der *Phänomenologie*:

> Das Ziel, das absolute Wissen, oder der sich als Geist wissende Geist hat zu seinem Wege die Erinnerung der Geister, wie sie an ihnen selbst sind und die Organisation ihres Reiches vollbringen. Ihre Aufbewahrung nach der Seite ihres freyen in der Form der Zufälligkeit erscheinenden Daseyns, ist die Geschichte, nach der Seite ihrer begriffnen Organisation aber die Wissenschaft des erscheinenden Wissens; beyde zusammen, die begriffne Geschichte, bilden die Erinnerung und die Schädelstätte des absoluten Geistes, die Wirklichkeit, Wahrheit und Gewißheit seines Throns, ohne den er das leblose Einsame wäre; nur – aus dem Kelche dieses Geisterreiches / schäumt ihm seine Unendlichkeit.[142]

Der »Weg der Erinnerung« läßt also die »Geister, wie sie an ihnen selbst sind und die Organisation ihres Reiches vollbringen«, in der *Phänomenologie des Geistes* als die konkreten geschichtlichen Gestalten und Entwicklungsstadien des sich suchenden und findenden absoluten Geistes »nach der Seite ihrer begriffnen Organisation« hervortreten. Die *Wissenschaft des erscheinenden Wissens* ist somit zugleich *wirkliche* Geschichte, des näheren Geistes-Geschichte als die begriffene Organisation der Bewußtseins- und Geistesgestalten. Für das

---

[141] Vgl. zu diesen Ausführungen den in den vorangehenden Anmerkungen zitierten Beitrag von D. Köhler. – Die Bezeichnung „kontingente Geschichte" hatte bereits O. Pöggeler verwendet; vgl. PÖGGELER, *Geschichte, Philosophie und Logik bei Hegel*, besonders 112-121.

[142] HEGEL, *Phänomenologie des Geistes*, GW 9, 433f.

Auffassen dieser als geschichtlich eingesehenen Erscheinungen ist nicht die chronologische Abfolge der kontingenten Geschichte maßgebend, sondern inhaltliche und strukturelle Gesichtspunkte führen zum Verständnis ihrer (Selbst-) Organisation. Ihre in der *Phänomenologie* dargestellte begriffene Organisation bezeichnet für Hegel »das System der Wissenschaft, welches zeigen muß, wie sich die Eine Idee in verschiedenen Gestaltungen mit Notwendigkeit entwickelt«[143]. Dabei »werden die Grundbegriffe der spekulativen Logik in ihrer Bewegung, ihrem Werden und ihrer wechselseitigen Verwiesenheit auf einander vorgeführt«[144]; die begrifflich-strukturelle Abfolge dieser Grundbegriffe folgt gegenüber der zufälligen kontingenten Geschichte einer inneren Notwendigkeit. Deshalb kann Hegel hinsichtlich der in der *Phänomenologie* beschriebenen und vollzogenen Selbstbewußtwerdung des Geistes von einer »Geschichte der Bildung des Bewußtseyns zur Wissenschafft«[145] als einer nicht-zufälligen, begriffenen Organisation seiner einzelnen Gestalten sprechen, die nicht der Chronologie folgt und doch allein die wirkliche Geschichte zu erfassen vermag.

Die Bildungs-Geschichte des Geistes in ihrer begriffenen Organisation als vom Absoluten her gesehene Wissenschaft des erscheinenden Wissens fällt nicht mehr in die Zeit;[146]

---

[143] KÖHLER, *Der Geschichtsbegriff in Hegels „Phänomenologie des Geistes"*, 41.

[144] Ebd. 42.

[145] HEGEL, *Phänomenologie des Geistes*, GW 9, 56.

[146] »Die begriffne Organisation der einzelnen Momente des sich entwickelnden Geistes kann als vollendete Wissenschaft des erscheinenden Wissens insofern nicht mehr unter der Zeit stehen, denn in ihr erfaßt der Geist seinen

während der letztlich zufälligen Abfolge der Ereignisse in der kontingenten Geschichte hingegen ist der Geist noch an die Zeit entäußert. Diese chronologische Geschichtsauffassung dient Hegel zunächst nur zur Abgrenzung gegenüber der spekulativen Auslegung der Bildungs-Geschichte des Geistes mittels der *Phänomenologie des Geistes*.[147] Diese ist somit in ihrem Gang zwar nicht an die chronologische Abfolge in der Weltgeschichte gebunden; allerdings erhebt sich die Frage, wie die Korrelation zwischen kontingenter Geschichte und begriffener Selbstkonstituierung des Geistes zu denken ist, die ja »nur über die Erfahrung des sich in die Zeit entäußernden Geistes«[148] erfolgen kann. Muß sich die Vernunft dann nicht auch in der Weltgeschichte zeigen? Dieser Frage geht Hegel in seinen Vorlesungen über die *Philosophie der (Welt-) Geschichte* nach. – Festzuhalten von dem hier betrachteten Punkt bleibt zunächst, daß durchaus von *Geschichte* als einer substantiellen, wenn auch nicht historizistisch-ontologischen Größe gesprochen werden kann, nämlich sofern dabei *Substanz* nicht klassisch metaphysisch, sondern mit Hegel als *Subjekt* aufgefaßt wird, als dynamisches Werden und Bewegung in der Zeit; allerdings nicht als irgendeine zufällige Bewegung, sondern als die Bewegung des Geistes zu sich selbst.

---

reinen Begriff und „tilgt" somit die Zeit. Mithin hat die begriffne Organisation auch selbst keine Geschichte, sondern greift gleichsam durch die Geschichte hindurch« (KÖHLER, *Der Geschichtsbegriff in Hegels „Phänomenologie des Geistes"*, 43). Zur kontingenten Geschichte vgl. ebd. 39-41, zur Geschichte als begriffene Organisation der Geistesgestalten vgl. ebd. 41-44.

[147] Vgl. ebd. 40.

[148] Ebd. 45.

II.3. »Die Vernunft in der Geschichte«: Versuch einer Versöhnung von *Geschichte* und *Philosophie* in Hegels *Vorlesungen über die Philosophie der Geschichte*

Auch wenn Philosophiegeschichte, Bildungsgeschichte und Weltgeschichte drei für sich stehende Größen bleiben, so ist die Weltgeschichte gemäß den vorausgegangenen Überlegungen *im eigentlichen* doch als die Geschichte des zu sich kommenden Geistes zu verstehen, denn die »Geistesgeschichte im Sinne Hegels betrachtet die Gesamtzusammenhänge des geschichtlichen Weltgeschehens«[149].

Nachdem Hegel die Geschichtlichkeit des Geistes in der *Phänomenologie des Geistes* aufgezeigt und somit *Geschichte* in die Vernunft hineingedacht hat, bleibt doch das Problem des Verhältnisses von Vernunft und Geschichte: Seit der Aufklärung galten die *Philosophie* als apriorische, rationale Wissenschaft und die *Geschichte* als aposteriorische, auf Erfahrung gestützte Wissenschaft nicht mehr als vereinbar und eine Geschichts-Philosophie somit als unmöglich.[150] Deswegen möchte Hegel im Sinne seiner als *Vermittlung* und *Versöhnung* gedachten Geistkonzeption an die »von Kant vorbereitete Einsicht in die Vermitteltheit von Vernunft und Geschichte«[151] anknüpfen und über sie hinausgehen. Die damit verbundene Erkenntnis der *Vernunft in der Geschichte* versucht Hegel in seinen Vorlesungen über die Philosophie der (Welt-) Geschich-

---

[149] SCHULZ, *Philosophie in der veränderten Welt*, 496.

[150] Vgl. JAESCHKE, *Die Geschichtlichkeit der Geschichte*, 363-365.

[151] Ebd. 364.

te zu vollbringen, deren allgemeine Grundlinien, wie sie in der *Einleitung* dargestellt sind, im nun Folgenden betrachtet werden sollen.[152] Dabei müssen in Fortführung der Intention des vorhergehenden Punktes W. Jaeschkes Thesen zurückgewiesen werden, daß zum einen Hegels Geschichtsauffassung nicht in seiner Konzeption des Geistes verankert sei und daß zum anderen Hegel die Geschichte auf – überdies als reine Staaten-

---

[152] Vgl. HEGEL, *Vorlesungen über die Philosophie der Geschichte*, TWA 12, besonders 11-141. – Im Folgenden wird nach dieser Ausgabe zitiert, in der sich im Anhang auch zwei weitere Entwürfe Hegels zur Einleitung in die *Philosophie der Geschichte*, sowie fünf Paragraphen zur Weltgeschichte aus der *Heidelberger Enzyklopädie* befinden; vgl. ebd. 543-560. Vgl. auch HEGEL, *Die Vernunft in der Geschichte*, Hamburg 1955; dieser Band aus den von J. Hoffmeister in Fortführung der Arbeit von G. Lasson herausgegebenen *Sämtlichen Werken* bietet die Einleitung zu den *Vorlesungen über die Philosophie der Weltgeschichte* als deren ersten Teilband. Vgl. zu den verschiedenen Einleitungsentwürfen und Notizfragmenten ebenso HEGEL, *Zur Philosophie der Weltgeschichte*, GW 18, 119-214. – Vgl. ausführlich zur Geschichts-Thematik im Hinblick auch auf Staats- und Rechtsphilosophie TAYLOR CH., *Hegel*, Frankfurt a. M. ³1997, 509-604. Ch. Taylor sieht unsere heutige Lage, nach dem Scheitern sowohl des Marxismus als auch des ideologischen Liberalismus, derjenigen zur Zeit Hegels ähnlich, dessen Denken dadurch von neuem interessant wird: »Die Hauptschwierigkeit von Hegels politischer Philosophie liegt in dem Problem, wie die Freiheit des Individuums, das sich selbst als den Repräsentanten der allgemeinen Rationalität weiß, mit einer wiederhergestellten Sittlichkeit versöhnt werden kann« (ebd. 515). »Tatsächlich bilden Entfremdung und Wiedererlangung der Sittlichkeit ein bedeutendes Problem in Hegels Theorie, und für jedes Zeitalter, das sich damit auseinander setzen muß, gewinnt das Hegelsche Denken eine erhebliche Bedeutung. Seine einzelnen Lösungen sind heutzutage zwar nicht sehr interessant, aber sein Erfassen der Verhältnisse von Mensch und Gesellschaft – von Identität und Entfremdung, von Differenzierung und Einzelgemeinschaften – und deren historischer Evolution vermittelt uns einen entscheidenden Teil der Sprache, die wir brauchen, um uns heute mit diesem Problem auseinanderzusetzen« (ebd. 603).

geschichte konzipierte – Weltgeschichte reduziere.[153] Vielmehr hat die Geschichtsphilosophie nach Hegel »die Geschichte aus dem Begriff des Geistes zu entwickeln« und dabei zu erweisen, »daß die Geschichte ein Ziel hat und daß dieses Ziel das Bewußtsein des Geistes von seiner Freiheit ist«[154]. Die weitere Darstellung wird indes dem Verlauf von Hegels *Einleitung* in die Geschichtsphilosophie folgen, wie er nach den neuesten Erkenntnissen der Forschung wohl von Hegel selbst seit seinen ersten Vorlesungen konzipiert war und sich in heute maßgeblichen Ausgaben findet:[155] Zunächst bestimmt Hegel *die unterschiedlichen Arten der Geschichtsschreibung,* dann wendet er sich *der Bestimmung bzw. Verwirklichung des Geistes in der Weltgeschichte* zu und schließlich leitet er allgemein in *den Gang der Weltgeschichte* ein.

---

[153] Vgl. hierzu JAESCHKE, *Die Geschichtlichkeit der Geschichte,* 365-372. – W. Jaeschke schreibt über Hegel: »Indem er den Geschichtsbegriff nicht im Begriff des Geistes verankert, bleibt die Weltgeschichte selber unbegriffen, obgleich sie doch zum Paradigma von Geschichte überhaupt avanciert« (ebd. 368); außerdem entwerfe Hegel »keine umfassende Geschichtsphilosophie, sondern eine Philosophie der Weltgeschichte; er konzipiert diese zudem als Geschichte von Staaten und weist ihr die unwirtliche Stelle im Anschluß an das sog. äußere Staatsrecht als systematischen Ort zu« (ebd. 369).

[154] HESPE F., *Geist und Geschichte. Zur Entwicklung zweier Begriffe in Hegels Vorlesungen,* in: KÖHLER D./WEISSER-LOHMANN E. (Hrsg.), *G.W.F. Hegels Vorlesungen über die Philosophie der Weltgeschichte,* Hegel-Studien, Beiheft 38 (1998), 92.

[155] Vgl. hierzu ebd. 79 u. 84 sowie HOFFMEISTER J., *Vorbemerkungen des Herausgebers,* in: HEGEL, *Die Vernunft in der Geschichte,* VII-XI.

II.3.1. Die Arten der Geschichtsschreibung

Hegels Idee einer *philosophischen Geschichte* »gründet in seiner Überzeugung, daß jede Geschichtsschreibung dialektisch sein muß«[156]. Wenn er Vorlesungen über die philosophische Weltgeschichte hält, geht es somit nicht um »allgemeine Reflexionen über dieselbe, welche wir aus ihr gezogen hätten und aus ihrem Inhalte als dem Beispiele erläutern wollten«[157], sondern es geht um die konkrete Weltgeschichte selbst, so wie sie sich uns präsentiert. Nach Hegel gibt es drei Arten, die Geschichte zu betrachten: (1) die ursprüngliche Geschichte, (2) die reflektierte/reflektierende Geschichte und (3) die philosophische Geschichte.[158] Der Terminus *Geschichte* steht hierbei für Geschichtsauffassung bzw. für den wissenschaftlichen Umgang mit den geschichtlichen Ereignissen; Hegels Unterscheidung dieser drei »Behandlungsarten der Geschichte« sollen in Kürze dargestellt werden.

In der (1) *ursprünglichen Geschichte* befassen sich Geschichtsschreiber unreflektiert mit der unmittelbaren Geschichte und schreiben äußerliche Ereignisse nieder: »Die Geschichtsschreiber binden zusammen, was flüchtig vorüberrauscht, und legen es im Tempel der Mnemosyne nieder, zur Unsterblichkeit«[159]. Zu solchen Geschichtsschreibern gehören beispielsweise *Herodot*, der »Vater« und »Urheber der Geschichte«, und *Thukydides*, aber vor allem auch große Ge-

---

[156] Schulz, *Philosophie in der veränderten Welt*, 499.

[157] Hegel, *Vorlesungen über die Philosophie der Geschichte*, TWA 12, 11.

[158] Vgl. zu dieser Einteilung ebd. 11-29.

[159] Ebd. 12.

stalten wie *Cäsar*, welche die Geschichte nicht an sich reflektieren, sondern sie ihren Zwecken entsprechend darstellen.[160] Diese erste Art der Geschichtsbetrachtung vollzieht sich sozusagen von oben herab auf die Geschichte, aber doch nur so, daß diese unmittelbar, unreflektiert und eigentlich nicht erfaßt bleiben muß.

Bei der zweiten Art, der (2) *reflektierten/reflektierenden Geschichte*, handelt es sich um eine Geschichtsschreibung, »deren Darstellung nicht in Beziehung auf die Zeit, sondern rücksichtlich des Geistes über die Gegenwart hinaus ist«[161]. In dieser zweiten Gattung indes unterscheidet Hegel wiederum vier verschiedene Arten. Zunächst gibt es die *allgemeine Geschichte*, in der es um »die Übersicht der ganzen Geschichte eines Volkes oder eines Landes oder der Welt«[162] geht, wobei die subjektive Herangehensweise und die Paradigmen des jeweiligen Historikers eine Rolle spielen. Eine weitere Art ist die *pragmatische Geschichte*, in der das Vergangene in seinem inneren Zusammenhang aufgezeigt und so für die Gegenwart bedeutsam gemacht werden soll: Was dabei allerdings das hehre Ziel angeht, die Völker und ihre Regierenden moralisch zu belehren, ist Hegel äußerst skeptisch, da »Völker und Regierungen niemals etwas aus der Geschichte gelernt und

---

[160] Hegel vermerkt dazu: »Im Altertum waren diese Geschichtsschreiber notwendig große Kapitäne und Staatsmänner [...] Hochgestellt müssen eigentlich solche Männer sein. Nur wenn man oben steht, kann man die Sachen recht übersehen und jegliches erblicken, nicht wenn man von unten herauf durch eine dürftige Öffnung geschaut hat« (ebd. 13f.).

[161] Ebd. 14.

[162] Ebd.

nach Lehren, die aus derselben zu ziehen gewesen wären, gehandelt haben«[163]. Die dritte Art ist die *kritische Geschichte*: »Es ist nicht die Geschichte selbst, welche hier vorgetragen wird, sondern eine Geschichte der Geschichte und eine Beurteilung der geschichtlichen Erzählungen und Untersuchung ihrer Wahrheit und Glaubwürdigkeit«[164]. Allerdings sieht Hegel bei der kritischen Herangehensweise an die Geschichtsschreibung die Gefahr, daß »man subjektive Einfälle an die Stelle geschichtlicher Daten setzt«[165], da eine hyperkritische Sicht letztlich den Blick auf das verstellt, was das Historische uns sagen möchte. Die vierte und letzte Art ist die *Begriffsgeschichte*, die einzelne Teile der Geschichte unter allgemeinen Gesichtspunkten untersucht, z.B. die Geschichte der Kunst, des Rechts, der Religion. Diese Art der reflektierenden Geschichte kommt der *philosophischen Geschichte* bereits sehr nahe und stellt von daher sozusagen einen Übergang zu ihr dar, da hier zum ersten Mal die *Vernunft* bzw. der *Weltgeist* als der eigentliche Lenker der Geschichte erscheint.[166] Sie steht bereits in Nähe zur begrifflich-logischen Erfassung der *wirklichen* Geschichte in der *Phänomenologie des Geistes*.

Der Begriff der (3) *philosophischen Geschichte* versteht sich gemäß Hegel nicht wie die beiden vorausgegangenen

---

[163] Ebd. 17.

[164] Ebd. 18.

[165] Ebd. 19.

[166] »Denn gleich dem Seelenführer Merkur ist die Idee in Wahrheit der Völker- und Weltführer, und der Geist, sein vernünftiger und notwendiger Wille ist es, der die Weltbegebenheiten geführt hat und führt. Ihn in dieser Führung kennenzulernen, ist hier unser Zweck« (ebd.).

Behandlungsarten der Geschichte von selbst und bedarf daher zunächst der Definition: Es gilt, »daß die Philosophie der Geschichte nichts anderes als die denkende Betrachtung derselben bedeutet«[167]. Das Denken ist genuin menschlich und gehört wesensgemäß zum Menschsein: Es drückt sich aus in der Kenntnis und Erkenntnis, in den Empfindungen, in den Trieben und im Willen. Nun scheint sich aber ein schwerwiegender Gegensatz zwischen *Geschichte* und *Philosophie* zu ergeben, der es ihnen unmöglich machen würde, sich gegenseitig und aufeinander zu beziehen, insofern die Geschichte vom Faktischen, Gegebenen und Seienden bestimmt ist, die Philosophie aber von der Kraft des Gedankens. Die Berufung auf das Denken kann, so Hegel, in der Geschichtsbetrachtung als ungenügend erscheinen,

> weil in der Geschichte das Denken dem Gegebenen und Seienden untergeordnet ist, dasselbe zu seiner Grundlage hat und davon geleitet wird, der Philosophie im Gegenteil aber eigene Gedanken zugeschrieben werden, welche die Spekulation aus sich ohne Rücksicht auf das, was ist, hervorbringe. Gehe sie mit solchen an die Geschichte, so behandle sie sie wie ein Material, lasse sie nicht, wie sie ist, sondern richte sie nach dem Gedanken ein, konstruiere sie daher, wie man sagt, a priori. Da die Geschichte nun aber bloß aufzufassen hat, was ist und gewesen ist, die Begebenheiten und Taten, und um so wahrer bleibt, je mehr sie sich an das Gegebene hält, so scheint mit diesem Treiben das Geschäft der Philosophie in Widerspruch zu stehen, und dieser Widerspruch und der daraus für die Spekulation entspringende Vorwurf soll hier erklärt und widerlegt werden, ohne daß wir uns deswegen in Berichtigungen der unendlich vielen und speziellen Vorstellungen einlassen wollen, die über

---

[167] Ebd. 19f. – Der Ausdruck *philosophie de l'histoire* stammt ursprünglich von dem französischen Aufklärer und Enzyklopädisten *Voltaire*.

den Zweck, die Interessen und die Behandlungen des Geschichtlichen und seines Verhältnisses zur Philosophie im Gange sind oder immer wieder neu erfunden werden.[168]

Damit hat Hegel den grundsätzlichen Konflikt zwischen *Geschichte* und *Philosophie* skizziert und die Programmvorgabe aufgestellt, *Vernunft* in die Geschichte zu bringen. Die Philosophie erweist gemäß Hegel kraft spekulativer Erkenntnis die *Vernunft* als *Substanz, unendliche Macht, unendlichen Inhalt* und *unendliche Form* aller Wirklichkeit. Um also den scheinbaren Widerspruch und Gegensatz zwischen *Geschichte* (d. i. Geschichtsschreibung, oder im heutigen Sinne Geschichtswissenschaft) und *Philosophie* widerlegen zu können, muß Hegel nachweisen, daß auch die Geschichte (als Materialobjekt der Geschichtswissenschaft) von der Vernunft durchzogen und von ihr bestimmt ist: »Der einzige Gedanke, den die Philosophie mitbringt, ist aber der einfache Gedanke der *Vernunft*, daß die Vernunft die Welt beherrsche, daß es also auch in der Weltgeschichte vernünftig zugegangen sei«[169]. Um diesen Nachweis geht es Hegel in seinen Vorlesungen. Die Vernunft, und das heißt die Vernunft des Absoluten oder des *Geistes*, offenbart sich in der Welt in ihrer »Ehre und Herrlichkeit«, ja die Welt *wird* erst durch diese offenbarende Hervorbringung der Vernunft.[170]

---

[168] Ebd. 20.

[169] Ebd.

[170] Hegel erläutert über die Vernunft, daß »wie sie sich nur ihre eigene Voraussetzung, ihr Zweck der absolute Endzweck ist, so ist sie selbst dessen Bestätigung und Hervorbringung aus dem Inneren in die Erscheinung nicht nur des

Die *philosophische Geschichte* ist also eine *Philosophie der Geschichte*, als deren Ergebnis einer vernünftigen Betrachtung der Geschichte sich herausstellt, daß es vernünftig in ihr zugegangen ist und zugeht, weil die Weltgeschichte überhaupt nichts anderes ist als die Selbstexplizierung des vernünftigen Weltgeistes, d.h. der Gang des Absoluten zu sich selbst.[171] Allerdings erscheint es dann nachgerade absurd, Hegel vorzuwerfen, die *Geschichte* in die *Weltgeschichte* aufzuheben; es erweist sich vielmehr die Kontinuität zwischen Hegels Geschichts-Konzeption in der *Phänomenologie des Geistes* und dem Anspruch seiner Berliner Vorlesungen, denn die Einsicht in die Vernünftigkeit des geschichtlichen Geschehens ist freilich an die Bedingung von Hegels absolutem Standpunkt geknüpft: »Wer die Welt vernünftig ansieht, den sieht sie auch vernünftig an, beides ist in Wechselbestimmung«[172].

---

natürlichen Universums, sondern auch des geistigen – in der Weltgeschichte« (ebd. 21).

[171] Aus diesem Verständnis heraus erklärt sich auch, wie alle Teile von Hegels Werk miteinander verknüpft sind, sowohl die großen Schriften seines Systems als auch die Berliner Vorlesungen. Weil Hegel vom Absoluten her denkt, wofür er selbst erst die Voraussetzung geschaffen hat, kann er die gesamte Wirklichkeit und Erfahrungswelt als vernünftig durchschauen und denkerisch einholen: »Die ganze Kunst-, Kultur-, Kirchen- und Dogmengeschichte hat erstlich und letztlich nur diesen Sinn: den Geist dar- und vorzustellen, zu konkretisieren und darin zu erfinden und zu erheben. [...] Hegels Werk besteht zum größten Teil aus der Beschreibung dieses Prozesses, den er auf allen Gebieten der Kultur verfolgt. Deswegen ist nichts für den Weg des Absoluten in der Geschichte gleichgültig, ob Geographie oder Kunst, ob Recht oder Kult, ob Physiologie oder Psychologie der Wahrnehmung, alles ist Bahn der Ankunft, Ort möglichen Verstehens. Aufgang des Geistes« (SALMANN, *Der geteilte Logos*, 332f.).

[172] HEGEL, *Vorlesungen über die Philosophie der Geschichte*, TWA 12, 23. – Wie im bisher Dargelegten bereits herausgestellt, gibt es zwei Bedingungen,

Es ist Hegel mithin nicht zu tun um eine Erhebung der Vernunft in der physischen Welt, die in den Naturgesetzen ihren Ausdruck findet. Es geht um die Vernünftigkeit des geschichtlichen Geschehens, also der Welt in ihrer Freiheit, um die Weltgeschichte als »Produktion der schöpferischen Vernunft«. Daß Vernunft die Welt regiert, läßt sich auf religiöser Ebene mit dem Wort von der Lenkung durch Gottes *Vorsehung* ausdrükken, welche die Menschen in ihrem Handeln leitet.[173] Letztlich geht es bei dem Nachweis über die Vernunft in der Geschichte also sogar um eine Rechtfertigung Gottes und seines Handelns,

---

damit sich die Vernünftigkeit des geschichtlichen Geschehens zeige: Einmal die Betrachtung des *gesamten* empirischen Materials der Historie ohne Vor-Urteil, zum anderen das Herangehen an diese Betrachtung seitens des Betrachters mit Vernunft. Vernunft des Subjekts (Historiker) und Vernunft des Objekts (Geschichte) bedingen und erheben sich einander. So verkündet Hegel selbst: »Es hat sich also erst aus der Betrachtung der Weltgeschichte selbst zu ergeben, daß es vernünftig in ihr zugegangen sei, daß sie der vernünftige, notwendige Gang des Weltgeistes gewesen, des Geistes, dessen Natur zwar immer eine und dieselbe ist, der aber in dem Weltdasein diese seine Natur expliziert. Dies muß, wie gesagt, das Ergebnis der Geschichte sein. Die Geschichte aber haben wir zu nehmen, wie sie ist; wir haben historisch, empirisch zu verfahren. [...] Auch der gewöhnliche und mittelmäßige Geschichtsschreiber, der etwa meint und vorgibt, er verhalte sich nur aufnehmend, nur dem Gegebenen sich hingebend, ist nicht passiv mit seinem Denken und bringt seine Kategorien mit und sieht durch sie das Vorhandene; bei allem insbesondere, was wissenschaftlich sein soll, darf die Vernunft nicht schlafen und muß Nachdenken angewandt werden« (ebd. 22f.).

[173] »Die Wahrheit nun, daß eine, und zwar die göttliche Vorsehung den Begebenheiten der Welt vorstehe, entspricht dem angegebenen Prinzipe, denn die göttliche Vorsehung ist die Weisheit nach unendlicher Macht, welche ihre Zwecke, d.i. den absoluten, vernünftigen Endzweck der Welt verwirklicht; die Vernunft ist das ganz frei sich selbst bestimmende Denken. [...] Die Geschichte erklären aber heißt, die Leidenschaften des Menschen, ihr Genie, ihre wirkenden Kräfte enthüllen, und diese Bestimmtheit der Vorsehung nennt man gewöhnlich ihren *Plan*« (ebd. 25).

gleichsam um eine positive Beantwortung der Theodizee-Frage.[174] Da es allerdings nicht um eine mechanische „Vernunft" im Sinne der Naturgesetze geht, ist es für Hegel nun in einem nächsten Schritt notwendig, eine Bestimmung der Vernunft, d.h. des in der Geschichte wirkenden Geistes, vorzunehmen.

II.3.2. Die Bestimmung bzw. die Verwirklichung des Geistes in der Weltgeschichte

Die Frage nach der *Bestimmung* der Vernunft in der Geschichte fällt gemäß Hegel mit der Frage nach dem *Endzweck der Welt* zusammen. In letzterem Ausdruck ist bereits die Forderung nach seiner eigenen Realisierung mitgegeben. Folglich liegen *Bestimmung* und *Verwirklichung* des Geistes/der Vernunft in der Geschichte beieinander. Die Welt umfaßt sowohl die physische als auch die psychische Wirklichkeit; zwar greift auch die physische Natur in die Weltgeschichte ein, aber »der Geist und der Verlauf seiner Entwicklung ist das Substantielle«[175].

---

[174] Hegel selbst führt dazu aus: »Unsere Erkenntnis geht darauf, die Einsicht zu gewinnen, daß das von der ewigen Weisheit Bezweckte wie auf dem Boden der Natur so auf dem Boden des in der Welt wirklichen und tätigen Geistes herausgekommen ist. Unsere Betrachtung ist insofern eine Theodizee, eine Rechtfertigung Gottes, welche Leibniz metaphysisch auf seine Weise in noch unbestimmten, abstrakten Kategorien versucht hat, so daß das Übel in der Welt begriffen, der denkende Geist mit dem Bösen versöhnt werden sollte. In der Tat liegt nirgend eine größere Aufforderung zu solcher versöhnenden Erkenntnis als in der Weltgeschichte. Diese Aussöhnung kann nur durch die Erkenntnis des Affirmativen erreicht werden, in welchem jenes Negative zu einem Untergeordneten und Überwundenen verschwindet, durch das Bewußtsein, teils was in Wahrheit der Endzweck der Welt sei, teils daß derselbe in ihr verwirklicht worden sei und nicht das Böse neben ihm sich letztlich geltend gemacht habe« (ebd. 28).

[175] Ebd. 29. – Hegel erläutert desweiteren: »Der Geist ist aber auf dem Thea-

Gerade deswegen geht es nun um eine nähere Bestimmung des Geistes, und zwar um (1) die abstrakten Bestimmungen der Natur des Geistes, (2) die Mittel, die der Geist für die Realisierung seiner Idee braucht und schließlich (3) die Gestalt, welche nach Hegel die vollständige Realisierung des Geistes im Dasein ist, nämlich die des Staates.

(1) *Zu den abstrakten Bestimmungen der Natur des Geistes.* – Hegel bestimmt als die wesentliche Eigenschaft des Geistes die Freiheit, auf die hin alle seine übrigen Eigenschaften geordnet und ausgerichtet sind: »Wie die Substanz der Materie die Schwere ist, so, müssen wir sagen, ist die Substanz, das Wesen des Geistes, die Freiheit«[176]. Die Materie hat ihren Mittelpunkt außerhalb ihrer selbst, auf den sie mittels der Schwerkraft zustrebt. Um ihre Mitte bzw. Einheit zu finden, muß sie sich also ihrem Gegenteil preisgeben. Mit dem

---

ter, auf dem wir ihn betrachten, in der Weltgeschichte, in seiner konkretesten Wirklichkeit; dessenungeachtet aber, oder vielmehr um von dieser Weise seiner konkreten Wirklichkeit auch das Allgemeine zu fassen, müssen wir von der *Natur des Geistes* zuvörderst einige abstrakte Bestimmungen vorausschikken« (ebd.).

[176] Ebd. 30. – Die *Freiheit* des Geistes wird nach Hegel dialektisch am Anderen der Qualität der Materie erkannt: »Die Natur des Geistes läßt sich durch den vollkommenen Gegensatz desselben erkennen. [...] Jedem ist es unmittelbar glaublich, daß der Geist auch unter anderen Eigenschaften die Freiheit besitze; die Philosophie aber lehrt uns, daß alle Eigenschaften des Geistes nur durch die Freiheit bestehen, alle nur Mittel für die Freiheit sind, alle nur diese suchen und hervorbringen; es ist dies eine Erkenntnis der spekulativen Philosophie, daß die Freiheit das einzige Wahrhafte des Geistes sei« (ebd. 30). Schon *Immanuel Kant* bestimmt in der *Kritik der praktischen Vernunft* – und somit allerdings nicht wie Hegel aufgrund spekulativer Vernunft – die transzendentale Freiheit als das eminenteste anthropologische Merkmal, nämlich als die *ratio essendi* des moralischen Gesetzes, welches seinerseits wiederum *ratio cognoscendi* der Freiheit selbst ist; vgl. *KpV* A 5, Anmerkung.

Geist verhält es sich anders, »er hat nicht die Einheit außer sich, sondern er hat sie gefunden; er ist in sich selbst und bei sich selbst«[177]. Dieses *Bei-sich-selbst-sein* des Geistes als Bewußtsein von sich selbst ist seine Freiheit, die somit identisch mit seinem Selbst-bewußtsein ist; bei diesem aber fallen *Daß* und *Was* des Wissens, d.h. Realität und Inhalt des Bewußtseins, zusammen, denn »der Geist weiß sich selbst, er ist das Beurteilen seiner eigenen Natur, und er ist zugleich die Tätigkeit, zu sich zu kommen und so sich hervorzubringen, sich zu dem zu machen, was er an sich ist«[178].

Nach dieser Bestimmung der Natur des Geistes »kann von der Weltgeschichte gesagt werden, daß sie die Darstellung des Geistes sei, wie er sich das Wissen dessen, was er an sich ist, erarbeitet«[179]. Und da die zentrale Bestimmung des Geistes die Freiheit ist, muß gelten: »Die Weltgeschichte ist der Fortschritt im Bewußtsein der Freiheit – ein Fortschritt, den wir in seiner Notwendigkeit zu erkennen haben«[180]. Daraus wird

---

[177] HEGEL, *Vorlesungen über die Philosophie der Geschichte*, TWA 12, 30.

[178] Ebd. 31. – Zur gesamten Problematik des Selbstbewußtseins und seiner Konstituierung sei wiederum verwiesen auf DÜSING, *Intersubjektivität und Selbstbewußtsein*.

[179] HEGEL, *Vorlesungen über die Philosophie der Geschichte*, TWA 12, 31.

[180] Ebd. 32. – F. Hespe erläutert dazu im Hinblick auf das Vorlesungsmanuskript von 1830/31 folgendes: »In Hegels Manuskript werden die Überlegungen zur allgemeinen Bestimmung des Geistes, aus dessen Begriff die Weltgeschichte herzuleiten sei, nach der Exposition des Themas abgebrochen, um dann auf den folgenden Seiten mit der Anwendung dieser abstrakten Bestimmungen des Geistes auf die Weltgeschichte wieder einzusetzen. Hier bringen die Vorlesungen einen kurzen Begriff des Geistes, demzufolge der Begriff des Geistes die Freiheit ist, letztere aber wesentlich Bei-Sich-Selbst-Sein, Selbstbewußtsein sei. Spezifik des Geistes sei es, diese Bestimmungen – die

sich dann auch der Gang von Hegels Untersuchung über die Philosophie der Weltgeschichte ergeben: Sie hebt an in der orientalischen Welt (China, Indien, Naher Osten und Ägypten), wo noch kein Bewußtsein der Freiheit zu finden ist; frei ist nur einer, der Despot. Erst den Griechen ist nach Hegel das Bewußtsein der Freiheit aufgegangen, aber sowohl sie als auch die Römer wußten nur, daß einige frei sind, nicht der Mensch als solcher. Hegel beschreibt, wie erst nach der Zeitenwende die christlichen Germanenvölker zum Bewußtsein der Freiheit durchgedrungen seien, womit die Geschichte erst eigentlich zur *politischen Geschichte* wird.[181] Es geht nämlich darum, wie »die menschliche Freiheit als politische und gesellschaftliche Freiheit sich nur in der Einfügung des einzelnen in umgreifende Ordnungen wie den Staat vollendet«[182]. Im Staat muß die Freiheit durch die vernünftige Organisation

---

zunächst bloße Möglichkeit, nur Keim sei – geschichtlich hervorzubringen. Die Anwendung dieses Begriffs auf die Weltgeschichte gibt daher von dieser folgenden Begriff: sie ist die Darstellung des Geistes, wie er zum Wissen dessen kommt, was er an sich ist; d. i. wie die Freiheit als ein praktisches Prinzip in der Wirklichkeit geschichtlich zur Existenz kommt« (HESPE, *Geist und Geschichte*, 86).

[181] Hegel führt dazu folgendes aus: »Erst die germanischen Nationen sind im Christentum zum Bewußtsein gekommen, daß der Mensch als Mensch frei [ist], die Freiheit des Geistes seine eigenste Natur ausmacht. Dies Bewußtsein ist zuerst in der Religion, in der innersten Region des Geistes aufgegangen; aber dieses Prinzip auch in das weltliche Wesen einzubilden, das war eine weitere Aufgabe, welche zu lösen und auszuführen eine schwere lange Arbeit der Bildung erfordert. [...] Diese Anwendung des Prinzips auf die Weltlichkeit, die Durchbildung und Durchdringung des weltlichen Zustandes durch dasselbe ist der lange Verlauf, welcher die Geschichte selbst ausmacht« (HEGEL, *Vorlesungen über die Philosophie der Geschichte*, TWA 12, 31f.).

[182] SCHULZ, *Philosophie in der veränderten Welt*, 501.

von Regierungen und Verfassungen konkret „angewendet"
werden, denn nur so vereinigen sich subjektives und objekti-
ves Moment der Freiheit und kann der einzelne auch wirklich
zu seiner substantiellen Freiheit gelangen.

*(2) Zu den Mitteln der Verwirklichung des Geistes in der
Geschichte.* – Nach diesen Bestimmungen untersucht Hegel in
einem nächsten Schritt die Mittel, durch welche die *Idee der
Freiheit* verwirklicht werden soll. Hegel unterscheidet dabei
strikt zwischen moralischer und geschichtlicher Betrachtung,
er erklärt herb:»Die Weltgeschichte ist nicht der Boden des
Glücks«[183]. Die Menschen als einzelne oder kollektiv im Staat
erscheinen in der Weltgeschichte nur als Durchgang, mittels
dessen der Geist sich in seiner Freiheit realisiert.[184] Geschichte erscheint oder ersteht also nur, weil »sich die Freiheit zu
einer Welt hervorbringt«[185]: Die Menschen als Individuen sind
dabei die *Mittel*, die Staaten als kollektive Individuen sind das
Material einer Dialektik der Weltgeschichte aus Untergang
und Wiedererstehung.[186] Die Geschichte kann dem Betrachter

---

[183] HEGEL, *Vorlesungen über die Philosophie der Geschichte*, TWA 12, 42.

[184] Vgl. SCHULZ, *Philosophie in der veränderten Welt*, 503f.»Das Individuum
in sich selbst und für sich selbst betrachtet, sei es unter moralischem Aspekt
oder unter dem Gesichtspunkt seines Strebens nach Glück, ist weltgeschichtlich nicht relevant. Ein Individuum gewinnt weltgeschichtliche Bedeutung
nur dann, wenn es über die partikulären Interessen hinaus allgemeine Zwecke
verfolgt, oder genauer gesagt: in diesem Fall wird es vom Weltgeist gebraucht
und zwar als Mittel« (ebd.). – Vgl. dazu auch HEGEL, *Vorlesungen über die
Philosophie der Geschichte*, TWA 12, 33-55.

[185] Ebd. 33.

[186] Die Staaten, so erläutert W. Schulz Hegels Konzeption, sind »als geschichtliche Mächte besondere Individuen und müssen ebenso wie die einzelnen Indivi-

somit als »Schlachtbank« erscheinen, weil in ihr wesentlich die *Leidenschaften* der Menschen das Geschehen voranbringen: »Diese unermeßliche Masse von Wollen, Interessen und Tätigkeiten sind die Werkzeuge und Mittel des Weltgeistes, seinen Zweck zu vollbringen, ihn zum Bewußtsein zu erheben und zu verwirklichen; und dieser ist nur, sich zu finden, zu sich selbst zu kommen und sich als Wirklichkeit anzuschauen«[187].

Als *Endzweck der Welt* und »das wahrhafte Resultat der Weltgeschichte« bleibt somit auch gegen äußeren Anschein immer der Fortschritt im Bewußtsein der Freiheit und in deren Verwirklichung: Dies ist nach Hegel in der Weltgeschichte das Allgemeine hinter allem Besonderen. Als die eigentlichen

---

duen im geschichtlichen Gang untergehen und aufgeopfert werden. Aber dieses Opfer ist von der Idee des Fortschrittes her gesehen durchaus sinnvoll. Das faktische Untergehen eines politischen Gebildes, etwa in der Form einer Ausrottung durch andere Staaten, beweist, so behauptet Hegel, das Versagen dieses Staates an der geschichtlichen Aufgabe, den Fortschritt der Freiheit weiterhin zu verwirklichen. Das Versagen ist natürlich nicht moralisch zu beurteilen, dieser Staat hat nur, so erklärt Hegel, seine weltgeschichtliche Rolle ausgespielt. [...] In den Staaten als dem *Material* des Fortschrittes sind nun die *weltgeschichtlichen Individuen* tätig. Sie sind auf dieses Material angewiesen und vermögen es doch zugleich zu verändern. In diesen weltgeschichtlichen Individuen aber zeigt sich nun erst wahrhaft die Dialektik der Weltgeschichte. Diese Individuen folgen ihrer Leidenschaft, und nur aus dieser heraus handeln sie. Aber ihre privaten Ziele unterstehen der allgemeinen Idee, die die Individuen eben als Mittel gebraucht« (SCHULZ, *Philosophie in der veränderten Welt*, 503f.). – Hegel bringt in diesem Zusammenhang das Beispiel vom Hausbau, wo die Elemente (v. a. Feuer und Wasser) als Mittel, und Eisen, Holz und Stein als Material dienen: Das Ergebnis dieses Prozesses (das fertige Haus) wendet sich beschränkend gegen die Mittel, so wie die Ordnungen von Staat und Gesellschaft zur Sicherung der sich verwirklichten und noch verwirklichenden Freiheit die einzelnen Individuen einschränkend sanktionieren; vgl. zu diesem Beispiel HEGEL, *Vorlesungen über die Philosophie der Geschichte*, TWA 12, 42f.

[187] Ebd. 40.

endlichen Geschichtssubjekte wirken bei der Realisierung des Allgemeinen allerdings nicht alle Menschen gleichermaßen, sondern vor allem die sogenannten *weltgeschichtlichen Individuen* (z.B. Sokrates, Alexander d. Große, Cäsar, Napoleon). Die Vernunft qua *göttliche Vorsehung* als Lenkerin der Individuen erscheint dabei gleichsam als Fatum, das Hegel von der geforderten höheren Warte aus jedoch kurzum als *List der Vernunft* deklariert; er führt dazu aus:

> Die geschichtlichen Menschen, die *welthistorischen Individuen* sind diejenigen, in deren Zwecken ein solches Allgemeines liegt. [...] Dies sind die großen Menschen in der Geschichte, deren eigene partikuläre Zwecke das Substantielle enthalten, welches Wille des Weltgeistes ist. [...] Solche Individuen hatten in diesen ihren Zwecken nicht das Bewußtsein der Idee überhaupt, sondern sie waren praktische und politische Menschen. Aber zugleich waren sie denkende, die die Einsicht hatten von dem, was not und was *an der Zeit ist.* [...] Ihre Sache war es, dies Allgemeine, die notwendige, nächste Stufe ihrer Welt zu wissen, diese sich zum Zwecke zu machen und ihre Energie in dieselbe zu legen. [...] Das besondere Interesse der Leidenschaft ist also unzertrennlich von der Betätigung des Allgemeinen; denn es ist aus dem Besonderen und Bestimmten und aus dessen Negation, daß das Allgemeine resultiert. Es ist das Besondere, das sich aneinander abkämpft und wovon ein Teil zugrunde gerichtet wird. Nicht die allgemeine Idee ist es, welche sich in Gegensatz und Kampf, welche sich in Gefahr begibt; sie hält sich unangegriffen und unbeschädigt im Hintergrund. Das ist die *List der Vernunft* zu nennen, daß sie die Leidenschaften für sich wirken läßt, wobei das, durch was sie sich in Existenz setzt, einbüßt und Schaden leidet. Denn es ist die Erscheinung, von der ein Teil nichtig, ein Teil affirmativ ist. Das Partikuläre ist meist zu gering gegen das Allgemeine, die Individuen werden aufgeopfert und preisgegeben. Die Idee bezahlt den Tribut des Daseins und der Vergänglichkeit nicht aus sich, sondern aus den Leidenschaften der Individuen.[188]

---

[188] Ebd. 45-49.

Diese Ansichten Hegels können durchaus als »*fatalistisch-realistische Betrachtung* des geschichtlichen Geschehens«[189] bezeichnet werden. Der Prozeß der sich verwirklichenden Freiheit des Geistes wird dabei als ein induktiver und ein vermittelter Prozeß, ein Übergang vom Besonderen zum Allgemeinen gesehen: Weltgeschichte resultiert aus dem Handeln der *Mittel*, aus der »Tätigkeit der Subjekte, in welchen die Vernunft als ihr an sich seiendes substantielles Wesen vorhanden, aber ihr zunächst noch dunkler, ihnen verborgener Grund ist«[190].

(3) *Zur Gestalt der Verwirklichung des Geistes.* – Nach der Betrachtung der *Mittel* zur Erreichung des *Endzweckes* nimmt Hegel noch das *Material* und die *Gestalt seiner Realisierung* genauer in Betracht, nämlich den *Staat*.[191] Es wurde bereits gesehen, wie die einzelnen Individuen mit ihren subjektiven Willen („Leidenschaften") mittels der *List der Vernunft* eben-dieser allgemeinen Vernunft bei der Verwirklichung des vernünftigen Endzwecks – der Realisierung des Bewußtseins der

---

[189] SCHULZ, *Philosophie in der veränderten Welt*, 502. – Hinsichtlich des Begriffs des Mittels unterscheidet Hegel aber durchaus zwischen Dingen und Menschen, und er relativiert in bezug auf die Menschen in gewissem Sinne den Ausdruck „Mittel", denn hinsichtlich der Realisierung der Freiheit haben die Menschen »Teil an jenem Vernunftzweck selbst und sind eben dadurch Selbstzwecke«, und zwar »Selbstzweck nicht nur formell, wie das Lebendige überhaupt, dessen individuelles Leben selbst, seinem Gehalte nach, ein schon dem menschlichen Leben Untergeordnetes ist und mit Recht als Mittel verbraucht wird, sondern die Menschen sind auch Selbstzwecke dem Inhalte des Zweckes nach« (HEGEL, *Vorlesungen über die Philosophie der Geschichte*, TWA 12, 50). Dieser Umstand drückt sich gemäß Hegel aus in Moralität, Sittlichkeit und Religion in der neueren Geschichte der Menschen; vgl. ebd. 52.

[190] Ebd. 54.

[191] Vgl. ebd. 55.

Freiheit – dienen. Die weltgeschichtliche Gestalt dieses Verwirklichungsprozesses ist in erster Linie der *Staat*, das sittliche Ganze oder die Sittlichkeit als solche, innerhalb derer die Individuen geschichtlich wirken. Der Staat vereinigt Willen des Subjekts und Willen der Vernunft, »er ist die Einheit des allgemeinen, wesentlichen Wollens und des subjektiven, und das ist die Sittlichkeit«[192].

In Hegels Gesamtkonzeption schreitet der *subjektive Geist* über den *objektiven Geist* zum *absoluten Geist* fort, der sich seiner Freiheit und damit seiner selbst voll bewußt ist. Innerhalb des objektiven Geistes siedelt sich in den Gestalten von Recht, Sittlichkeit und Staat die Weltgeschichte in Hegels Denken an;[193] der objektive Geist bezeichnet bei Hegel das Kulturgut in seiner Gesamtheit und er ist »die primäre Dimension der Geschichte, denn hier vollziehen sich, zumeist in langsamer Stetigkeit, zuweilen aber auch in unmittelbarem Umbruch, die großen Wandlungen, die die Entwicklung der Kultur kennzeichnen«[194]. Dieses Kulturgut stiftet innerhalb

---

[192] Ebd. 56.

[193] Der Staat ist für Hegel »der näher bestimmte Gegenstand der Weltgeschichte überhaupt, worin die Freiheit ihre Objektivität erhält« (ebd. 57). Weiter verkündet er: »So ist der Staat die vernünftige und sich objektiv wissende und für sich seiende Freiheit. Denn ihre Objektivität ist eben dies, daß ihre Momente nicht ideell, sondern in eigentümlicher Realität vorhanden sind und in ihrer sich auf sie selbst beziehenden Wirksamkeit schlechthin übergehen in die Wirksamkeit, wodurch das Ganze, die Seele, die individuelle Einheit hervorgebracht wird und Resultat ist« (ebd. 66).

[194] SCHULZ, *Philosophie in der veränderten Welt*, 506. – Hegel zeigt dabei, so erläutert W. Schulz, »daß subjektiver und objektiver Geist aufeinander bezogen sind. Beide Bestimmungen setzen sich *gegenseitig* voraus. Der einzelne Mensch kommt nur zu sich, wenn er sich mit dem Kulturgut vermittelt und

eines bestimmten Gemeinwesens einen Zusammenhang, den Hegel als *Volksgeist* bezeichnet: »Der Volksgeist ist, so sagt er, ein allgemeines Individuum. Er ist allgemein, weil er die einzelnen Glieder eines Volkes umgreift und vereint, er ist individuell, weil die Völker sich untereinander unterscheiden. Gerade in den Unterschieden der Völker untereinander aber liegt die Möglichkeit des geschichtlichen Fortschrittes begründet«[195]. Es sind also zwischen dem *Weltgeist* – der allein wissentlich auf die Verwirklichung des *Endzweckes* drängt und aus welchem Drange die Weltgeschichte zu begreifen ist – und den einzelnen individuellen Menschengeistern die von Hegel so bezeichneten *Volksgeister* anzusiedeln als die durch den Weltgeist vorangetriebenen verschiedenen Bewußtseinsstufen im Prozeß der Verwirklichung der Freiheit, die ein Volk in seinen Individuen weltgeschichtlich jeweils erreicht hat.[196]

---

zwar in der Weise, daß er das geschichtlich Tradierte durchdringt und sich so in übergreifende Dimensionen einfügt« (ebd.).

[195] Ebd. – Vgl. dazu auch Hespe, *Geist und Geschichte*, 80-82: »In seiner Entwicklung wird ein Volk nach dieser Auffassung notwendig geistige Formen hervorbringen, in denen es sich wissend zu dem Prinzip verhält, auf das [sic!] die Einheit des Volks beruht. [...] Diese gedankliche Verarbeitung führt aber nach Hegel zum Untergang dieses Prinzips und zur Hervorbringung eines neuen Prinzips. Denn einerseits führt die gedankliche Erfassung des Prinzips zur Erkenntnis seiner Beschränktheit und zur Forderung, daß Gründe für die Geltung von Gesetzen gegeben werden, und wo solche nicht gefunden werden, wird die Tugend schwankend. Andererseits wird durch die Erkenntnis der Beschränktheit eines Prinzips im alten ein neues Prinzip gefunden« (ebd. 82).

[196] Hegel selbst erläutert dazu: »Dieser Geist eines Volkes ist ein *bestimmter* Geist und [...] nach der geschichtlichen Stufe seiner Entwicklung bestimmt. Dieser Geist macht dann die Grundlage und den Inhalt in den anderen Formen des Bewußtseins seiner aus, die angeführt worden sind. Denn der Geist in seinem Bewußtsein von sich muß sich gegenständlich sein, und die Objektivität

Im weiteren Verlauf der Vorlesungen zur Geschichtsphilosophie werden Hegels Ausführungen über den Gang der Weltgeschichte das dialektische Ineinander dieser Geistesstufungen – angefangen von den orientalischen Völkern über die Griechen und Römer bis zum christlichen Abendland – philosophisch analysieren; die Absicht der vorliegenden Untersuchung ist jedoch lediglich, den theoretischen Ansatz für Hegels Geschichtsphilosophie aufzuzeigen, d.h. zu erhellen, was Hegel unter Geschichte versteht und was sie eigentlich für ihn *ist*. In der Dialektik von Hegels absoluter Philosophie sind Staatstheorie, Rechtsphilosophie, Geschichtsphilosophie und auch Religionsphilosophie untrennbar miteinander verbunden, weil es in der Dialektik zwischen subjektivem und objektivem Geist letztlich immer um das Absolute in seinem Selbstvermittlungsprozeß geht. Der Staat ist für Hegel »die göttliche Idee, wie sie auf Erden vorhanden ist«[197]. Hegel reflektiert über den Zusammenhang von Familie, Gesellschaft und Staat sowie über die Rolle der Verfassung in deren kon-

---

enthält unmittelbar das Hervortreten von Unterschieden, die als Totalität der unterschiedenen Sphären des objektiven Geistes überhaupt sind [...] Das andere und weitere ist, daß der bestimmte Volksgeist selbst nur *ein* Individuum ist im Gange der Weltgeschichte. Denn die Weltgeschichte ist die Darstellung des göttlichen, absoluten Prozesses des Geistes in seinen höchsten Gestalten, dieses Stufenganges, wodurch er seine Wahrheit, das Selbstbewußtsein über sich erlangt. Die Gestaltungen dieser Stufen sind die welthistorischen Volksgeister, die Bestimmtheit ihres sittlichen Lebens, ihrer Verfassung, ihrer Kunst, Religion und Wissenschaft. Diese Stufen zu realisieren, ist der unendliche Trieb des Weltgeistes, sein unwiderstehlicher Drang, denn diese Gliederung sowie ihre Verwirklichung ist sein Begriff« (HEGEL, *Vorlesungen über die Philosophie der Geschichte*, TWA 12, 73).

[197] Ebd. 57.

kreten Dasein.[198] Das Leben des Staates »als das sittliche Ganze und die Realität der Freiheit«[199] ist der Raum, in dem sich
auch Kunst, Recht, Religion und Wissenschaft in ihrer Bedeutung für den Geschichtsprozeß entfalten können. Der Staat
ist die objektive Vereinigung dieser Sphären, unter denen die
Religion gemäß Hegel eine Vorrangstellung einnimmt: In ihr
»wird der existierende, der weltliche Geist sich des absoluten
Geistes bewußt, und in diesem Bewußtsein des an und für sich
seienden Wesens entsagt der Wille des Menschen seinem besonderen Interesse«[200].

Nachdem Hegel die Natur des Geistes sowie die Mittel,
das Material und die Gestalt seiner Verwirklichung aufgezeigt
hat, ist das *Wesen* der Geschichte schon bedeutend erhellt:
»Die Weltgeschichte zeigt nur, wie der Geist allmählich zum
Bewußtsein und zum Wollen der Wahrheit kommt; es däm-
mert in ihm, er findet Hauptpunkte, am Ende gelangt er zum

---

[198] Über die Frage nach der Staatsform erläutert Hegel beispielsweise als
Begründung für die Notwendigkeit der *Mon-archie*: »Der abstrakte, jedoch
notwendige Gang in der Entwicklung wahrhaft selbständiger Staaten ist dann
dieser, daß sie mit dem Königtum anfangen, es sei dieses ein patriarchalisches
oder kriegerisches. Darauf hat die Besonderheit und Einzelheit sich hervortun
müssen – in Aristokratie und Demokratie. Den Schluß macht die Unterwer-
fung dieser Besonderheit unter *eine* Macht, welche schlechthin keine andere sein kann als eine solche, außerhalb welcher die besonderen Sphären ihre
Selbständigkeit haben, das ist die monarchische. Es ist so ein erstes und ein
zweites Königtum zu unterscheiden. – Dieser Gang ist ein notwendiger, so
daß in ihm jedesmal die bestimmte Verfassung eintreten muß, die nicht Sache
der Wahl, sondern nur diejenige ist, welche gerade dem Geiste des Volkes
angemessen ist« (ebd. 65).

[199] Ebd. 68.

[200] Ebd.

vollen Bewußtsein«[201]. Es bleibt abschließend noch zu umreißen, wie Hegel sodann in den eigentlichen *Gang der Weltgeschichte* einleitet.

II.3.3. Der Gang der Weltgeschichte

Der Verlauf der Weltgeschichte spiegelt und vollführt also den Prozeß des zu sich selbst kommenden Geistes. Aufgrund dieser inneren Dynamik des Geistigen kann in der Geschichte auch tatsächlich Neues hervorgebracht werden, denn »in der Natur geschieht nichts Neues unter der Sonne [...]. Nur in den Veränderungen, die auf dem geistigen Boden vorgehen, kommt Neues hervor«[202]. Darauf beruht die *Perfektibilität* der Welt, die Veränderungsfähigkeit hin zum Besseren: Dies impliziert (1) das Prinzip der *Entwicklung* in der Geschichte und führt (2) zur Frage nach dem *Anfang* der Geschichte überhaupt; schließlich muß noch (3) einiges Allgemeine zum Gang der Weltgeschichte gesagt werden.

(1) *Zum Prinzip der Entwicklung.* – Das bisher Gesagte über die Geschichte als Selbstauslegung des Geistes bzw. des Absoluten führt zu der Frage nach der konkreten Entfaltung dieser Selbstauslegung: Das wirkende Prinzip ist dabei der Geist selbst, aus dessen Drang nach Verwirklichung seiner Freiheit alle Dynamik entspringt. Hegels Konzeption der Geschichte gewinnt somit einen teleologischen Charakter, weil »nicht mehr die lebendige Natur, sondern der Geist als das

---

[201] Ebd. 73f.

[202] Ebd. 74.

eigentliche Subjekt der Geschichte angegeben wird«[203]. Der Durchbruch zur Freiheit besteht für den Geist in einer mit harter Arbeit verbundenen (Bildungs-) Geschichte, die er in der Weltgeschichte vollzieht. So verkündet Hegel:

> Das Prinzip der *Entwicklung* enthält das Weitere, daß eine innere Bestimmung, eine an sich vorhandene Voraussetzung zugrunde liege, die sich zur Existenz bringe. Diese formelle Bestimmung ist wesentlich der Geist, welcher die Weltgeschichte zu seinem Schauplatze, Eigentum und Felde seiner Verwirklichung hat. [...] So produziert das organische Individuum sich selbst: es macht sich zu dem, was es an sich ist. [...] Die Entwicklung ist [...] nicht bloß das Formelle des Sich-Entwickelns überhaupt, sondern das Hervorbringen eines Zweckes von bestimmtem Inhalte. Diesen Zweck haben wir von Anfang an festgestellt; es ist der Geist, und zwar nach seinem Wesen, dem Begriff der Freiheit. Dies ist der Grundgegenstand und darum auch das leitende Prinzip der Entwicklung, das, wodurch diese ihren Sinn und ihre Bedeutung erhält [...].[204]

Die Bildungsgeschichte des Geistes als eine »harte unwillige Arbeit gegen sich selbst«[205] vollzieht sich näherhin in drei Stufen, von der natürlichen Situiertheit des Geistes (das »natürliche Bewußtseyn« in der *Phänomenologie des Geistes*) über die der Freiheit des je besonderen Geistes bewußte Stufe hin zum allgemeinen Bewußtsein der Freiheit. Damit unterstreicht Hegel wiederum zweierlei: Einmal die Teleologie der Geschichte, und zum anderen ihre Ansiedlung in der Sphäre des objektiven Geistes. Hegel hebt nun diese Geistes-

---

[203] BAUM/MEIST, *Recht – Politik – Geschichte*, 114.

[204] HEGEL, *Vorlesungen über die Philosophie der Geschichte*, TWA 12, 75f.

[205] Ebd. 76.

Geschichte aber nicht in die Weltgeschichte auf, sondern sagt klar, daß die Weltgeschichte »den *Stufengang* der Entwicklung des Prinzips, dessen *Gehalt* das Bewußtsein der Freiheit ist«[206], darstellt. Wenn somit das Ende und Ziel des teleologischen Geschichtsprozesses umschrieben ist – der sich als frei *wissende* Geist –, kann sich Hegel der Frage nach dem Anfang der Geschichte zuwenden.

(2) *Zur Frage nach dem Anfang der Geschichte.* – Hegel bestreitet, daß es am Beginn der Geschichte einen gleichsam paradiesischen „Naturzustand" gegeben habe, in dem Freiheit und Recht vollkommene Geltung gehabt hätten. Hier entsteht freilich ein Konflikt zwischen theologischer und philosophischer Sicht darüber, was sozusagen ein vollkommener Zustand *ante lapsum* sein müsse. Jedenfalls verwirft Hegel zu Recht die Idee einer »Ausartung und Verschlechterung«, wonach alle Religionen im geschichtlichen Sinne von einem ursprünglichen Zustand der reinen Erkenntnis ausgegangen seien, »so aber, daß sie zugleich jene erste Wahrheit mit Ausgeburten des Irrtums und der Verkehrtheit verunreinigt und

---

[206] Ebd. 77. – Hegel erläutert diesen Stufengang, indem er ihn eindeutig an die Geistphilosophie zurückbindet: »Die nähere Bestimmung dieser Stufen ist in ihrer allgemeinen Natur logisch, in ihrer konkreteren aber in der Philosophie des Geistes anzugeben. Es ist hier nur anzuführen, daß die erste Stufe das schon vorhin angegebene Versenktsein des Geistes in die Natürlichkeit, die zweite das Heraustreten desselben in das Bewußtsein seiner Freiheit ist. Dieses erste Losreißen ist aber unvollkommen und partiell, indem es von der mittelbaren Natürlichkeit herkommt, hiermit auf sie bezogen und mit ihr, als einem Momente, noch behaftet ist. Die dritte Stufe ist die Erhebung aus dieser noch besonderen Freiheit in die reine Allgemeinheit derselben, in das Selbstbewußtsein und Selbstgefühl des Wesens der Geistigkeit. Diese Stufen sind die Grundprinzipien des allgemeinen Prozesses« (ebd.).

verdeckt haben«[207]. Hegel erklärt, wie Geschichte allererst dort beginnt, wo Vernunft, Reflexion und Bewußtsein ins Spiel kommen, wo der Volksgeist zu Recht und Sittlichkeit gelangt und einen *Staat* zu bilden vermag:

> Der philosophischen Betrachtung ist es nur angemessen und würdig, die Geschichte da aufzunehmen, wo die Vernünftigkeit in weltliche Existenz zu treten beginnt, nicht wo sie erst noch eine Möglichkeit nur an sich ist, sondern wo ein Zustand vorhanden ist, in dem sie in Bewußtsein, Willen und Tat auftritt. [...] Die Freiheit ist nur das, solche allgemeine substantielle Gegenstände wie das Recht und das Gesetz zu wissen und zu wollen und eine Wirklichkeit hervorzubringen, die ihnen gemäß ist – den Staat.[208]

Auch hier zeigt sich die enge Verknüpfung von Hegels Denken über Recht, Staat und Geschichte. Dies führt dann allerdings soweit, daß er beispielsweise *Indien* jeden Geschichtscharakter abspricht und das Kulturgut dieser Erfahrungswelt in den Bereich der *Vorgeschichte* verbannt.[209] Hegel definiert die Ge-

---

[207] Ebd. 79.

[208] Ebd. 81f. – Hegel erklärt über den Zusammenhang von Staat und Geschichte und über die Rolle der *Erinnerung* für das Staatsgefüge folgendes: »[D]er Staat erst führt einen Inhalt herbei, der für die Prosa der Geschichte nicht nur geeignet ist, sondern sie selbst mit erzeugt. Statt nur subjektiver, für das Bedürfnis des Augenblicks genügender Befehle des Regierens erfordert ein festwerdendes, zum Staate sich erhebendes Gemeinwesen Gebote, Gesetze, allgemeine und allgemeingültige Bestimmungen und erzeugt damit sowohl einen Vortrag als ein Interesse von verständigen, in sich bestimmten und in ihren Resultaten dauernden Taten und Begebenheiten, welchen die Mnemosyne, zum Behuf des perennierenden Zweckes dieser Gestaltung und Beschaffenheit des Staates, die Dauer des Andenkens hinzuzufügen getrieben ist« (ebd. 83).

[209] Vgl. ebd. 84f. – »Völker können ohne Staat ein langes Leben fortgeführt haben, ehe sie dazu kommen, diese ihre Bestimmung zu erreichen,

schichte als objektive und als subjektive, des näheren als das Ineinander der Geschichtsfakten und deren geistiger Erfassung in Reflexion und Bericht.[210] Der Anfang der Geschichte ist also gemäß Hegel an ganz bestimmte Bedingungen geknüpft, und zwar daran, daß es eine objektive und eine subjektive Dimension der Geschichte gibt.[211] Nach dieser Bestimmung des Anfangs der Weltgeschichte und nach dem Ausschluß des in dieser Hinsicht Vorgeschichtlichen, geht es Hegel zum Abschluß einer rein *formalen* Betrachtung der Weltgeschichte darum, »die *Art des Ganges* derselben näher anzugeben«[212].

---

und darin selbst eine bedeutende Ausbildung nach gewissen Richtungen hin erlangt haben. Diese *Vorgeschichte* liegt nach dem Angegebenen ohnehin außer unserem Zweck; es mag darauf eine wirkliche Geschichte gefolgt oder die Völker gar nicht zu einer Staatsbildung gekommen sein. [...] Jenes in sich so weitläufig erscheinende Geschehene aber fällt außerhalb der Geschichte: es ist derselben vorangegangen« (ebd. 82f.).

[210] Hegel erläutert diesen Zusammenhang folgendermaßen: »*Geschichte* vereinigt in unserer Sprache die objektive sowohl als die subjektive Seite und bedeutet ebensogut die *historiam rerum gestarum* als die *res gestas* selbst; sie ist das Geschehene nicht minder wie die Geschichtserzählung [...] es ist eine innerliche gemeinsame Grundlage, welche sie zusammen hervortreibt. [...] Die Zeiträume, wir mögen sie uns von Jahrhunderten oder Jahrtausenden vorstellen, welche den Völkern vor der Geschichtsschreibung verflossen sind und mit Revolutionen, mit Wanderungen, mit den wildesten Veränderungen mögen angefüllt gewesen sein, sind darum ohne objektive Geschichte, weil sie keine subjektive, keine Geschichtserzählung aufweisen. [...] Erst im Staate mit dem Bewußtsein von Gesetzen sind klare Taten vorhanden und mit ihnen die Klarheit eines Bewußtseins über sie, welche die Fähigkeit und das Bedürfnis gibt, sie so aufzubewahren« (ebd. 83f.).

[211] »Es gibt für Hegel keine menschliche Geschichte ohne das *Bewußtsein* des Menschen von der durch ihn bewirkten Veränderung des Geschehens« (SCHULZ, *Philosophie in der veränderten Welt*, 500).

[212] HEGEL, *Vorlesungen über die Philosophie der Geschichte*, TWA 12, 86. – Die vorliegende Untersuchung stellt sich die unvollständige Aufgabe zu

(3) *Abschließende allgemeine Anmerkungen zum Gang der Weltgeschichte*. – Die Geschichtsphilosophie als solche fügt sich integrativ in Hegels Gesamtsystem, worin bereits gleichsam ausgesprochen ist, daß der eigentliche Gang oder „Ablauf" der Weltgeschichte in Hegels Sicht nicht anders als dialektisch sein kann: Unter teleologischer „Aufsicht" des Weltgeistes verläuft die Geschichte in einer Dialektik sich ablösender und gegenseitig erhebender Volksgeister, die im Bewußtsein der Freiheit jeweils eine Stufe voranschreiten.[213] Es geht nicht um einen moralischen Fortschritt in der dialektischen Aufeinanderfolge der allgemein-individuellen Volksgeister, sondern rein um den Fortschritt des „höheren" Endzweckes, nämlich die Verwirklichung des sich frei wissenden Geistes.[214] Die jeweiligen Stufen der aufeinanderfolgenden

---

fragen, *was* Geschichte ist und *wie* sie ihrem Sinn, ihrer Bedeutung und ihrem Ziel nach von Hegel her zu verstehen ist. Eine *materiale* Betrachtung der Weltgeschichte fällt daher nicht unmittelbar in ihr Blickfeld und kann im vorliegenden Rahmen auch gar nicht geleistet werden.

[213] Vgl. ebd. 86f. – Hegel weiß: Um eine absolute Philosophie der Geschichte aus der Warte des Weltgeistes betreiben zu können, »muß man das Wesentliche kennen, und dieses, wenn die Weltgeschichte im ganzen betrachtet werden soll, ist, wie früher angegeben worden, das Bewußtsein der Freiheit und in den Entwicklungen desselben die Bestimmtheiten dieses Bewußtseins« (ebd. 88).

[214] Hegel weiß auch, daß das Fortschreiten der Geschichte nicht unbedingt mit einer Zunahme der Moralität verbunden ist, aber darin liegt auch gar nicht das eigentliche Ziel der Weltgeschichte: »Denn die Weltgeschichte bewegt sich auf einem höheren Boden, als der ist, auf dem die Moralität ihre eigentliche Stätte hat, welche die Privatgesinnung, das Gewissen der Individuen, ihr eigentümlicher Wille und ihre Handlungsweise ist; diese haben ihren Wert, Imputation, Lohn oder Bestrafung für sich. Was der an und für sich seiende Endzweck des Geistes fordert und vollbringt, was die Vorsehung tut, liegt über den Verpflichtungen und der Imputationsfähigkeit und Zumutung, welche auf die Individualität in Rücksicht ihrer Sittlichkeit fällt. [...] Die Weltgeschichte könnte überhaupt

Volksgeister gleichen sich zwar in formaler Hinsicht – es handelt sich immer um Politik- und Dichtkunst, bildende Kunst, Religion, Wissenschaft und Philosophie eines Volksbewußtseins –, unterschiedlich und fortschreitend sind die Stufen aber ihrem Inhalte nach, und dieser besteht laut Hegel in der Vernünftigkeit. Bei allen kulturellen Errungenschaften der sich ablösenden Epochen »bleibt der unendliche Unterschied des Gehalts und somit das Substantielle und das Interesse der Vernunft, das schlechthin auf das Bewußtsein des Freiheitsbegriffes und dessen Ausprägung in den Individuen geht«[215].

Was ein Volk ausmacht, läßt sich als dessen *Geist* bezeichnen; die Weltgeschichte ist, wie gesehen wurde, als ein dialektisch fortschreitender Prozeß zu begreifen, in dem Völker und Staaten aufeinanderfolgen: Auf diese Weise kommt der absolute Geist zu sich.[216] Das wesentliche Merkmal dieses

---

dem Kreise, worein Moralität und der so oft schon besprochene Unterschied zwischen Moral und Politik fällt, ganz sich entheben, nicht nur so, daß sie sich der Urteile enthielte – ihre Prinzipien aber und die notwendige Beziehung der Handlungen auf dieselben sind schon für sich selbst das Urteil –, sondern indem sie die Individuen ganz aus dem Spiel und unerwähnt ließe, denn was sie zu berichten hat, sind die Taten des Geistes der Völker« (ebd. 90f.).

[215] Ebd. 94.

[216] Hegel erklärt: »Der konkrete Geist eines Volkes ist es, den wir bestimmt zu erkennen haben, und weil er Geist ist, läßt er sich nur geistig, durch Gedanken erfassen. Er allein ist es, der in allen Taten und Richtungen des Volkes sich hervortreibt, der sich zu seiner Verwirklichung, zum Selbstgenuß und Selbsterfassen bringt; denn es ist ihm um die Produktion seiner selbst zu tun. Das Höchste aber für den Geist ist, sich zu wissen, sich zur Anschauung nicht nur, sondern zum Gedanken seiner selbst zu bringen. Dies muß und wird er auch vollbringen, aber diese Vollbringung ist zugleich sein Untergang und das Hervortreten eines anderen Geistes, eines anderen welthistorischen Volkes, einer anderen Epoche der Weltgeschichte. Dieser Übergang und Zusammenhang

Prozesses liegt in der *Veränderung*, Geschichte erscheint als Dialektik von Untergang und Hervorgehen. Hegel vermag all dies in eindringliche Worte zu fassen:

> Wenn wir nun einen Blick auf die Weltgeschichte überhaupt werfen, so sehen wir ein ungeheures Gemälde von Veränderungen und Taten, von unendlich mannigfaltigen Gestaltungen von Völkern, Staaten, Individuen, in rastloser Aufeinanderfolge. [...] Der allgemeine Gedanke, die Kategorie, die sich bei diesem ruhelosen Wechsel der Individuen und Völker, die eine Zeitlang sind und dann verschwinden, zunächst darbietet, ist die *Veränderung* überhaupt. [...] Die nächste Bestimmung aber, welche sich an die Veränderung anknüpft, ist, daß die Veränderung, welche Untergang ist, zugleich Hervorgehen eines neuen Lebens ist, daß aus dem Leben Tod, aber aus dem Tod Leben hervorgeht.[217]

Die Geschichte besteht aus dialektischen Übergängen, in denen sich der Geist »zu einer sich erfassenden *Totalität* erhebt und abschließt«[218]. Bevor Hegel zur eigentlichen philosophischen Betrachtung der Epochen der Weltgeschichte anhebt, gibt er noch einmal eine allgemeine Einteilung derselben: »Die Weltgeschichte geht von Osten nach Westen, denn Euro-

---

führt uns zum Zusammenhange des Ganzen, zum Begriff der Weltgeschichte als solcher« (ebd. 96).

[217] Ebd. 97f. – »Der abstrakte Gedanke bloßer Veränderung verwandelt sich in den Gedanken des seine Kräfte nach allen Seiten seiner Fülle kundgebenden, entwickelnden und ausbildenden Geistes. Welche Kräfte er in sich besitze, erfahren wir aus der Mannigfaltigkeit seiner Produkte und Bildungen. [...] Der Geist *handelt* wesentlich, er macht sich zu dem, was er an sich ist, zu seiner Tat, zu seinem Werk; so wird er sich Gegenstand, so hat er sich als ein Dasein vor sich« (ebd. 98f.).

[218] Ebd. 105.

pa ist schlechthin das Ende der Weltgeschichte«[219]. Im lebendigen Verlauf der Weltgeschichte kann die orientalische Welt als das Zeitalter der Kindheit bezeichnet werden, die griechische Welt verwirklicht das Jünglingsalter, die Römer repräsentieren das Mannesalter und die christlich-germanische Welt schließlich stellt das Greisenalter dar:[220] »Das natürliche Greisenalter ist Schwäche, das Greisenalter des Geistes aber ist seine vollkommene Reife, in welcher er zurückgeht zur Einheit, aber als Geist«[221]. – Politisch findet dieser Gang der Weltgeschichte seinen Niederschlag in der Abfolge von Despotismus, Demokratie, Aristokratie und Monarchie, wobei letztere aber eigentlich als eine Alleinherrschaft von Vernunft bzw. des absoluten Prinzips als zunächst *substantieller* und dann auch *subjektiver Freiheit* aufzufassen ist.[222]

---

[219] Ebd. 134.

[220] Vgl. ebd. 135-140.

[221] Ebd. 140.

[222] So verkündet Hegel: »Die Weltgeschichte ist die Zucht von der Unbändigkeit des natürlichen Willens zum Allgemeinen und zur subjektiven Freiheit. Der Orient wußte und weiß nur, daß *Einer* frei ist, die griechische und römische Welt, daß *Einige* frei seien, die germanische Welt weiß, daß *Alle* frei sind. Die erste Form, die wir daher in der Weltgeschichte sehen, ist der *Despotismus*, die zweite ist die *Demokratie* und *Aristokratie*, und die dritte ist die *Monarchie*. [...] Die substantielle Freiheit ist die an sich seiende Vernunft des Willens, welche sich dann im Staate entwickelt. Bei dieser Bestimmung der Vernunft ist aber noch nicht die eigene Einsicht und das eigene Wollen, das heißt die subjektive Freiheit vorhanden, welche erst in dem Individuum sich selbst bestimmt und das Reflektieren des Individuums in seinem Gewissen ausmacht. [...] Wie aber die subjektive Freiheit aufkommt und der Mensch aus der äußeren Wirklichkeit in seinen Geist heruntersteigt, so tritt der Gegensatz der Reflexion ein, welcher in sich die Negation der Wirklichkeit enthält« (ebd. 134f.).

II.3.4. Zusammenfassung: Die Substanz ist *auch* in der Geschichte Subjekt. Die vernünftige Freiheits- ordnung ist das dynamische Ende der Geschichte

Die beschriebene Dialektik von Vergehen und Wiedererstehung, von Tod und Leben verknüpft Hegels Geschichtsphilosophie mit dem dialektischen Ansatz seiner Religionsphilosophie; darauf muß im abschließenden Punkt II.5. des Hegel-Teils
eingegangen werden. – Zunächst bleibt festzuhalten, daß die
dynamische Bewegung des Geistes zu sich selbst sowohl den
Schlüssel zur Erkenntnis des Geistes (in der *Phänomenologie*)
als auch den Schlüssel zur Erkenntnis der Geschichte (in den
Vorlesungen zur *Geschichtsphilosophie*) darstellt, »weil dieser Prozeß der Selbsterzeugung des Geistes als ein Prozeß der
Bildung der Volksgeister in die Zeit fällt und daher seinem Begriffe nach bereits die Geschichtlichkeit impliziert« und weil
eben doch »der Begriff des Geistes auch die Folie abgibt für
ein philosophisches Konzept von Geschichte«[223]. Der Geist ist
nämlich gerade »der Prozeß der Identitätsbildung durch diese
Tätigkeit selbst, so daß er auch nur in dieser Tätigkeit ist, nicht
davon getrennt für sich existiert«[224]: Hegels Geschichtsbegriff
ist also sehr wohl in der Konzeption des Geistes verankert, weil
der Geist – und das heißt die *Freiheit* – bei Hegel das leitende
(Selbst-) Organisationsprinzip und die Substanz aller Dinge
und somit auch der Geschichte ist. Dies erfüllt die Forderung,
welche der gesamten *Phänomenologie des Geistes* zugrunde
liegt: Die *Substanz* auch als *Subjekt* zu begreifen.

---

[223] HESPE, *Geist und Geschichte*, 72.

[224] Ebd. 76.

Wie steht es aber mit dem Vorwurf, die »Verwirklichung der Freiheit« könne letztlich »nicht das Ziel der Weltgeschichte sein«, weil in der Weltgeschichte »der Fortschritt im Bewußtsein der Freiheit nur auf die politische Freiheit bezogen«[225] sei? Darin enthalten ist auch der Vorwurf einer Aufhebung der Geschichte in die Weltgeschichte und einer Reduktion derselben auf die Geschichte von Staaten. Und gerade hier erweist sich der Denkfehler, wie aus dem vorausgehend Dargestellten einsehbar wird: Denn in Hegels *Philosophie der Geschichte* wird nicht der Staat in seiner Wirklichkeit verherrlicht, sondern dieser stellt die konkrete Wirklichkeit der sittlichen Freiheit dar und bildet für Hegel die Grundlage der Selbstauslegung des Geistes in den Ausdrucksformen von Kunst, Religion und Philosophie.[226] So wird die Konzeption des Geistes nachgerade zu einem geschichtsphilosophischen Imperativ: Nicht der Staat bezeichnet für Hegel das Maß der Freiheit, sondern umgekehrt läßt sich die Güte eines Staates daran erkennen, welcher Grad an Freiheit in ihm herrscht![227]

---

[225] JAESCHKE, *Die Geschichtlichkeit der Geschichte*, 370.

[226] Vgl. die hier vorgelegte Darstellung von Hegels Geschichtsphilosophie; vgl. auch HESPE, *Geist und Geschichte*, 83 u. 88. – In §257 seiner *Rechtsphilosophie* konstatiert Hegel explizit: »Der Staat ist die Wirklichkeit der sittlichen Idee« (HEGEL, *Grundlinien der Philosophie des Rechts*, TWA 7, 398).

[227] Vgl. HESPE, *Geist und Geschichte*, 90-93. – Hegels Geschichtsphilosophie, so erklärt Ch. Taylor, dekretiert nicht, »daß der rationale Staat vollkommen verwirklicht worden oder daß die Geschichte an ein Ende gelangt ist. Von dem Rationalitätsprinzip, das noch längst nicht in allen seinen Verzweigungen verkörpert ist, werden im Gegenteil weitere Entwicklungen gefordert. Es scheint sehr wahrscheinlich, daß Hegel glaubte, es werde niemals vollkommen verkörpert sein« (TAYLOR, *Hegel*, 559). Hegel will vielmehr zeigen, »warum „Gleichheit" und „Brüderlichkeit", die einer abstrakten Freiheit beigestellten

Dies ist die Entwicklungslinie der Berliner Vorlesungen zur Geschichtsphilosophie. Im reifen Stadium seines Denkens entläßt Hegel seine Geschichtskonzeption aus vielleicht manchen früheren teleologischen Engführungen, ohne jedoch die Teleologie der Geschichte preiszugeben: Die Geschichte wird offen, insofern sie »als Entwicklung von in der Menschheit angelegten Anlagen konzipiert ist, für deren Realisierung die Individuen als einzelne wie die Menschheit als Ganze selbst verantwortlich sind«[228]; andererseits »hat die Geschichte auch weiterhin ein Ziel, ein *telos*, das selbst noch seiner Verwirklichung harrt«[229], und zugleich ein Ende, da das Erreichen des Zieles »kein unbewußtes Ringen um eine vernünftige Frei-

---

Prinzipien der Französischen Revolution, ungeeignet für eine objektive und subjektive Verwirklichung der Freiheit im neuzeitlichen Staat sind. Die staatliche „Einheit in der Vielfalt" – so Hegel – muss in *konkreter* Weise in Form von Gesetzen dargelegt, objektiv in der Verfassung des Staates gegliedert und subjektiv in der Staatsgesinnung der Bürger als identisch mit dem substantiellen Willen erfahren werden. [...] Die Prinzipien des Staates sind – wie der ihm zugrundeliegende Freiheitsbegriff – als Bestimmungen der göttlichen Natur selbst zu betrachten, die *in der Zeit* zu sich kommt, indem sie sich in einer Abfolge individueller Staatskonzeptionen in zunehmendem Grade verwirklicht« (FABECK, *Jenseits der Geschichte*, 17f.).

[228] HESPE, *Geist und Geschichte*, 91. – F. Hespe faßt eindringlich zusammen: »Hegel macht damit auch für die Geschichtsphilosophie einen Begriff von „Geist" fruchtbar, dessen Momente Freiheit und Subjektivität einerseits, Perfektibilität und Entelechie andererseits sind. Infolge der Entwicklung der Geschichte aus diesem Geistesbegriff wird die Geschichte für Hegel offen, zwar nicht für willkürliches und zufälliges, aber doch so, daß die in der Menschheit angelegten Anlagen *wirkliche* Möglichkeiten sind, deren Verwirklichung in der Verantwortung der Menschheit liegt« (ebd.).

[229] Ebd.

heitsordnung, sondern deren bewußter Vollzug ist«[230].

Die Geschichte bleibt also teleologisch bestimmt als »Fortschritt im Bewußtsein der Freiheit« und doch gerade aufgrund der bereits zuvor dargestellten Hegelschen Geist-Konzeption einer Dialektik aus ständiger Selbstnegation und Selbstprüfung eigentümlich offen.[231] *So* ist die Vernunft in der Geschichte zu denken. Wie dies als dialektischer und zugleich offener Prozeß zu verstehen ist und wie in Hegels »begriffne[r] Geschichte« als der absoluten Geschichte alle jeweils legitimen Geschichtskonzeptionen aufgehoben, jedoch nicht ungültig werden, soll im nächsten Schritt in Kürze umrissen werden.

---

[230] Ebd.

[231] So erklärt F. Hespe den Zusammenhang von Freiheit und Teleologie einleuchtend: »Daß die Geschichte einen gerichteten Verlauf hat – daß sie in ihrer Gesamtheit einen Fortschritt darstellt, folgt nicht einem Determinismus, durch den jedes Ereignis bestimmt ist, hängt auch nicht vom Walten eines extramundanen Demiurgen ab, der den Gang der Weltgeschichte bestimmt. Dies ist vielmehr einer Anlage im Menschen verschuldet, einem Vermögen zur Freiheit, das dazu drängt, sich zu realisieren, ohne daß ein Wie und Wann der Realisierung vorhersehbar wäre« (ebd. 93).

II.4. Die auf den *Begriff* gebrachte Geschichte und die Problematik der *Aufhebung*: die »begriffne Geschichte« als absolute Geschichte

Es ist bereits deutlich geworden, daß *Geschichte* in ihrer Wirklichkeit als dynamische Bewegung, nämlich als Bewußtwerdungsprozeß des Geistes, des Wahren, der Gesamtwirklichkeit, nur als *vielschichtig* gefaßt werden kann: Sie ist in einem doppelten Ansatz betrachtet als *Abstieg* einerseits Entäußerung des Geistes bzw. des Begriffs in die Zeit, als *Aufstieg* hingegen Weg der Durchschreitung aller Momente hin zum Ganzen bzw. zur Einheit des Begriffs; um die in ihren *Begriff* erhobene Geschichte zu fassen, muß also der *entäußerte* Geist sich seinerseits *entäußern*, oder dialektisch: der Geist seine Negation in einer *Entäußerung der Entäußerung* negieren und so wieder absoluter, aber *wirklicher*, die Negativität durchschrittener Geist werden. Die Selbstbewußtwerdung des Geistes als dessen Bildungs-Geschichte umfaßt mehrere Dimensionen wie die *Philosophiegeschichte* als die geschichtlichen Positionen der Einen Wahrheit und die *Weltgeschichte* mit ihrem Prinzip fortschreitend sich verwirklichender Freiheit; wenn diese *Geistes-Geschichte* mit der *kontingenten Geschichte* im Sinne des augenfälligen, seriellen Geschehens innerhalb einer unverbundenen Zeitkette zur »begriffne[n] Geschichte« vereinigt werden soll, erfordert dies eine *Aufhebung* der unterschiedlichen Geschichtsdimensionen in der *absoluten Geschichte* als der Geschichte des absoluten Geistes und somit einen »Rückgang in den Grund der Geschichte, der zugleich ihr Subjekt ist«[232]. Erst von diesem Grund aus werden die in der bisherigen Reflexion aufgetretenen scheinbaren Widersprüche und Aporien zu lösen sein, indem die *Versöhnung* von *Vernunft, Philosophie* und *Geschichte* einsichtig wird und somit *Bedeutung, Sinn* und *Ziel* der Geschichte in der *Bestimmung zur Freiheit* ihre letzte und eigentliche Deutung erfahren.[233] Im Folgenden sollen das Postulat der »begriffne[n] Geschichte« und die Problematik der *Aufhebung* hinsichtlich ihres Verhältnisses zur *offenen Geschichte der Freiheit* kurz dargestellt werden.

II.4.1. Tilgung der Zeit, Aufhebung der Zeit und die Zeit des absoluten Wissens: Eine Annäherung an die »begriffne Geschichte«

Um die begriffene Organisation der Bewußtseinsgestalten als die Geschichte des *werdenden Wissens* darzustellen, mußte der *Begriff* (als Einheit der begrifflich-logischen Erfassung) die der *kontingenten Geschichte* zugehörige Zeit *tilgen*; um jedoch die auf ihren Begriff gebrachte, d.h. *anundfürsichseiende* und *durch sich selbst bestimmte* Geschichte zu erfassen, also Geistes-Geschichte und kontingente Geschichte zur »begriffne[n] Geschichte« zu vereinen, ist die Zeit nicht zu tilgen, sondern *aufzuheben*, also zwar einzubehalten, aber dabei zu einem Mo-

---

[232] FULDA, *Das Problem einer Einleitung in Hegels Wissenschaft der Logik*, 199.

[233] Zur Zentralität des Topos der *Versöhnung* für die Hegelsche Denkform schon von den theologischen Jugendschriften an vgl. CODA P., *Il Negativo e la Trinità. Ipotesi su Hegel*, Roma 1987, 31-84.

ment des Ganzen herabzusetzen.[234] Die Aufhebung der Zeit stellt somit die Eintrittsbedingung in die »begriffne Geschichte« dar:[235] Ist die *Zeit* der Ordnungsfaktor der kontingenten Geschichte und muß sie für die begrifflich-logische Erfassung der Bewußtseinsgestalten in der *Wissenschaft des erscheinenden Wissens* getilgt werden, so ist die »begriffne Geschichte« als die *Zeit* des *absoluten Wissens* zu verstehen.[236] Sie ist »die begriffli-

---

[234] Hegel selbst benutzt die Ausdrücke *tilgen* und *aufheben*, um den Übergang von einer Kantischen Anschauungsform über einen »nur angeschaute[n] Begriff« in ein »begreifendes Anschauen« in der *absoluten Geschichte* darzustellen. Es seien die entscheidenden Passagen nochmals zitiert: »Die Zeit ist der Begriff selbst, der da ist, und als leere Anschauung sich dem Bewußtseyn vorstellt; deßwegen erscheint der Geist nothwendig in der Zeit, und er erscheint solange in der Zeit als er nicht seinen reinen Begriff erfaßt, das heißt, nicht die Zeit tilgt. Sie ist das äussere angeschaute vom Selbst nicht erfaßte reine Selbst, der nur angeschaute Begriff; indem dieser sich selbst erfaßt, hebt er seine Zeitform auf, begreift das Anschauen, und ist begriffnes und begreifendes Anschauen« (HEGEL, *Phänomenologie des Geistes*, GW 9, 429). Vgl. dazu auch LABARRIÈRE P.-J., *La sursumption du temps et le vrai sens de l'histoire conçue. Comment gérer cet héritage hégélien?*, in: *Revue de Métaphysique et de Morale* 84 , 92-100: »Or le *temps*, pour Hegel, c'est très précisément cette *forme transitoire d'extériorité du concept par rapport à lui-même. Ce qui rend immédiatement évidente la seconde partie du jugement ici commenté: puisque tel est le temps, n'est-il pas évident que la reconstitution du concept est, de soi, disparition de cette forme transitoire qui mena vers lui? [...] La fin du paragraphe, exprime alors cette conjonction structurelle de l'extériorité et de l'intériorité en affirmant que le contenu de chacun de ces éléments se trouve constitué en lui-même par son passage à l'autre« (ebd. 95f.).

[235] Vgl. ebd. 97: »la „*suppression*" du temps est la condition de l'entrée dans l'„*histoire conçue*"«.

[236] Vgl. BAPTIST G., *Das absolute Wissen. Zeit, Geschichte, Wissenschaft*, in: KÖHLER D./PÖGGELER O. (Hrsg.), *G.W.F. Hegel. Phänomenologie des Geistes*, Berlin 1998, 245-261; das letzte Kapitel der *Phänomenologie* erläutert, »daß jetzt *die Zeit der Philosophie* gekommen ist, nicht irgendeine Zeit, sondern die *Neuzeit* der Moderne, in der die Philosophie zur herrschenden Gestalt des

che und begriffene Geschichte der Wissenschaft und der Philosophie selbst als die erreichte Wirklichkeit des Wissens, als die wahrhafte und gewußte Geschichte und Geschichtlichkeit des absoluten Geistes«[237]. Die *Phänomenologie des Geistes* leistet hierfür eine »systematische Rekonstruktion historisch aufge-

---

sich wissenden Geistes wird« (ebd. 254). »Nur in diesem Sinne ist für die philosophische Wissenschaft *qua* Philosophie die Zeit und die Geschichte getilgt, indem sie sich der Macht der Notwendigkeit bemächtigt und ihre (neue) Zeit frei in ihrem Denken bestimmt. Ein solcher Charakter würde dann die Philosophie gar nicht als a-historisch erklären, sondern im Gegenteil gerade ihre Geschichtlichkeit fundieren« (ebd. 255). »Wenn die Zeit des absoluten Wissens als eine dritte Zeit betrachtet werden muß, die weder die objektive und endliche Zeit des natürlichen und geschichtlichen Geschehens als Zeit des tragischen Überganges, noch die subjektive und verinnerlichte Zeit des Sinnes als die Zeit der Reflexion ist, dann ermöglicht diese „absolute“ Zeit der philosophischen Neuzeit die *neue Geschichte und Geschichtlichkeit des absoluten Geistes und des Systems der Philosophie*« (ebd. 257f.). Es wird von hieraus auch verständlich, wie W. Jaeschke zu seinem mißverständlichen Urteil gelangen konnte, Hegels Geschichtsbegriff sei nicht in der Geschichte des absoluten Geistes verankert, da Hegel vermutlich »nur hier den Zusammenhang zwischen Zeit, Geschichte und Wissenschaft ausdrücklich aufarbeitet und so etwas wie eine Zeit und eine Geschichtlichkeit der Vernunft und des absoluten Geistes skizzenmäßig darlegt. Dieser Zusammenhang mußte später durch eine allmähliche Beschränkung der Rollen von Zeit und Geschichte auf die Bereiche der Natur- beziehungsweise der objektiven Geistphilosophie eher verdeckt bleiben« (ebd. 259). Daß die Weltgeschichte als Freiheits-Geschichte indes an die Geschichte des absoluten Geistes zurückgebunden bleibt, wurde im Vorausgegangenen versucht darzustellen.

[237] Ebd. 256f. – Über den Zusammenhang von *Zeit und Geschichte* vgl. GRIMMER, *Geschichte im Fragment*, 33-69. Zwar ist es richtig, daß *Zeit* »ein grundlegendes Element für das Verstehen und Begreifen von Geschichte ist«, zu kurz gegriffen ist jedoch die Auffassung, es gebe »keinen archimedischen Punkt außerhalb der Zeit« (ebd. 67): Für ein wirkliches »Begreifen« der Geschichte muß die Zeit in der *Wissenschaft des erscheinenden Wissens* an ihrem entscheidenden Punkt getilgt und in der »begriffne[n] Geschichte« wieder mit ihr verbunden werden. Das *absolute Wissen* ist somit *archimedischer Punkt* von Zeit und Geschichte.

nommener Bewußtseinsgestalten«[238] und schafft so die Grundlage für die Aufgabe der Philosophie, »Bewußtseinsgestalten
und Begriffsbestimmungen in ihren Prinzipien darzustellen,
ihre Beziehungen untereinander zu entwickeln, ihre falschen
Selbstinterpretationen zu kritisieren und so die Gegenwart über
sich selbst zu verständigen«[239]. Vermittels einer »vollständige[n]
Erfahrung« geht das »natürliche Bewußtseyn« den »Weg des
Zweifels« und der »Verzweiflung« bis zum Ende und vollbringt
so den »Skepticismus«;[240] die *Phänomenologie* fragt als eine
Metaphilosophie »nach den Bedingungen der Möglichkeit der

---

[238] FALKE, *Begriffne Geschichte*, 68.

[239] Ebd. 69. – G.-H. Falke sieht »eine Historisierung des Systems in der ersten
Hälfte« und eine »Systematisierung der Historie in der zweiten Hälfte« (ebd.
66) der *Phänomenologie des Geistes*: So wird einerseits die philosophiege-
schichtliche Entwicklung von Parmenides, Platon, Aristoteles über den Neuplatonismus zu Descartes, Spinoza und bis hin auf Kant, Jacobi und Fichte als
die Geschichte des Bewußtseins dargestellt, andererseits beschreibt Hegel die
»Institutionalisierung der Freiheit in Familie, bürgerlicher Gesellschaft und
Staat und ihre symbolische Repräsentierung in Kunst, Religion und Philosophie« (ebd. 68) und möchte somit systematische Aussagen machen über Mo-
ral-, Sozial- und Rechtsphilosophie sowie über Religion und Staatstheorie.

[240] Vgl. den Abschnitt *Einleitung* in HEGEL, *Phänomenologie des Geistes,*
GW 9, 53-62, besonders 55f. – »Was die Vollständigkeit dieser Erfahrungen
eigentlich garantiert, ist freilich eines der Hauptprobleme der phänomenolo-
gischen Methode. Die Selbsterkenntnis des natürlichen Bewußtseins ist nach
Hegel ein Zweifeln und Prüfen. Die *Phänomenologie* beansprucht für sich,
die skeptische Methode integriert, radikalisiert und dadurch den Skeptizismus
als Doktrin überwunden zu haben. [...] Warum ist aber das skeptische Prüfen
und Zweifeln nicht ebenfalls eine willkürliche Methode? Nach Hegel deshalb
nicht, weil zum Erkenntnisanspruch des Menschen die Selbstprüfung gehört.
Und diese Prüfung braucht auch keinen externen Maßstab, sondern enthält ihren eigenen Maßstab« (SIEP, *Der Weg der Phänomenologie des Geistes*, 75f.).

Deutung von Erfahrung«[241], indem sie die jeweils wirksamen Hintergrundontologien beleuchtet und die Paradigmenwechsel in der Wissenschaft, in der Moral und in allen grundlegenden Verhältnissen thematisiert.[242] Die »Reihe seiner Gestaltungen, welche das Bewußtseyn auf diesem Wege durchläufft«[243] bildet das historische Substrat der »begriffne[n] Geschichte«, welche durch die *Erinnerung* dieses Weges, den der absolute Geist »in der Nacht seines Selbstbewußtseyns«[244] aufbewahrt, das moderne Subjekt und dessen neue und endgültige Epoche in der Weltgeschichte über sich selbst aufzuklären vermag. Was bedeutet dies nun für das *Verhältnis* zwischen *Geschichte*, mit ih-

---

[241] Falke, *Begriffne Geschichte*, 10f.

[242] Vgl. Siep, *Der Weg der Phänomenologie des Geistes*, 66-79. – »Die Entwicklung des Wissens und der „Hintergrundontologien" individueller und sozialer Praxis erscheint [...] als eine Tätigkeit der Selbstkorrektur der Subjekte des Wissens« (ebd. 73). »Was den klassischen Wahrheits- oder Erkenntnistheorien nicht bewußt war, ist die Tatsache, daß sich in dem Prozeß der Annäherung nicht nur das Wissen ändert, sondern auch der Maßstab, dem es sich angleichen soll. [...] Der Gegenstand wird als bleibender, vom Wissen unabhängiger, Veränderungen zugrundeliegender usw. angenommen. Wenn daher das Wissen den Anforderungen der Entsprechung nicht genügt, kommt es zum „Paradigmenwechsel" auch hinsichtlich des Maßstabes: ein grundsätzlich anderes Wissen verlangt eine andere Ontologie. Die Ansicht der Realität ändert sich: letztlich real sind nicht mehr einzelne Dinge, sondern Prozesse, Konstellationen von Kräften usw. Modern gesprochen, thematisiert die *Phänomenologie* den Paradigmenwechsel oder die Folge von Grundlagenkrisen der Wissenschaft, der Moral usw. Aber dieser Wechsel wird nicht als zufällig, sondern als eine notwendige Folge verstanden: Die neue Gegenstandsauffassung soll die Lösung der im alten Paradigma unüberbrückbaren Differenzen innerhalb des Wissens und zwischen dem Wissen und seinem Maßstab, der vorausgesetzten eigentlichen Realität, enthalten« (ebd. 76f.).

[243] Hegel, *Phänomenologie des Geistes*, GW 9, 56.

[244] Ebd. 433.

ren mannigfachen diachronen und synchronen Erfahrungswelten, und »begriffne[r] Geschichte«, und wie konnte der Geist seine »letzte Gestalt«, die »seinem vollständigen und wahren Inhalte zugleich die Form des Selbsts gibt«[245], erreichen? Hegel erinnert in der *Vorrede* an die Notwendigkeit, daß der Geist für seine Selbstbewußtwerdung »die ungeheure Arbeit der Weltgeschichte zu übernehmen hat«:

> Einestheils ist die Länge dieses Wegs zu ertragen, denn jedes Moment ist nothwendig, – anderntheils bey jedem sich zu verweilen, denn jedes ist selbst eine individuelle ganze Gestalt, und wird nur absolut betrachtet, insofern seine Bestimmtheit als Ganzes oder Concretes, oder das Ganze in der Eigenthümlichkeit dieser Bestimmung betrachtet wird.[246]

Doch erst in seiner letzten Gestalt, im absoluten Wissen, erreicht der Geist die Einheit von Substanz und Subjekt als *absoluter Geist*; wenn die hier angesiedelte »begriffne Geschichte die teleologische Entwicklung des Weltgeistes in deren unterschiedlichen Konkretionen darstellen soll, so bleibt die Frage, an welchem Punkt innerhalb der Entwicklung der *Phänomenologie des Geistes* die begriffne Geschichte kontingente Geschichte und begriffne Organisation der Gestaltungen des Geistes zusammenzuführen vermag«[247]. Zwar erlangt der Geist in den Kapiteln *Selbstbewußtsein* und *Vernunft* schon ein gewisses Wissen über sich und vermag in den im

---

[245] Ebd. 427.

[246] Ebd. 25.

[247] KÖHLER, *Der Geschichtsbegriff in Hegels „Phänomenologie des Geistes"*, 45.

Geist-Kapitel beschriebenen Institutionen bereits Sittlichkeit auszubilden; doch erst im *Religions*-Kapitel tritt der Geist in ein wirkliches Verhältnis zum *Absoluten*, nämlich in der *religiösen Vorstellung*, und erst hier eröffnet sich die Möglichkeit einer Versöhnung des größten Gegensatzes: die Versöhnung von *Endlichem* und *Unendlichem* in der *offenbaren Religion*.[248] Hier gelangt die Geschichte des Weltgeistes also an ihr Ende und können die zeitliche kontingente Geschichte und die begrifflich-logische Geistes-Geschichte in die »begriffne Geschichte« aufgehoben werden: »Der Inhalt der Religion spricht darum früher in der Zeit, als die Wissenschaft, es aus, was der Geist ist«[249], und deswegen stellt Hegel an den Anfang des Kapitels über das *absolute Wissen* nochmals eine Rückschau auf die Entwicklung des religiösen Wissens. Die höchste Wahrheit der *offenbaren Religion*, die Versöhnung von Endlichkeit und Unendlichkeit im Christentum, wird im *absoluten Wissen* in ihren Begriff erhoben: »Im Unterschied zum Religions-Kapitel ist die Wahrheit im absoluten Wissen nicht nur *an sich* vollkommen, sondern hat auch die Gestalt bzw. Form der Selbstgewißheit, nur dadurch ist das absolute Wissen auch dem religiösen Wissen noch überlegen«[250].

---

[248] D. Köhler erläutert dazu: »Entscheidend aber für das Selbstbewußtsein eines Volkes ist nach Hegel dessen Auffassung vom Absoluten bzw. Göttlichen und von seinem eigenen Verhältnis zu diesem Göttlichen. Die Entwicklung der religiösen Vorstellung und der damit einhergehenden Formen des Kultes sowie der Kunst im Religions-Kapitel zeigen daher m. E. innerhalb der *Phänomenologie* die größte Affinität zu Hegels späteren Vorlesungen über die Philosophie der Weltgeschichte« (ebd. 46).

[249] Hegel, *Phänomenologie des Geistes*, GW 9, 430.

[250] Köhler, *Der Geschichtsbegriff in Hegels „Phänomenologie des Geistes"*,

Das *absolute Wissen* vermag somit die Welt in ihren geschichtlichen Zusammenhängen als ein begriffliches Netzwerk und »als stufenweise Selbstdifferenzierung und Selbstreflexion einer einzigen geistigen Wirklichkeit«[251] zu erklären: Es fungiert als »eine Prinzipienwissenschaft, die Grundbegriffe der Wissenschaften, des Rechts, der Moral, der Religion und der Geschichte in ein einheitliches System bringt«, »das darauf beruht, daß es keine unüberwindbaren ontologischen Gegensätze zwischen Geist und Natur, Materie und Denken, Individuum und Kultur, Einzelnem und Allgemeinem gibt«[252]. Zwar »ist die geschichtliche Bildung des Geistes durch den Wechsel von Vergessen und Erinnerung geprägt«[253], doch wird für den absoluten Geist die *Erinnerung seines Weges zu sich selbst* »in der Nacht seines Selbstbewußtseyns« gleichsam als »eine

---

44. – Hegel selbst bezeichnet die Geistesgestalt, in der die Vorstellung des *Absoluten* in den Begriff erhoben worden ist, als *absolutes Wissen* (qua Gestalt) und als *Wissenschaft* (qua Begriff): »Diese letzte Gestalt des Geistes, der Geist, der seinem vollständigen und wahren Inhalte zugleich die Form des Selbsts gibt, und dadurch seinen Begriff ebenso realisirt als er in dieser Realisirung in seinem Begriffe bleibt, ist das absolute Wissen; es ist der sich in Geistsgestalt wissende Geist oder das b e g r e i f e n d e W i s s e n. Die W a h r h e i t ist nicht nur a n s i c h vollkommen der G e w i ß h e i t gleich, sondern hat auch die G e s t a l t der Gewißheit seiner selbst, oder sie ist in ihrem Daseyn, das heißt, für den wissenden Geist in der F o r m des Wissens seiner selbst. Die Wahrheit ist der I n h a l t, der in der Religion seiner Gewißheit noch ungleich ist. [...] Der Geist in diesem Elemente dem Bewußtseyn e r s c h e i n e n d, oder was hier dasselbe ist, darin von ihm hervorgebracht, i s t d i e W i s s e n s c h a f t« (HEGEL, *Phänomenologie des Geistes,* GW 9, 427f.).

[251] SIEP, *Der Weg der Phänomenologie des Geistes,* 255.

[252] Ebd.

[253] Ebd. 253.

Art kollektives Unbewußtes«[254] aufbewahrt, so daß es auch durch den Untergang von Kulturen und Völkern hindurch kein endgültiges Vergessen von Entwicklungen und Errungenschaften für die Selbsterkenntnis des Geistes gibt – darin besteht die Sicherheit und Überzeitlichkeit der »begriffne[n] Geschichte« als die Zeit des *absoluten Wissens*. Die »begriffne Geschichte« ist somit das Wissen des absoluten Geistes um seine eigene Geschichte mit all den Aufhebungen der vorangegangenen Stufen, die in seiner *Er-Innerung* einbehalten werden: »Wenn also dieser Geist seine Bildung von sich nur auszugehen scheinend wieder von vornen anfängt, so ist es zugleich auf einer höhern Stuffe daß er anfängt«[255][sic!].

---

[254] Ebd.

[255] HEGEL, *Phänomenologie des Geistes*, GW 9, 433. – Hegel erläutert, wie der Geist seine Gestalten der Erinnerung übergibt und sich so die absolute Geschichte konstituiert: »Die andere Seite aber seines Werdens, die Geschichte, ist das wissende sich vermittelnde Werden – der an die Zeit entäusserte Geist; aber diese Entäusserung ist ebenso die Entäusserung ihrer selbst; das Negative ist das negative seiner selbst. [...] Indem seine Vollendung darin besteht, das, was er ist, seine Substanz, vollkommen zu wissen, so ist diß Wissen sein Insichgehen, in welchem er sein Daseyn verläßt und seine Gestalt der Erinnerung übergibt. In seinem Insichgehen ist er in der Nacht seines Selbstbewußtseyns versunken, sein verschwundenes Daseyn aber ist in ihr aufbewahrt, und diß aufgehobne Daseyn, – das vorige, aber aus dem Wissen neugeborne, – ist das neue Daseyn, eine neue Welt und Geistesgestalt. In ihr hat er ebenso unbefangen von vornen bey ihrer Unmittelbarkeit anzufangen, und sich von ihr auf wieder großzuziehen, als ob alles vorhergehende für ihn verloren wäre, und er aus der Erfahrung der frühern Geister nichts gelernt hätte. Aber die Er-Innerung hat sie aufbewahrt und ist das Innre und die in der That höhere Form der Substanz« (ebd.).

II.4.2. Das Ziel der Geschichte

Hegels Denken hat sich als ein geschichtlich-dialektisches Gebäude offenbart, da sich die *Dialektik des Absoluten* als eine *Dialektik der Freiheit* eben in der konkreten Geschichte vollzieht: »Der absolute Geist hebt die Weltgeschichte, die die konkrete Wirklichkeit des endlichen Geistes ist, in sich auf, indem er sich selbst zur Geschichtlichkeit bestimmt und sich mit dieser seiner Realität, in der die Weltgeschichte zu ihrem Recht kommt, wieder zusammenschließt«[256]. Um die so *begriffene Geschichte* als *teleologische Entwicklung des Weltgeistes* verstehen zu können, müßte das weltgeschichtliche *Ziel* dieser Entwicklung näher bestimmt und bedacht werden; damit würde auch eine Antwort auf das grundsätzliche Verhältnis von *Geschichte* und »begriffne[r] Geschichte« gegeben werden.

Aufschlußreiche Hinweise auf das *Geschichtsziel*, das von der *Phänomenologie des Geistes* eingefordert und begründet wird, finden sich indes in der *Enzyklopädie der philosophischen Wissenschaften* von 1830 – in den vom objektiven zum absoluten Geist überleitenden Paragraphen zur Weltgeschichte (vor allem in §552) – und im vierten Teil der Berliner *Vorlesungen über die Philosophie der Geschichte*: Der Durchbruch des Christentums in der germanischen Welt generiert nämlich gemäß Hegel den »Geist der neuen Welt, deren Zweck die Realisierung der absoluten Wahrheit als der unendlichen Selbstbestimmung der Freiheit ist, *der* Freiheit,

---

[256] FULDA, *Das Problem einer Einleitung in Hegels Wissenschaft der Logik*, 228.

die ihre absolute Form selbst zum Inhalte hat«[257]. Um jedoch die letzte Stufe des Fortschritts im Bewußtsein der Freiheit zu erklimmen, muß der sich zum Staat ausgebildete *objektive Geist* sich mit der *christlichen Religion* und ihren Prinzipien der *Freiheit* und der *Vernunft* versöhnen, denn der »Staat beruht nach diesem Verhältniß auf der sittlichen Gesinnung und diese auf der religiösen. Indem die Religion das Bewußtseyn der absoluten Wahrheit ist, so kann was als Recht und Gerechtigkeit, als Pflicht und Gesetz, d. i. als wahr in der Welt des freien Willens gelten soll, nur in sofern gelten, als es Theil an jener Wahrheit hat, unter sie subsumirt ist und aus ihr folgt«[258]. Das Ziel der Geschichte ist demnach verwirklicht in dem der Französischen Revolution folgenden und sie überwindenden vernünftigen, auf Recht und Gesetz gegründeten, konstitutionellen Staat![259] Dieser ist das *geschichtliche (End-) Produkt der christlichen Offenbarung*; deswegen ist der Staat in seiner Legitimation an den *absoluten Geist* ver-

---

[257] HEGEL, *Vorlesungen über die Philosophie der Geschichte*, TWA 12, 413.

[258] HEGEL, *Enzyklopädie der philosophischen Wissenschaften im Grundrisse (1830)*, §552, GW 20, 532. – In seinen Vorlesungen erklärt Hegel demgemäß: »Freiheit kann nur da sein, wo die Individualität als positiv im göttlichen Wesen gewußt wird. [...] Deswegen ist es, daß der Staat auf Religion beruht« (HEGEL, *Vorlesungen über die Philosophie der Geschichte*, TWA 12, 70).

[259] Vgl. hierzu FULDA, *Das Problem einer Einleitung in Hegels Wissenschaft der Logik*, 213-232 u. FABECK, *Jenseits der Geschichte*, 13-60: »Das epochale Ereignis der Französischen Revolution ist für Hegel der Dreh- und Angelpunkt, an dem sich das von ihm in den „Vorlesungen über die Philosophie der Weltgeschichte" ausdrücklich so benannte „letzte Stadium der Geschichte" befestigt. Das erste Mal in der Geschichte wird ein Staat allein auf dem Gedankenprinzip der inneren Freiheit, der Gewißheit des eigenen Willens, errichtet« (ebd. 24).

wiesen und gebunden und somit auch an die *Religion*: Denn wiewohl diese das Zwischenglied der Ausdrucksformen des absoluten Geistes darstellt, so sind und bleiben doch sowohl *Kunst* als auch *Philosophie* von der Wahrheit der *Religion* bestimmt.[260] Findet also das moderne Subjekt »seine Freiheit im Verfassungsstaat verwirklicht und vergegenwärtigt sich diese Wirklichkeit der Freiheit in der christlichen Religion«, so ist es die spezifische Aufgabe der *Phänomenologie des Geistes* als der vollendeten Philosophie, »die christliche Religion als Vergegenwärtigung des Verwirklichtseins der Freiheit im Verfassungsstaat zu begreifen«[261].

---

[260] Für einen Grundriß der *absoluten Geschichte* als *Geschichte des absoluten Geistes* vgl. FULDA, *Das Problem einer Einleitung in Hegels Wissenschaft der Logik*, 232-242. H.F. Fulda stellt dar, wie »die Religion sowohl die ganze Sphäre umfaßt als auch innerhalb derselben das Gegenglied zur Kunst bildet« und wie nur mit ihrer Hilfe »die Darstellung des Begriffs der Philosophie als der Einheit von Kunst und Religion möglich« ist; deswegen gilt: »Die Religion ist die Totalität der Wirklichkeit des absoluten Geistes. Das bedeutet, daß die Exposition des Begriffs der Religion und des Begriffs des absoluten Geistes in gewisser Hinsicht in eins fallen. Hegels Vorlesungen zum Begriff der Religion sind ihrem wesentlichen Gehalte nach als Ausführung der §§ 553-55 zu nehmen. Sie machen deutlich, daß die Religion sich in sich ein Verhältnis zur Kunst und Philosophie wie auch zur sittlichen Welt, zum Staat gibt, ihnen also auch gegenübertritt. Wenn die Selbstbestimmung der Religion gegenüber der Kunst und Philosophie, in der sie sich als ein Besonderes setzt, zum Begriff der Religion gehört, so gehört in diese im Begriff verbleibende Realisation auch der Begriff der Kunst und der Philosophie überhaupt. Die Religion hat sozusagen eine theoretische und eine praktische Seite. Nach der praktischen Seite, als Kult, ist sie Totalität, zu der auch Kunst und Philosophie gehören« (ebd. 235). Vgl. auch THEUNISSEN, *Hegels Lehre vom absoluten Geist als theologisch-politischer Traktat*, 103-322.

[261] FALKE, *Begriffne Geschichte*, 354.

II.4.3. Die diachrone Dimension des Versöhnungs-

prozesses und das offene Ende der Geschichte

In der vorausgegangenen Darstellung wurde gesehen, wie die Weltgeschichte bei Hegel als der Prozeß des Fortschritts im Bewußtsein der Freiheit und deren zunehmende Verwirklichung erscheint: Ineins damit geschieht die von Hegels Gesamtsystem intendierte *Versöhnung* von Endlichem und Unendlichem, indem ersteres sich als Moment im Werden des Unendlichen und Absoluten begreift. Wichtig ist hierbei die Unterscheidung von synchroner und diachroner Ebene: Aufgrund der *Geschichtlichkeit des Geistes* ist in der Diachronik nicht das Widerspruchsprinzip oberstes Axiom, sondern hier wird die Substanz als subjekthaftes dynamisches Werden eingesehen, weil als solches vom Bewußtsein *erfahren*. Dies erst macht *Geschichte* als einheitlichen Zusammenhang möglich und erhellt ihre *Bedeutung* und ihren *Sinn*: Die Geschichte muß ihre *Vielfalt* und *Pluralität* nicht preisgeben, weil diese in der sich negierenden dialektischen Struktur des werdenden Geistes und in der bleibenden dynamischen Selbstdifferenz des absoluten Geistes, dessen Absolutheit gerade in seiner Über-sich-selbst-hinaus-Verfaßtheit zu begreifen ist, aufgehoben werden. Diese Konzeption ist Hegel vielfach als *Monismus* oder *Panlogismus* ausgelegt worden;[262] um einen solchen Vorwurf zu entkräften, müßte

---

[262] Vgl. z. B. BULGAKOV S., *Die Tragödie der Philosophie*, Darmstadt 1927, besonders 78-97; der große russisch-orthodoxe Philosoph und Theologe S. Bulgakov sieht in Hegels Denken »Gedankensprünge« und »logische Risse«, die »in der Geschichte für alle Zeiten das unvergängliche Beispiel nicht nur einer logischen Willkür, sondern auch einer philosophischen Verzweiflung,

die *Aufhebungs*-Problematik einem offenen Verständnis zugeführt werden.

Es scheint nun nach dem bereits Gesagten ganz so, als ob der »Prozeß der Versöhnung innerhalb des christlich-germanischen Kulturkreises fällt und nicht als noch zu lösende Aufgabe einem späteren welthistorischen Volke vorbehalten bleibt«[263]. Damit hätte sich das *Ende der Geschichte* bereits *innerhalb der Geschichte* ereignet: Diese Idee eines *Endes der Geschichte* ist seit Hegel auch im politisch-sozialen Denken wirkmächtig geblieben, sei es in den verschiedenen linkshegelianisch beeinflußten marxistischen Gesellschaftstheorien, sei es in jüngerer Zeit in Analysen des politischen Umbruchs im ausgehenden 20. Jahrhundert.[264] So erhebt sich in neuer und verschärfter Form »die Frage, ob der Fortgang der Geschichte mit Hegels geschichtsphilosophischen Voraussetzungen überhaupt vereinbar ist, ja aus ihnen notwendig folgt, oder, ob er

---

einer Flucht aus den Netzen des eigenen Systems bleiben« (ebd. 93) werden: »Das philosophische Unterfangen Hegels stellt [...] ein philosophisches Experiment von atemberaubender Kühnheit und Wucht dar, welches notwendig mit einem tragischen Mißerfolg enden mußte« (ebd. 94).

[263] LEESE K., *Die Geschichtsphilosophie Hegels*, Berlin 1922, 305f.

[264] Vgl. z. B. FUKUYAMA F., *The End of History (The End of the History and the Last Man)*, dt. Übers. *Das Ende der Geschichte. Wo stehen wir?*, München 1992. Vgl. in diesem Zusammenhang auch NIETHAMMER L., *Posthistoire. Ist die Geschichte zu Ende?*, Reinbek bei Hamburg 1989; ROTERMUNDT R., *Jedes Ende ist ein Anfang. Auffassungen vom Ende der Geschichte*, Darmstadt 1994. Für eine kritische Einordnung der Rede vom *Ende der Geschichte* aus theologischer Sicht vgl. GRIMMER, *Geschichte im Fragment*, 127-135: K.F. Grimmer unterscheidet in der Rede vom *Ende der Geschichte* eine geschichtsphilosophische, eine erkenntniskritische und eine pragmatische Dimension, welche das besagte Ende jeweils als *Vollendung*, *Abbruch* oder verbleibende *Frist* betrachten können.

ihnen gegenüber schlechthin eine Inkonsequenz bedeutet, die dann allerdings die Anlage des Ganzen von vornherein als vollkommen verfehlt erwiese«[265].

Doch liegt dieser Fragestellung nicht vielleicht ein falsches Verständnis des erreichten absoluten Prinzips verwirklichter Freiheit zugrunde? Denn dieses absolute Prinzip besteht in der *versöhnten Endlichkeit-Unendlichkeit* und ist daher in seiner konkreten, weltlichen Existenz als »eine niemals fertige, sondern eine, man muß wohl sagen: unendliche Aufgabe«[266] zu betrachten, eine bleibend versöhnende Aufgabe auch zukünftiger Geschichte: »Der Geschichtsprozess verweist so, in der Explikation des ihm innewohnenden Absoluten, auf eine höhere, die höchste Instanz. [...] Ist der Mensch aber einmal als *an sich frei* erkannt, ganz unabhängig von seiner zufälligen Stellung in der Welt, wird Sittlichkeit ohne das Prinzip subjektiver Freiheit fortan undenkbar sein. [...] Die ganze ausstehende Arbeit der Geschichte wird also darin bestehen, das zunächst nur in verinnerlichter Form aufgefasste religiöse Prinzip schließlich auch in Gestalt weltlicher Freiheit hervorzubringen«[267]. – Grundlegender bleibt angesichts einer

---

[265] Leese, *Die Geschichtsphilosophie Hegels*, 306.

[266] Ebd. 307; vgl. insgesamt ebd. 307-309.

[267] Fabeck, *Jenseits der Geschichte*, 22f. – »Dass die Dynamik einer zu ihrer Verwirklichung drängenden Freiheit tatsächlich mit dem Ablauf der Geschichte koextensiv ist, lässt sich allein durch die Aufhebung der Freiheits-Dialektik *in der Geschichte selbst* erweisen. Da die Freiheit im Rahmen der hegelschen Gesamtkonzeption für den Aufenthalt des Geistes in der Weltgeschichte lediglich ein Transitvisum bereitstellt, kann das von Hegel in Gestalt einer Gegenwartsdiagnose behauptete Ende der Geschichte *ex post* lediglich als seine begründete Ankündigung aufgefasst werden. Wohl ist die Freiheit als

paradoxerweise beendeten und dennoch offenen Geschichte die Frage, inwiefern Hegels Geschichts*logik* und sein *System* der Freiheit, nachdem es einmal den Begriff erreicht hat und sich alles in diesen hinein *aufzuheben* scheint, offen bleibt oder bleiben kann. Und bei dieser Fragestellung wird es auch »um die wirkliche Spannung (bis zum Widerspruch) wie die Not-wende der Einung von Subjekt und Objekt, Gott und Welt gehen und darum um die Möglichkeit, Christentum als Realisierung der Freiheit Gottes wie des Menschen in ihrer korreflexiven Einheit zu denken«[268].

---

gedankliches *Prinzip* der Geschichte mit der endgültigen Überwindung der Widersprüche der Französischen Revolution in der Realität des postnapoleonischen Preußens, in und durch Philosophie verwirklicht. Weil die hegelsche Konzeption das Ende der Geschichte aber in einer empirischen, gewissermaßen „exemplarischen" Gestalt präsentiert, bleibt die Frage, ob damit die Ansprüche der Freiheit tatsächlich auch abschließend, ein für alle Mal, realisiert worden sind. Denn die in der Geschichte vorausgesetzte Vernunft kann einheitsstiftend lediglich unter der Bedingung einer bereits abgeschlossenen Geschichte sein. Dauerte die Geschichte noch an, fehlte der übergreifende Standpunkt für ihre gedankliche Rekonstruktion. Mit anderen Worten: Um überhaupt sinnvoll über sie sprechen zu können, muss die Geschichte beendet sein. Als notwendige Konsequenz einer Dialektik der Freiheit ist daher zu zeigen, dass und inwiefern die Geschichte *wirklich* abgeschlossen ist. Dieses Problem lässt sich aber in Gestalt einer unvermittelten Gegenwartsdiagnose nicht lösen« (ebd. 9f.).

[268] SALMANN, *Der geteilte Logos*, 335. – Es wäre hier auch »zu fragen, wie die Hegelsche Behauptung, daß Religion und Philosophie derselbe Inhalt eignet, dieser Inhalt aber in Religion und Philosophie in verschiedenen Formen entfaltet werden können soll, logisch-begrifflich zu interpretieren ist« (WAGNER, *Was ist Theologie?*, 205).

II.4.4. Die Problematik der *Aufhebung*: Die Offenheit der absoluten Geschichte als eine paradoxale Vermittlung innerer Wendungen

Wie nun ist also die Aufhebung der Geschichte in ihren *Begriff* mit ihren Konsequenzen zu verstehen? Bleibt Geschichte ein offenes Geschehen, oder wird sie letztlich nicht nur in ihren Begriff aufgehoben, sondern gleichsam auch in ihn eingeschlossen? – Um hierauf antworten zu können, wird eine kurze, aber grundsätzliche Besinnung auf Hegels Ansatz notwendig: Hegel ist Metaphysiker des Absoluten, das bei ihm nur ein anderer Name für *Gott* ist. Auch mit der Bezeichnung *absoluter Geist* ist letztlich Gott gemeint. Hinter diesem Zusammenhang verbirgt sich die ganze Ungeheuerlichkeit von Hegels Denken, das sich demgemäß auch herber Kritik ausgesetzt sieht: Denn in einem letzten und konsequent gegangenen Schritt muß Hegels *Aufhebung* auch jenen Gedanken reflektieren, unter dem die metaphysische Tradition die Vermittlung der Wirklichkeit gedacht hat: »das im Wort Gott Gemeinte ist zu begreifen als der Vollzug der Reflexion, die aus sich selbst, in sich selbst und durch sich selbst ist«[269]. Hegels absolute Philosophie offenbart sich in dieser Interpretation als ein System in der Form eines absoluten Kreises, der paradoxerweise aber doch einen Anfang und ein Ende hat.[270] Denn Hegels

---

[269] Schulz W., *Hegel und das Problem der Aufhebung der Metaphysik*, in: Neske G. (Hrsg.), *Martin Heidegger zum siebzigsten Geburtstag. Festschrift*, Pfullingen 1959, 84.

[270] So schreibt Hegel selbst: »Diese Substanz aber, die der Geist ist, ist das Werden seiner zu dem, was er an sich ist; und erst als diß sich in sich reflectirende Werden ist er an sich in Wahrheit der Geist. Er ist an sich die

Grundbegriff der *Vermittlung* erweist sich als äquivok: Als Anfang bedeutet er unmittelbare Vermittlung, als Ende aber vermittelte Vermittlung.[271] In der Sicht von W. Schulz ist Hegels System am Problem des Absoluten, d.h. Gottes, gescheitert: »Hegel deklariert einen Kreis, der einen Anfang und ein Ende hat«[272] und hat damit »die Reflexion absolut gesetzt: die absolut gesetzte Reflexion des Kreises ist kein vollziehbarer Gedanke mehr«[273].

Bewegung, die das Erkennen ist [...] Sie ist der in sich zurückgehende Kreis, der seinen Anfang voraussetzt, und ihn nur im Ende erreicht« (HEGEL, *Phänomenologie des Geistes,* GW 9, 427). – Diese Dialektik von Anfang und Ende wurde unter II.2. ausführlich beschrieben.

[271] Vgl. SCHULZ, *Hegel und das Problem der Aufhebung der Metaphysik,* 85-88; »Hegel behauptet, daß die metaphysisch gewordene Philosophie an ihr selbst ein Kreis sei, in dem Anfang und Ende sich gleich und zugleich doch voneinander unterschieden seien, insofern der Anfang noch die Unmittelbarkeit, und ihm gegenüber erst das Ende die Vermittlung, d. h. aber erst der eigentliche Anfang sei« (ebd. 85). »Der Sache nach ist es klar, daß der absolute Kreis das begrifflich denkende Philosophieren aufhebt. Aber Hegel konnte nicht mehr zurück, denn die Einsicht, daß Aufheben und Vermittlung dasselbe sind, daß außer der aufhebenden Vermittlung nichts ist, worauf sie sich beziehen könnte, daß der Bezug nur Selbstvollzug der Reflexion in sich ist: diese Einsicht mußte ihn dazu treiben, den letzten Gegenstand, der bereits in der metaphysischen Tradition als Nicht-Gegenstand gemeint war, aufzuheben. Hegel war konsequent, als er das unter Gott Gemeinte In-sich, Aus-sich und Durch-sich als die Reflexion an ihr selbst, d.h. als Geist, in den Vollzug des Kreisens aufhob« (ebd.).

[272] Ebd.

[273] Ebd. 90. – Gemäß W. Schulz ist diese Gedankenbewegung für Hegel, »obwohl sie an sich bereits absolutes Kreisen ist, als Vermittlung des unmittelbaren Anfanges zum Ende als dem wahren Anfang hin doch eine stufenweise zu durchlaufende und solchermaßen natürlich in sich unterscheidbare Wegstrecke«, deren Durchlaufen »als Aufhebung des Unterschieds von Anfang und Ende der Vollzug des Gleichens von Denken und Sein« (ebd. 86) ist: »Von hier aus ist geradezu die Behauptung unausweichlich, daß die Metaphysik Hegels

Durch die *Aufhebung in den Begriff* kann gemäß dieser Interpretationslinie auch die Geschichte als solche letztlich nicht mehr als offen gedacht werden, da Hegel »den gesamtgeschichtlichen Prozeß in seinem System abschließt und ihn damit in die zeitlose Gegenwart des seiner ewig gewissen Geistes erhebt«[274]. Es bleibt aber die Frage, ob eine solch negative Bewertung des Hegelschen Denkgebäudes die einzig mögliche Deutung ist, oder ob das Nebeneinander und Ineinander der verschiedenen von Hegel in Anspruch genommenen Logiken sich nicht gerade als Stärke seines dialektischen Systems erweisen könnte und dieses als *in sich* offen ausweist. Wenn es gelingt, das Hegelsche System der Dialektik von seinen inneren Wendungen her zu denken und auf *Polarität* und *Paradoxalität* hin zu öffnen und um diese zu erweitern, wäre es dann nicht möglich, daß »die Grundfigur, in die lineare Geschichte, Polarität, Dialektik und Wende eingeschrieben sind, *der Kreis* ist, der in sich eine Unzahl von Kreisen im Kreis

---

nichts anderes sein will als eben der Erweis, daß der Grundsatz „Denken und Sein sind dasselbe" zu recht besteht« (ebd.). »Aber der Kreis widerspricht der endlosen Reflexion, die sich als solche nie abrunden kann. Von ihr her gesehen ist der Kreis der gefährlichste Ausweg. Er negiert nicht geradezu die endlose Bewegung, die geradeaus ins Unendliche ausgreift, sondern er verbiegt sie, indem er sie zusammenzuschließen sucht. Daß es aber nicht möglich ist, die endlose Reflexion als Kreis in sich zusammenzuschließen, zeigt sich darin, daß ihr nun widersprüchliche Charaktere zugesprochen werden: sie soll, obwohl nie feststellbar, schon immer festgestellt, vermittelt, d.h. sich habend-besitzend sein; und auf der anderen Seite muß sie als endlose Vermittlung jedes Enden als Feststellung übergreifen. Dieser Widerspruch besagt: die Metaphysik als in die Schwebe bringende Reflexion ist in sich selbst widersprüchlich. Am Ende bekommt sie Angst vor sich selbst, d.h. ihrer eigenen endlosen Unendlichkeit, und sucht sich als Kreis zu schließen« (ebd. 88).

[274] SCHULZ, *Philosophie in der veränderten Welt*, 507.

(und von Kreisen) freisetzt«[275]? Dazu wäre es allerdings nötig, Hegels zentrale Kategorien wie *Geist* und *Begriff* und letztlich sein Verständnis des *Absoluten* einem größeren Tiefgang zu unterziehen und eine andere Perspektive auf Hegels Denken zu eröffnen.

Zunächst erweist der *Geist* in seinem Werden in der Geschichte die in ihm liegende Polarität, denn die »Selbstauslegung des Geistes in Welt, die in sich die größte Spannung und Polarität freisetzt, die von unendlicher und endlicher Vernunft, setzt sich eine Unzahl von Spannungsverhältnissen und -einheiten strukturaler und geschichtlicher Art voraus«[276]. Der Geist erscheint so als »Feind aller Ideologie und endgültigen Begriffe«[277].

Was den *Begriff* angeht, so muß gesehen werden, daß er bei Hegel dazu dient, daß sich das subjektive Bewußtsein *Wahrheit* und *Wirklichkeit* insgesamt, d.h. in bezug auf die endlichen wie auf die absoluten Gegenstände, aneignen kann: »Es muß [...] sich dem Rhythmus des Gegenstandes überliefern, den eigenen Gedanken aus dessen Bewegung herausarbeiten. Nur in solcher Veranderung und Objektivierung kann sich Wahrheit ereignen«[278]. Jede Erscheinung muß vom Subjekt in seinem

---

[275] SALMANN, *Der geteilte Logos*, 350; vgl. zu den folgenden Überlegungen insgesamt ebd. 335-366.

[276] Ebd. 347.

[277] Ebd. – »Geist bedeutet ein Maximum an Gegensätzlichkeit, erschöpft sich also nie in einer Behauptung, einer Meinung, einer Form der Verwirklichung [...] Er ist vielmehr in sich vom Widerspruch stigmatisiert und wahr nur in solcher Entgegensetzung« (ebd.).

[278] Ebd. 338.

(Selbst-) Bewußtsein *als Subjekt* konstituiert und so *begriffen* werden: »Jedes Objekt ist erst als wahr begriffen, insofern es als Begriff, als Selbst- und Erscheinungssinn, als phainomenon gesehen, verstanden, rekonstituiert ist, das sich auch durch sein Objektsein noch realisiert. Innerlichkeit im begreifenden Subjekt, phänomenale Ob-jektivität und Aufgang des Objekts als Subjekt, als Freiheit und Sinn steigern sich miteinander«[279]. Auch in solcher Deutung erscheint Hegel als Metaphysiker des Absoluten, der aber nicht notwendig an dem *Problem Gottes* scheitert, sondern es in seinem Denken trinitarisch einzuholen und auszulegen vermag. Alles hängt am angemessenen Verständnis des Hegelschen *Begriffs*. E. Salmann erhellt in seinen Reflexionen, wie die innere Dynamik und Bewegtheit von Hegels Denken dieses über sein eigenes System hinauszuheben vermag, denn »so sehr logisch alles auf ein Ende, den Kreislauf leerer Selbstbestätigung zuzulaufen scheint, so wenig entspricht dem das ausgeführte System«[280]:

> Hegel weckt gleichsam immer wieder die Erwartung eines Endes, um sie zugleich wieder zu enttäuschen, indem er aufs neue von vorn beginnt. Begriff ist also nichts Starres, Endgültiges, Hieratisches, ist

---

[279] Ebd. 337.

[280] Ebd. 343. – Andererseits scheint es notwendig, Hegels Philosophie maßgeblich von seinen Hauptwerken aus zu interpretieren, denn »die posthum edierten Vorlesungsmanuskripte und Vorlesungsnachschriften zu Religions- und Geschichtsphilosophie, zu Geschichte der Philosophie und Ästhetik sind demgegenüber als sekundär zu betrachten« (WAGNER, *Was ist Theologie?*, 207); so kann es in einzelnen Aspekten möglich werden, »Hegel mit Hegel gegen Hegel zu kritisieren« (ebd.); vgl. dazu insgesamt ebd. 204-232. Indes wurde in der vorliegenden Untersuchung versucht zu zeigen, daß Hegels Vorlesungen zur Geschichtsphilosophie im wesentlichen durchaus an die Geist-Konzeption der *Phänomenologie* zurückgebunden sind, vgl. vor allem unter II.3.

nicht Selbstgewißheit einer alles erklärenden und vorschreibenden Ideologie, sondern Bewegung von Begreifen und Sache, zwischen ihnen und über sie hinaus so, daß Verschiedenheit und Einheit, Subjektivierung und Objektivierung, kenotische Erscheinung und Erstehung von Vernunft und Sache (und in ihnen des Geistes, der sich in diesem Prozeß auslegt) immer neu geschieht. Und schon das begrifflich wie sachlich *offene Verhältnis von Begriff, Idee, Geist* mag von solcher Bewegtheit und Unabgeschlossenheit des Denkwegs zeugen. Den absoluten Geist gibt es nur, indem er sich gibt, als trinitarisch sich auslegende Bewegung, und der absolute Begriff ersteht nur aus der Durchführung dieser Bewegung durch alle Subjekte und die Geschichte hindurch.[281]

Aus diesen Überlegungen ergibt sich letztlich ein tieferer Begriff des *Absoluten*, auch wenn hier schon alle »Kritiker, die meinen, dann seien Differenz, Geschichte und Freiheit nicht mehr zu denken«[282], vernehmbar werden. All dem ungeachtet ist nämlich die Frage sehr wohl berechtigt, ob das Absolute wirklich anders denn als Kreis, als Selbstauslegung des Anfangs, der sein Ende je schon einbehält, gelesen werden kann, und ob Freiheit, Differenz und offene Geschichte bei vielen von Hegels Kritikern nicht als zu harmlos, beliebig und nicht streng genug gedacht werden. Wenn man Hegel von seinem Gesamtwerk her nimmt, in dem »womöglich eine lineare Logik des Systems und ihrer Terminologie gegen dessen inhaltliche und sprachliche Durchführung«[283] steht, bleiben »das Verhältnis zwischen Idee, Geist, Begriff und das Ende der Geschichte

---

[281] SALMANN, *Der geteilte Logos*, 343.

[282] Ebd. 350.

[283] Ebd. 361.

offen«[284]. Das *Absolute* ist *nicht* Endresultat eines *gewalttäti-
gen* Aufhebungsprozesses, der alles in sich hinein *absorbiert*,
sondern die Dialektik des Begriffes bleibt offen, da sie die
Einheit von Subjekt und Objekt in ihrer bleibenden Andersheit
verwirklicht. E. Salmann erläutert dies mit folgenden Worten:

> Schon die *Bezeichnung des Absoluten*, seines Beginnens und Voll-
> bringens, ist und bleibt vielnamig, unbestimmt, offen. Es ist Geist,
> Begriff, absolutes Wissen, Wesen, Einheit von Sein und Nichts,
> Substanz, Subjekt, gar Liebe, Vater und Sohn, Prozeß, endlich Idee.
> Zwar ist es in alldem als Auslegungsvorgang, Veranderung, viel-
> poliger Durchgang bestimmt, die aber eben in je verschiedenen
> Konfigurationen und Koordinaten erscheinen und gedeutet werden
> müssen. Es braucht die ganze unermeßliche Vielfalt des hegelschen
> Werkes, um diesem Geschehen gerecht zu werden.[285]

Das Hegelschen Denken könnte demnach hinsichtlich der hier
behandelten Leitfrage nach einem adäquaten *Geschichtsverständnis* als eine Grundlage gewonnen werden, die der Moderne und Postmoderne als Matrix ihres Selbstverständnisses und
als Orientierung auf ihrer Suche nach Identität dienen kann,
wenn sie in die Hegelsche Denkform der Dialektik die Formen
der *Polarität* und *Paradoxalität* zu integrieren vermag: »So
müssen wir über Hegel wie über jedes System hinausgehen«
und es »als Durchgang, als offenes Tor verstehen und benutzen,
als Passagenwerk, wie ja unsere Existenz Wesen im Tor, Vor-
übergang bleibt«[286].

---

[284] Ebd. 362.

[285] Ebd. 353f.

[286] Ebd. 366.

II.4.5. Zusammenfassung: Die unvoreingenommene Erfahrung einer polaren und paradoxalen Wirklichkeit führt zu einer neuen Fragestellung

All das bisher Dargelegte hat gezeigt, daß *Geschichte* als ein Zusammenhang mit *dialektischer* Grundstruktur ihrer *Bedeutung*, ihrem *Sinn* und ihrem *Ziel* nach *begriffen* werden kann: Sie erweist sich in alldem immer mehr »als punktuelle Erfahrung der Unendlichkeit«[287] und als der *Grund*, auf dem wir stehen, durch den wir in unserer gegenwärtigen Wirklichkeit geworden sind, als was wir uns *erfahren*. Doch ist diese *Dialektik der Geschichte* als »begriffne Geschichte« in eine polare und paradoxale *Mehrdeutigkeit* getrieben worden. – Hegels dialektischer Ansatz hinsichtlich seines *Geschichtsverständnisses* verknüpft dieses indes mit seiner Religionsphilosophie, was bereits immer wieder untergründig zu erspüren war: Die religionsphilosophische *Logik des Kreuzes* als der Extrempunkt der Entäußerung des Absoluten hat auch mit dessen Entäußerung *in der/die Zeit* zu tun. Auf dieses Ineinander von *Kreuzeslogik* und *Logik der Geschichte* soll nun abschließend in einigen Überlegungen eingegangen werden. Erfahren hier die bereits offenbar gewordenen Perspektiven von *Polarität* und *Paradoxalität* allen möglichen Geschichtssinns nicht vielleicht nochmals eine letzte ungeahnte Wendung?

---

[287] BAPTIST, *Das absolute Wissen*, 259.

II.5. Zur *Logik des Kreuzes* in ihrer Bedeutung für die *Logik der Geschichte*: Dialektischer Umschwung oder Ankündigung einer ekstatischen Wende des Geschichtsdramas?

II.5.1. Die Konfiguration der neuen Fragestellung

Geschichte ist – zunächst als unmittelbar, zufällig Gegebenes und dann in seinen Erscheinungen und Bewußtseinsgestalten als Substrat der hegelianisch verstandenen »begriffne[n] Geschichte« – als ein je verschiedenartiges Ineinander von *Zeit* und *Geschehen* ansichtig geworden; Geschehen kann bestehen aus *Handlungen* und deren *Subjekten* oder aus *Ereignissen* bzw. *Widerfahrnissen*; aus diesem Zusammenhang »stellt sich die Frage nach dem Verhältnis von *Ereignis und Struktur*«[288]. In der bisherigen Darstellung ist die *dialektische Struktur* des Hegelschen Geschichtsbegriffs bereits deutlich hervorgetreten. Doch Hegels ganze dialektische Philosophie ist nicht nur theologisch, sondern vor allem auch christologisch durchzogen: In seinem Denken kann somit durchaus »das Geschehen in Christus als Wasserzeichen und Sinn des *objektiven Geistes, des Geschichtsganges* erkannt«[289] werden. Ist in dieser Einbeziehung des *Christus-Ereignisses* in die Hegelsche Gesamtkonzeption nicht eine unerhörte Wende vor-

---

[288] GRIMMER, *Geschichte im Fragment*, 17.

[289] SALMANN, *Der geteilte Logos*, 316. – Für Hegels weit ausholenden Denk- und Verständnisansatz vollendet sich in Christus »die Geschichte der griechischen, jüdischen und römischen Kunst, Religion, Kultur. Er erweist sich der deutenden Rückschau gleichsam als der Magnet, der ihnen erst ihre Form und Logik gibt« (ebd.).

bereitet bezüglich dessen, wie Geschichte zu verstehen ist? Hat sich nicht bereits für die »begriffne Geschichte« angedeutet, daß die *Vernunft in der Geschichte* eine paradoxale, nicht einseitig fixierbare Vernunft ist? Werden somit die Vorwürfe, Hegels universalistische Geschichtskonzeption sei anmaßend und willkürlich, nicht obsolet? Geht es nicht vielmehr darum, einen Begriff von *Geschichte* zu gewinnen, der es dem *als frei erkannten Menschen* ermöglicht, seine *Freiheit zu verwirklichen*, und zwar gerade im Bewußtsein der Gegenwart einer größeren Freiheit, die ihn jedoch nicht verknechtet? Es soll im Folgenden der Übergang sowohl für den *Hereinbruch einer anderen Logik* von außen als auch zu den abschließenden Überlegungen vorbereitet werden, in welchen sich zeigen wird, daß die in der *Phänomenologie des Geistes* grundgelegte *Dialektik der Anerkennung* ihre Erfüllung in der *Anerkennung einer erfahrenen Versöhnung* und in der *unableitbaren Erfahrung einer ungeschuldeten Gegenwart* findet.[290]

---

[290] Die in der *Phänomenologie des Geistes* beschriebenen Bewußtseinsgestalten sind über die Anerkennung miteinander verbunden; vgl. hierzu KÖHLER, *Der Geschichtsbegriff in Hegels „Phänomenologie des Geistes"*, 35f. u. SIEP, *Die Bewegung des Anerkennens in der Phänomenologie des Geistes*. – Die Geschichte ist insgesamt als eine Bewegung des Anerkennens aufzufassen; L. Siep schreibt: »Die verschiedenen Interaktionsformen, die zu dieser Bewegung gehören, machen als ganze den Bildungsprozeß und – von ihren Einseitigkeiten und Asymmetrien befreit – auch das „Leben" des Geistes aus. Das gilt auch noch für die späteren Konzeptionen des objektiven und absoluten Geistes. Daß Hegel entgegen seinen Intentionen und Begriffen gerade die Institutionen des *objektiven* Geistes nicht von einem Primat der Anerkennung des Staates durch die Individuen freigehalten hat, soll aber nicht bestritten werden« (ebd. 128). Diese Einschränkung ist nicht gänzlich nachzuvollziehen: Da der Staat in Hegels Konzeption – sowohl in der *Enzyklopädie*, in der *Rechtsphilosophie* als auch in den *Vorlesungen* – auf Religion beruht,

II.5.2. Die Bedeutung der Kategorien *Ereignis* und *Struktur*

Bereits am Ende des I. Teiles dieser Untersuchung ist vorweggenommen worden, daß für die Grundlegung eines angemessenen Geschichtsbegriffes auf *Ereignis* und *Struktur* als die entscheidenden Verständnis- und Interpretationsfaktoren von *Geschichte* reflektiert werden muß. Ereignisse werden *erzählt* und ergeben in ihrem Zusammenhang eine Struktur; Strukturen werden *beschrieben* und bilden ihrerseits schon je vorgängig den Rahmen, innerhalb dessen Ereignisse stattfinden können.[291] Diese beiden Verständniskategorien als ineinandergreifende Aspekte der Geschichte unterscheiden sich in einem ersten Zugang in zeitlicher Hinsicht durch ihre unterschiedliche Dauer. K.F. Grimmer erläutert dazu:

> Ereignisse und Strukturen haben also im Erfahrungsraum geschichtlicher Bewegung verschiedene zeitliche Erstreckungen. Strukturen bedingen Beschreibung, Ereignisse Erzählung; dennoch bleiben beide aufeinander verwiesen. Erzählung und Beschreibung verzahnen sich, wobei das Ereignis zur Voraussetzung struktaraler Aussagen wird. Andererseits sind Strukturen Bedingungen mögli-

---

muß er die darin erkannte Freiheit des Individuums seinerseits anerkennen, ja mithin erst zur vollen Verwirklichung bringen; vgl. dazu die vorausgehende Darstellung.

[291] Vgl. hierzu GRIMMER, *Geschichte im Fragment*, 26-28 u. 99-106 u. 263-270: Es geht dabei nicht nur um »Gesellschafts- oder Staatsstrukturen, Zeit- oder Raumstrukturen, wirtschaftliche oder kulturelle Strukturen, sondern auch anthropologische Grundstrukturen, die zu den Möglichkeitsbedingungen von Geschichte gehören. Ebenso sind hier ontologische Strukturen zu erwähnen wie die Vorstellung und Konstruktion der ontologischen Differenz oder einer relationalen Ontologie« (ebd. 106); vgl. auch KOSELLECK, *Vergangene Zukunft*, 144-157 u. RICŒUR, *Geschichte und Wahrheit*, 70-109.

cher Ereignisse. Es gibt im Hinblick auf einzelne Ereignisse also strukturelle Bedingungen, die ein Ereignis in seinem Verlauf ermöglichen.[292]

Warum sollte es unter diesen Voraussetzungen nun aber nicht denkbar sein, daß *ein* übergeordnetes Ereignis *eine universale Gesamtstruktur* bedingt, in deren Rahmen sich wiederum viele Strukturen und Ereignisse miteinander verzahnen und ihrerseits Räume bilden für mögliche partikulare Ereignisse bzw. strukturale Aussagehorizonte? Ein solches Ereignis würde gewissermaßen eine Struktur bedingen, in der es selbst wiederum in Hegelschem Sinne *aufgehoben* würde. Gesucht wird damit nach dem »Erschließungscharakter eines einmaligen, radikal einzigartigen, unwiederholbaren Geschehens, das für das Ganze der Geschichte bzw. den Lauf der Geschichte konstitutiven Charakter hat«[293]. Zu diesem Zweck muß auch die *christliche Religion* nach einem solchen *Ereignis mit Erschließungscharakter* befragt werden: Nur so könnte das Christentum »als *geschichtliche* Religion neu ernst genommen und zugleich eine christliche Deutung der Geschichte neu durchgeführt werden«[294].

An diesem Punkt der Reflexion über die Geschichte werden die geschichtstheologischen Entwürfe von W. Pannenberg

[292] GRIMMER, *Geschichte im Fragment*, 103.

[293] Ebd. 182. – K.F. Grimmer bezieht sich dabei auf Gedanken bei MOLTMANN J., *Perspektiven der Theologie*, München 1968.

[294] KÜNG H., *Menschwerdung Gottes. Eine Einführung in Hegels theologisches Denken als Prolegomena zu einer künftigen Christologie*, Freiburg i. Br. 1970, 407.

und J. Moltmann interessant.[295] Für W. Pannenbergs Ansatz, der *Offenbarung als Geschichte* denkt, gilt dabei: »Der Ereignischarakter der Offenbarung Gottes als Geschichte prägt die Struktur, und umgekehrt ermöglicht die Struktur der Offenbarung als Geschichte die erschließende Kraft des Ereignisses. [...] Ein singuläres, raumzeitlich datierbares Ereignis bekommt seine Bedeutung und seinen Sinn für die Geschichte dadurch, daß es sich der der Geschichte insgesamt Sinn verleihenden Struktur einschreibt bzw. durch Interpretation eingeschrieben wird und dadurch die Struktur im Ereignis sichtbar wird. In der Struktur ist [...] die Bedeutung des singulären Ereignisses für sich, aber auch für die Struktur enthalten«[296]. In J. Moltmanns groß angelegtem Entwurf einer politisch-sozialen Theologie finden die soeben angedeuteten offenbarungstheoretischen Überlegungen indes eine gesamttheologische Vertiefung durch eine unerhört kühne und in vielen Punkten an Hegel inspirierte Verzahnung von Eschatologie, Christologie und Trinitätslehre in einer *trinitarischen Kreuzestheologie*, die sich gleichermaßen als eine universale, pan-en-theistische Theologie der Geschichte erweist.

---

[295] Für W. Pannenberg vgl. GRIMMER, *Geschichte im Fragment*, 139-168 u. SALMANN, *Neuzeit und Offenbarung*, 42-45, und für J. Moltmann vgl. GRIMMER, *Geschichte im Fragment*, 169-199 u. REMENYI M., *Um der Hoffnung willen. Untersuchungen zur eschatologischen Theologie Jürgen Moltmanns*, Regensburg 2005, besonders 66-95 u. 286-394.

[296] GRIMMER, *Geschichte im Fragment*, 147. – »Das Ganze der Geschichte erschließt sich aus der Verschränkung von Ereignis und Struktur. Die Struktur, Geschichte als Offenbarung, ermöglicht das Ereignis. Das Ereignis, die Prolepse des Heils, erschließt die Struktur. [...] Ereignis und Struktur bedingen und erschließen sich somit gegenseitig« (ebd.).

Schon in seiner *Theologie der Hoffnung* hinterfragt J. Moltmann die Art des historischen Umgangs mit der Geschichte:
»Weder für den Historiker noch für den Theologen sind Methoden nach dem Satz zulässig: es kann nicht sein, was nicht
sein darf«[297]. J. Moltmann eröffnet die Geschichte vielmehr
auf die Zukunft hin: Im Ostergeschehen von Kreuzestod und
Auferstehung Jesu Christi, beide verstanden als *strukturbildende Ereignisse*, verbinden sich *Eschaton* und *Geschichte*, ja
wird das Eschaton *geschichtlich* und die Geschichte *eschatologisch*, mithin offen, denn »es begegnet dieser Erfahrung der
Geschichte auch eine andere Erfahrung der Geschichte«[298]:

> Der auferstandene Christus ist und bleibt der gekreuzigte Christus.
> Der Gott, der sich in dem Geschehen von Kreuz und Auferstehung
> als „derselbe" offenbart, ist der sich im Widerspruch seiner selbst
> offenbarende Gott. Aus der Nacht des „Todes Gottes" am Kreuz,
> aus dem Schmerz der Negation seiner selbst, wird er in der Auf-
> erstehung des Gekreuzigten, in der Negation der Negation als der
> Gott der Verheißung, als der kommende Gott erfahren. [...] Das
> Kreuz – die Verborgenheit Gottes und die Selbständigkeit des Men-
> schen – wird aber nicht schon im Logos der Reflexion und des Be-
> wußtseins „aufgehoben", sondern wird vorläufig aufgehoben in die
> Verheißung und in die Hoffnung auf ein noch ausstehendes, reales
> Eschaton, welches ein Stimulans für das Bewußtsein ist, aber nicht

---

[297] MOLTMANN J., *Theologie der Hoffnung. Untersuchungen zur Begründung
und zu den Konsequenzen einer christlichen Eschatologie*, München 1964,
158; vgl. auch insgesamt ebd. 156-165.

[298] Ebd. 158. – »Nur wenn das gesamte historische Universum mit Kontingenz
und Kontinuität als an sich selber nicht notwendig, sondern kontingent erwiesen
werden könnte, käme das in den Blick, was als das eschatologisch Neue der
Auferstehung Christi formuliert werden kann. Die Auferstehung Christi meint
nicht eine Möglichkeit in der Welt und ihrer Geschichte, sondern eine neue
Möglichkeit von Welt, Existenz und Geschichte überhaupt« (ebd. 162).

im Bewußtsein des Glaubens aufgeht. Das Kreuz bezeichnet eine eschatologische Offenheit, die durch die Auferstehung Christi und den Geist der Gemeinde noch nicht geschlossen wird, sondern über beides hinaus offen bleibt auf die Zukunft Gottes und die Vernichtung des Todes.[299]

Auch in *Der gekreuzigte Gott* sucht J. Moltmann die (kreuzes-) theologische Verknüpfung von *Eschaton* und *Geschichte* aufzuzeigen, denn es geht im innerlich zusammengehörenden Ostergeheimnis nicht um „Kreuz und Auferweckung", sondern um die (eschatologische) *Auferweckung des Gekreuzigten* und um das (historische) *Kreuz des Auferweckten*: Im Lichte von Hegels dialektischer Religionsphilosophie erweist sich in Moltmanns Entwurf alles Geschehen von Gott her als *Kenosis*, als eine ununterbrochene Bewegung nach außen, die doch keiner äußeren Notwendigkeit unterworfen ist, weil sie in der freien Dynamik der Liebe jenes Gottes gründet, der seinem Wesen nach kenotisch ist.[300]

II.5.3. »Gott ist tot«: Der Schlüssel zur Dialektik von *Geschichte* und *Eschaton*

Durch eine solchermaßen verstandene *Kenosis* werden *Geschichte* und *Absolutes*, besser: die menschliche und die göttliche, absolute Geschichte, auf unerhörte Weise miteinander verbunden. J. Moltmann nimmt eindeutig Motive der Hegel-

---

[299] Ebd. 155.

[300] Vgl. hierzu MOLTMANN J., *Der gekreuzigte Gott. Das Kreuz Christi als Grund und Kritik christlicher Theologie*, München 1972, besonders 184-267.

schen Dialektik auf: Der Tod Gottes bzw. Christi offenbart sich als *Negation der Negation*, als *des Todes Tod*.[301] Damit ist Geschichte im Glauben *Eschaton* geworden: »Das trinitarische Gottesgeschehen am Kreuz wird für den eschatologischen Glauben zur zukunftsoffenen und zukunftseröffnenden Gottesgeschichte, deren Präsens Versöhnung mit dem Schmerz in der Liebe heißt und deren Eschaton die Erfüllung alles sterblichen Fleisches mit Geist und alles Toten mit dieser Liebe, also Verwandlung zur vollendeten Lebendigkeit heißt. [...] Wir nehmen teil am trinitarischen Geschichtsprozeß Gottes«[302]. Hegel hatte bereits im für die absolute Geschichte entscheidenden *Religions*-Kapitel der *Phänomenologie des Geistes* erläutert, daß im Christentum als der *offenbaren Religion* das Bewußtsein sich mit dem Selbstbewußtsein versöhnt, »indem es durch seine Aufopferung die Substanz als Subject hervorbringt«[303] und dadurch »der Geist ebenso Bewußtseyn seiner als seiner gegenständlichen Substanz, wie einfaches in sich bleibendes Selbstbewußtseyn«[304] wird. Diese Einheit hat bei Hegel aber nichts mit reinem Neuplatonismus zu tun, weil im Christentum »der Geist als ein Selbstbewußtseyn d. h. als ein wirklicher Mensch da ist«[305], und

---

[301] Vgl. ebd. 241f. – Moltmann bezieht sich allerdings außer auf Hegel auch auf A.N. Whiteheads Prozeßontologie.

[302] Ebd. 241f.

[303] HEGEL, *Phänomenologie des Geistes*, GW 9, 400.

[304] Ebd. 401.

[305] Ebd. 404.

zwar sinnlich »für die unmittelbare Gewißheit«[306]: »Gott ist also hier offenbar, wie er ist; er ist so da, wie er an sich ist; er ist da, als Geist«[307]. Die *Versöhnung* des Geschichtsprozesses geschieht nun, indem sich diese konkrete Unendlichkeit des gegenwärtigen Absoluten durch den *Kreuzestod* zur äußersten (hegelianisch: abstraktesten) Endlichkeit herabsetzt und diese dadurch als Moment in sich hinein *aufhebt*.[308] In

---

[306] Ebd. – »Das Selbst des daseyenden Geistes hat dadurch die Form der vollkommnen Unmittelbarkeit; es ist weder als gedachtes oder vorgestelltes noch hervorgebrachtes gesetzt, wie es mit dem unmittelbaren Selbst theils in der natürlichen theils in der Kunst-Religion der Fall ist. Sondern dieser Gott wird unmittelbar als Selbst, als ein wirklicher einzelner Mensch, sinnlich angeschaut; so nur ist er Selbstbewußtseyn« (ebd. 405).

[307] Ebd. 406f. – Vgl. hierzu auch KÜNG, *Menschwerdung Gottes*, besonders 261-268.

[308] »Der Tod des göttlichen Menschen als Tod ist die abstracte Negativität, das unmittelbare Resultat der Bewegung, die nur in die natürliche Allgemeinheit sich endigt. Diese natürliche Bedeutung verliert er im geistigen Selbstbewußtseyn, oder er wird sein so eben angegebner Begriff; der Tod wird von dem, was er unmittelbar bedeutet, von dem Nichtseyn dieses Einzelnen verklärt zur Allgemeinheit des Geistes, der in seiner Gemeine lebt, in ihr täglich stirbt und aufersteht. [...] Der vom Selbst ergriffne Tod des Mittlers ist das Aufheben seiner Gegenständlichkeit oder seines besondern Fürsichseyns; diß besondre Fürsichseyn ist allgemeines Selbstbewußtseyn geworden. [...] So ist also der Geist sich selbst wissender Geist; er weiß sich, das was ihm Gegenstand ist, ist, oder seine Vorstellung ist der wahre absolute Inhalt; er drückt, wie wir sahen, den Geist selbst aus. Er ist zugleich nicht nur Inhalt des Selbstbewußtseyns und nicht nur für es Gegenstand, sondern er ist auch wirklicher Geist« (HEGEL, *Phänomenologie des Geistes*, GW 9, 418f.). – P. Coda hat herausgestellt, daß Hegel in der *Wissenschaft der Logik* überhaupt nicht mehr von *Christus*, sondern nur noch von dem die logische Struktur bedingenden Ereignis des Kreuzestodes spricht: »Nella *Scienza della logica* non si parla più esplicitamente, infatti, di Cristo: ma il punto di riferimento resta il suo evento e, in particolare, la sua morte di croce« (CODA P., *La percezione della forma. Fenomenologia e cristologia in Hegel*, Roma 2007, 96).

seinen *Vorlesungen über die Philosophie der Religion* erklärt
Hegel dazu:

> Der Tod hat nun zunächst diesen Sinn, daß Christus der Gottmensch
> gewesen ist, der Gott, der zugleich die menschliche Natur hatte,
> ja bis zum Tode. Es ist das Los der menschlichen Endlichkeit zu
> sterben; der Tod ist so der höchste Beweis der Menschlichkeit, der
> absoluten Endlichkeit [...] die Menschlichkeit ist an ihm bis auf
> den äußersten Punkt erschienen. [...] Es tritt nun aber auch eine
> weitere Bestimmung ein. Gott ist gestorben, Gott ist tot – dieses ist
> der fürchterlichste Gedanke, daß alles Ewige, alles Wahre nicht ist,
> die *Negation selbst in Gott* ist; der höchste Schmerz, das Gefühl
> der vollkommenen Rettungslosigkeit, das Aufgeben alles Höheren
> ist damit verbunden. – Der Verlauf bleibt aber nicht hier stehen,
> sondern es tritt nun die *Umkehrung* ein; Gott nämlich *erhält* sich
> in diesem Prozeß, und dieser ist nur der *Tod des Todes*. Gott steht
> wieder auf zum Leben: es wendet sich somit zum Gegenteil. [...]
> Dieser Tod ist ebenso wie die *höchste Verendlichung* zugleich das
> *Aufheben der natürlichen Endlichkeit*, des unmittelbaren Daseins
> und der Entäußerung, die Auflösung der Schranke.[309]

So erfüllt sich in Hegels späten Berliner Vorlesungen seine
frühe Forderung, »der Philosophie die Idee der absoluten
Freyheit, und damit das absolute Leiden oder den speculati-
ven Charfreytag, der sonst historisch war, und ihn selbst, in
der ganzen Wahrheit und Härte« seiner Gottlosigkeit«[310] zu
restituieren: Die allein Freiheit schaffende, *wirkliche* Versöhnung von *Endlichem* und *Unendlichem*, die bereits im Vorausgegangenen als das *absolute Prinzip der Geschichte* gesehen

---

[309] HEGEL, *Vorlesungen über die Philosophie der Religion* II, TWA 17, 289-
293.

[310] HEGEL, *Glauben und Wissen oder die Reflexionsphilosophie der Subjecti-
vität*, GW 4, 414.

wurde, muß also trinitätsphilosophisch verstanden werden.[311] – Im Rekurs auf Hegel und mittels einer theologischen Läuterung von dessen dialektischer *Kreuzeslogik* gelingt es J. Moltmann indes, die Geschichte auf das *Eschaton* hin zu öffnen: Indem der Tod und das Nichts nicht aus Gott ausgeschlos-

---

[311] Die Befürchtung, die P. Coda in seiner christologisch-trinitätstheologisch orientierten Untersuchung über Hegels trinitätsphilosophischen Ansatz zum Ausdruck bringt, daß nämlich der *Versöhnungsprozeß* und die dadurch gewonnene *Einheit* nicht genügend Raum für die – auch im Offenbarungsgeschehen zwischen *Vater* und *Sohn* sich zeigende – *Differenz* ließen, ist sicherlich nicht völlig unberechtigt; vgl. die Interpretation bei CODA, *La percezione della forma*. So ist zusammenfassend bei ihm zu lesen:»Pur essendo incontestabile che Hegel afferma con convinzione che il concetto di Dio come Spirito trino è il contenuto proprio della religione cristiana, è altrettanto incontestabile che quando egli si pone a eseguire l'ermeneutica dell'evento cristologico lo fa invece partendo dalla sua precomprensione aprioristica dell'Assoluto come Soggetto che, rivelandosi, altro non fa che evolvere Se stesso come storia. Mentre, come abbiamo già notato, non è possibile tematizzare l'autocoscienza umano-divina del Cristo prescindendo dal suo costitutivo riferimento all'alterità del Padre. L'originalità dell'autocoscienza del Cristo è, sì, quella del Dio venuto nella storia, ma di un Dio che è Uno essendo al tempo stesso plurale [...] È solo il rispetto di quest'alterità nell'unità, tra il Padre e il Figlio nello Spirito Santo, che permette di rispettare e pensare l'alterità nel Figlio (e nei figli) tra il divino e l'umano, nella comunione di grazia di Dio con l'uomo« (ebd. 92f.). Für eine eingehende Erörterung der Problematik und von Hegels *nicht eingelöstem Versprechen* im Hinblick auf das Denken der Trinität vgl. auch CODA, *Il Negativo e la Trinità*, 239-421. – Die geschilderte Kritik berücksichtigt indessen vielleicht nicht stark genug, daß es Hegel auf der *formalen Ebene* um die *begriffliche* Erfassung des absoluten, wahren Inhalts der christlichen Religion geht; wie bereits unter II.4. dargestellt, hängt die Möglichkeit einer nicht einebnenden Interpretation des Hegelschen *Absoluten* vom rechten Verständnis des Hegelschen *Begriffs* und der Offenheit seines Systems insgesamt ab. Die durch *Aufhebung* und *Vermittlung* bewirkte *Versöhnung* stellt keine Vernichtung der Unterschiede und der Pluralität dar – dies wurde für die Konzeption der *absoluten Geschichte* gesehen. Worin der Sinn und die Chance dieses Hegelschen Gesamtentwurfs bestehen könnten, darauf soll im abschließenden Ergebnisteil der vorliegenden Untersuchung eingegangen werden.

sen, sondern *in* ihm gedacht werden, wird die Geschichte von Mensch und Welt zur Geschichte Gottes *mit* Mensch und Welt als die eigentliche *Geschichte der Geschichte*.[312] Dies ist mithin der theologische Sinn der »begriffne[n] Geschichte«. Für die Theologie ergibt sich daraus, daß sie den eschatologischen Diskurs, und damit auch die Geschichte selbst, immer in ihr Denken aufnehmen muß, wie es im I. Teil am Beispiel von P. Hünermann exemplarisch gesehen wurde.

II.5.4. Die Kreuzeslogik als Logik der Freiheit einer beendeten Geschichte

Im Hinblick auf eine angemessene Deutung von Hegels Denkweg ist es nun wichtig zu sehen, daß alle von Hegels Schriften – die früheren Entwürfe aus Frankfurt und Jena, seine Hauptwerke sowie seine umfassenden und breitgefächerten Berliner Vorlesungen – jeweils ihre religionsphilosophische Dimension haben; auch *Kreuzeslogik* und *Geschichte* sind jeweils in ihnen aufeinander bezogen, denn es geht Hegel wirklich in allem darum, »den versöhnenden Tod Christi als Höhepunkt und In-

---

[312] Vgl. MOLTMANN, *Der gekreuzigte Gott*, 222-236. – »Nur wenn alles Unheil, die Gottverlassenheit, der absolute Tod, der unendliche Fluch der Verdammnis und das Versinken im Nichts in Gott selbst ist, ist die Gemeinschaft mit diesem Gott das ewige Heil, die unendliche Freude, die unzerstörbare Erwählung und das göttliche Leben. [...] Die im Kreuzestod Jesu auf Golgatha konkrete „Geschichte Gottes" hat darum alle Tiefen und Abgründe der menschlichen Geschichte in sich und kann darum als die Geschichte der Geschichte verstanden werden. Alle menschliche Geschichte, wie sehr sie von Schuld und Tod bestimmt sein mag, ist in dieser „Geschichte Gottes", d.h. in der Trinität, aufgehoben und in die Zukunft der „Geschichte Gottes" integriert. Es gibt kein Leiden, das in dieser Geschichte nicht Gottes Leiden, es gibt keinen Tod, der nicht in der Geschichte auf Golgatha Gottes Tod geworden wäre« (ebd. 233).

begriff der Geschichte und der Logik des Gott-Welt-Verhältnisses zu verstehen, die sich allererst in ihm konstituieren«[313]. – So stellt die kenotisch verstandene, des näheren trinitarische Geschichte Gottes, die Hegel in den Vorlesungen zur *Religionsphilosophie* besonders erläutert, die Möglichkeitsbedingung von menschlicher Freiheit und somit bedeutungsvoller Geschichte überhaupt dar.[314] Und gerade diese Motive wurden in der vorliegenden Untersuchung in ihrer spezifischen Verschränkung als die zentralen Anliegen des Hegelschen Denkens gesehen. Es zeigen sich im Umkreis von Hegels Trinitätsphilosophie, die wesentlich beim Gedanken der *Kenosis* Gottes bzw. des Absoluten anhebt, erstaunliche Zusammenhänge, welche L. Oeing-Hanhoff folgendermaßen dargestellt hat:

> Für Gott aber bedeutet solche Selbstmitteilung seiner Freiheit an die Geschöpfe und die Konstituierung des Endliches und Unend-

---

[313] SALMANN, *Der geteilte Logos*, 318f. – »Der Gang des Absoluten ins Andere, seine Selbstaufgabe ins Äußerste, der Schmerz des unglücklichen Bewußtseins, die Krisis aller Formen antiker Kultur [...] finden ihren Tief- und Höhepunkt in der Todesübergabe Christi. Hier ist der logische, phänomenologische und geschichtliche Schlüssel zu Hegels theologischer Gedankenwelt, erst recht ist seine Christologie, darin ganz den Evangelien entsprechend, eine Art Passionsgeschichte mit langer Einleitung, ja die gesamte Kultur- und Geistesgeschichte wie die Existenz Jesu (und in ihr Gottes) drängen auf ihre Vollbringung im Paschageschehen hin, das in Wahrheit ihre Substanz offenbart und bloßlegt« (ebd. 319); vgl. auch insgesamt ebd. 318-328.

[314] Vgl. hierzu THEUNISSEN, *Hegels Lehre vom absoluten Geist als theologisch-politischer Traktat*, 77-100. – M. Theunissen versucht, »die religionsphilosophische Verfassung des Hegelschen Systems gerade an dessen *geschichts*philosophischer Gesamtkonzeption aufzuweisen, also darzutun, daß eben die Theorie der dreifaltigen Geschichte in allen ihren Gegenstandsbereichen eine Lehre von der Religion ist« (ebd. 77). Diesen Aussagen kann mit gewissen Einschränkungen zugestimmt werden.

liches verbindenden Reiches der Freiheit freie Entäußerung seiner Allmacht zugunsten endlicher Freiheit, Eintritt in die Geschichte, Geschichtlichwerden, somit auch Verendlichung und mit dem Sich-Öffnen für geschichtliche Partner das Eröffnen einer Zukunft auch für ihn. [...] Wenn die menschliche Freiheitsgeschichte derart durch eine Selbstentäußerung und Selbstmitteilung Gottes ermöglicht ist, dann muß auch von hier her eine personale Differenz in Gott anerkannt werden. Denn für die Freiheitsgeschichte und in ihr existiert Gott als allmächtiger und – in der absoluten Respektierung endlicher Freiheit – ohnmächtiger, als ewiger und geschichtlicher, als unwandelbarer und werdender, als vollkommener und durch sein Reich noch zu vervollkommnender Gott; das göttliche in sich ruhenbleibende und sich entäußernde Leben kann also nicht von nur einer göttlichen Person vollzogen werden.[315]

Hat J. Moltmanns an Hegel inspirierte Geschichtstheologie die Geschichte eschatologisch qualifiziert,[316] so kann man Hegels Geschichts-Konzeption als rein teleologisch bezeichnen (mit W. Jaeschke), wobei die *Freiheit* als das *télos* der Geschichte im Geschehen der *offenbaren Religion*, mithin in der Kenosis des trinitarischen Gottes, vermittelt wird: Die »begriffne Geschichte« ist für Hegel damit, wie bereits dargestellt wurde, wirklich *beendet* – und so allererst als Freiheits-Geschichte interpretier-

---

[315] OEING-HANHOFF L., *Hegels Trinitätslehre*, in: Theologie und Philosophie 52 (1977), 404f.

[316] »Das Ende der Geschichte wird bei Moltmann [...] weder im Sinne eines Abbruchs von Zeit und Geschehen im linearen Verständnis noch im Sinne einer Aufhebung von Zeit und Geschichte in einer Innerlichkeit des Glaubens gedacht, sondern als ein in Kreuz und Auferweckung Christi antizipiertes Ereignis, das für den Glauben noetische Kraft hinsichtlich der Erkenntnis von Geschichte beinhaltet, aber auch anleitet, die Geschichte in ihrer Zweideutigkeit und die Unerlöstheit der Gegenwart in Geduld und Hoffnung auszuhalten« (GRIMMER, *Geschichte im Fragment*, 188).

bar geworden – und bleibt doch *offen* in der Aufgabe eines bewußten Vollzugs der vernünftigen, endgültigen Freiheits-Ordnung. Hinsichtlich dieser absoluten Geschichte stellt die *Logik
des Kreuzes* den entscheidenden dialektischen Umschlagpunkt
in der geforderten *Versöhnung* des absoluten Gegensatzes von
Endlichem und Unendlichem dar. Der *Tod Gottes* am *Kreuz*
hat die Geschichte *versöhnt*, »indem er die *absolute Geschichte der göttlichen Idee*, das, was an sich geschehen ist und was
ewig geschieht, darstellt«[317]. Die absolute, ewige Geschichte ist
durch die *eine* Geschichte jenes wirklichen (göttlichen) Menschen vorgängig und final strukturiert, »denn sie ist die *Sache
an und für sich*; es ist nicht ein zufälliges, besonderes Tun und
Geschehen, sondern es ist wahrhaft und *vollendend*«[318].

---

[317] HEGEL, *Vorlesungen über die Philosophie der Religion* II, TWA 17, 293.
– »Dieser Tod ist die Liebe selbst, als Moment Gottes gesetzt, und dieser Tod
ist das Versöhnende. Es wird darin die absolute Liebe angeschaut. Es ist die
Identität des Göttlichen und Menschlichen, daß Gott im Endlichen bei sich
selbst ist und dies Endliche im Tode selbst Bestimmung Gottes ist. Gott hat
durch den Tod die Welt versöhnt und versöhnt sie ewig mit sich selbst. Dies
Zurückkommen aus der Entfremdung ist seine Rückkehr zu sich selbst, und
dadurch ist er Geist, und dies Dritte ist daher, daß Christus auferstanden ist.
Die Negation ist damit überwunden, und die Negation der Negation ist so
Moment der göttlichen Natur« (ebd. 295).

[318] Ebd. 294. – »In dieser ganzen Geschichte ist den Menschen zum Bewußtsein
gekommen – und das ist die Wahrheit, zu der sie gelangt sind –, daß die Idee Gottes für sie Gewißheit hat, daß das Menschliche unmittelbarer, präsenter Gott ist,
und zwar so, daß in dieser Geschichte, wie sie der Geist auffaßt, selbst die Darstellung des Prozesses ist dessen, was der Mensch, der Geist ist: an sich Gott und
tot – diese Vermittlung, wodurch das Menschliche abgestreift wird, andererseits
das Ansichseiende zu sich zurückkommt und so erst Geist ist« (ebd. 297f.).

II.5.5. Zusammenfassung: Jesus Christus als strukturbildendes Ereignis und ekstatischer Brennpunkt der absoluten Geschichte

Diese »Versöhnung, an die geglaubt wird in Christo«[319], läßt die *geschichtliche Person Jesu Christi* »als strukturbildendes Ereignis«[320] der Geschichte hervorscheinen, das seinen Höhepunkt im Kreuzesgeschehen hat. Hegels *universale Geschichte* des zu sich kommenden Geistes und der sich verwirklichenden Freiheit bricht sich somit in der *partikularen Geschichte* des Gottmenschen Jesus Christus. Ist in dieser unerhörten Bedeutung eines einzelnen Ereignisses aber nicht mehr als ein dialektischer Umschwung angedeutet? Wenn in dieser einen Geschichte, und nicht in der allgemeinen Geschichte, das Absolute bzw. Gott in der konkretesten Weise offenbar wird, eröffnet sich die wahre Perspektive auf die Geschichte dann nicht erst, wenn man vom Ereignis jener partikularen Geschichte *ergriffen* und in diese verstrickt wird?[321] Hegel selbst erläutert zum »wahrhaften Verstehen« des Todes Christi am Kreuz: »Das bloße *Betrachten* der Geschichte hört hier auf; das Subjekt selbst wird in den Verlauf hineingezogen«[322].

---

[319] Ebd. 298.

[320] Vgl. GRIMMER, *Geschichte im Fragment*, 182-184 u. 267-270.

[321] Vgl. ebd. 267f. – »Das Ereignis Jesus Christus und seine Geschichte rükken die Geschichte insgesamt in eine neue Perspektive. Jesus Christus wird damit zu einem *Geschichtszeichen*« (ebd. 268).

[322] HEGEL, *Vorlesungen über die Philosophie der Religion* II, TWA 17, 296. – Hegel erläutert hier die überzeitliche Bedeutung des geschichtlichen Christus-Ereignisses; dieses geht so über in die geisterfüllte Kirche bzw. in das Leben der Gemeinde. P. Coda sieht hier in Übereinstimmung mit weiten Teilen der

Es tut sich hier eine pneumatologische Dimension auf, wie ja auch Hegel von der *Kreuzeslogik* zum *Reich des Geistes* (worin das Leben der Kirche bzw. der christlichen Gemeinschaft enthalten ist) überleitet. – Über die Geschichte Jesu Christi als das effektive Heilsereignis der Geschichte und als das so *strukturbildende Ereignis* schlechthin schreibt K.F. Grimmer:

> Das Ereignis von Kreuz und Auferstehung bildet in sich die Struktur der Geschichte ab. Es ist ein Zeichen für die Ambivalenz der Geschichte und der unverfügbaren Auflösung dieser Ambivalenz. Die Geschichte erschließt sich als einheitliche Geschichte nur in ihrer Differenziertheit und nur in der Erzählung einer Geschichte, die die Geschichte insgesamt zu lesen anleitet. In diesem hermeneutischen Prozeß der Lektüre der Geschichte gerät sowohl die Geschichte insgesamt wie auch die singuläre Geschichte, die die Regel für die Lektüre der Geschichte angibt, in Fluß. Die Lektüre der Geschichte wird auch zu einer Relektüre jener einen Geschichte. Diese singuläre Geschichte steht damit nicht ein für allemal fest, sondern wird je und je neu gelesen, erzählt und interpretiert. Und in der Folge wird auch die Geschichte insgesamt je und je in neuer Perspektive gesehen. Der Interpretationszusammenhang, der zwischen der Erzählung der einen geschichtlichen Begebenheit, die als Geschichtszeichen fungiert, und dem Zusammenhang der Geschichte, der sich aus der Erzählung jener einen Geschichte ergibt, hat keinen unveränderlichen Pol, sondern die Bedeutungen jener singulären Geschichte und des Geschichtszusammenhangs werden in Verknüpfung beider je neu erschlossen bzw. re-konstruiert. Wenn dem so ist, dann reicht es nicht, auf jene

---

(meist theologischen) Hegel-Kritik eine voreilige Identifikation des Heiligen Geistes mit dem auferstandenen Christus, betont aber, wie Hegel das Christentum als die Religion des Geistes darzustellen vermag, die sich in den intersubjektiven Raum der Kirche ergießt: »A parte la frettolosa identificazione dello Spirito con il Cristo risorto, Hegel tematizza così lo specifico della religione cristiana quale *religione dello Spirito che si dischiude nell'intersoggettività ecclesiale*« (CODA, *La percezione della forma*, 75). Vgl. auch OEING-HANHOFF, *Hegels Trinitätslehre* u. KÜNG, *Menschwerdung Gottes*, besonders 269-277.

singuläre Geschichte nur zu verweisen, um ihre Bedeutung zu erweisen, sondern sie muß neu erzählt werden. Es ist keine Geschichte, die man haben kann, sondern die ihre Bedeutung in ihrer Erzählung je neu erschließt und ereignet.[323]

Es bleibt festzuhalten: Die allgemeine, *universale* Geschichte und die im sowohl Hegelschen als auch gewöhnlichen Sinne *konkrete* Geschichte Jesu Christi stehen in einem interpretatorischen Wechselverhältnis. Doch ist das Christus-Ereignis mehr als nur ein *universale concretum*, es ist *Ermöglichungsgrund* eines Sinnzusammenhangs von Geschichte überhaupt! Daß das nicht fixierbare Christus-Ereignis nicht ein für allemal interpretiert und gleichsam besessen werden kann, liegt jedoch ausschließlich an dessen unableitbaren, unverfügbarem Anspruch. Der Pol des »Interpretationszusammenhangs« ist also sehr wohl veränderlich, doch das *Ereignis des Absoluten* ereignet und erschließt sich dem Geschichtlichen je neu, indem es selbst *in der Geschichte* das Nicht-Absolute *ergreift.* – Im Sinne Hegels geht die *beendete Geschichte* indes ihrer zeitlich-kontingenten Linearität nach weiter, doch in ihre Universalstruktur bleibt jenes entscheidende *Ereignis* eingeschrieben, das als der Kristallisationspunkt der »begriffne[n] Geschichte« die gesamte Geschichte gewissermaßen *ekstatisch* auf sich zu beziehen vermag. Die Geschichte von Mensch und Welt ist unwiderruflich *Freiheits-Geschichte*, bleibt als solche aber verwiesen auf ein ihr unverfügbares, absolutes Ereignis *in der Geschichte*. Diese Zweideutigkeit fordert einen Fortgang und eine weitere, wenn auch äußerst konzentrierte Vertiefung der bisherigen Überlegungen.

---

[323] GRIMMER, *Geschichte im Fragment*, 270.

Sic Filius Dei infimus, pauperculus, modicus, humum nostram suscipiens, de humo factus, non solum venit ad superficiem terrae, verum etiam in profundum centri, scilicet operatus est salutem in medio terrae, quia post crucifixionem anima sua ad infernum descendit et restauravit caelestes sedes. Hoc medium est salvativum [...] In hoc medio operatus est salutem, scilicet in humilitate crucis. [...] Medium enim, cum amissum est in circulo, inveniri non potest nisi per duas lineas se orthogonaliter intersecantes.

(*Bonaventura*, in der ersten *Collatio* des *Hexaëmeron*)

Transeamus cum Christo crucifixo ex hoc mundo ad Patrem.

(*Bonaventura*, aus dem siebenten Kapitel des *Itinerarium mentis in Deum*)

ICH BIN DAS ALPHA UND DAS OMEGA, DER ERSTE UND DER LETZTE, DER ANFANG UND DAS ENDE.

(*Offb* 22,13)

III. Teil

Der Hereinbruch einer *anderen Logik* jenseits der dialektischen Geschichte – zum Umgang mit dem Problem der Geschichte beim heiligen Bonaventura

In der vorausgehenden Darstellung wurde die in ihrem dialektischen Prozeß verstandene, »vernünftige« Geschichte in ihrem *Zusammenhang* einsichtlich als *Fortschritt* im Bewußtsein der Freiheit, der jedoch seinerseits dialektisch in die *Zweideutigkeit* getrieben wird: So erweist sich die Polarität der Geschichte gerade darin, daß sie in ihrem Doppelcharakter »zugleich strukturell und ereignishaft ist, daß sie die Einheit der Geschichte und die Vielfalt der Ereignisse, Werke und Menschen ist«[324]. Der sich als *Selbstnegation* erfahrene Geist eröffnet die Reflexion auf die *absolute Negation* des *Kreuzes* hin, in dem sich gleichsam eine *Verdichtung der Geschichte ereignet*. So kann allein vom Blick auf den Gekreuzigten her die dialektische Grammatik des Geschichtszusammenhangs durch dieses *ekstatische Ereignis* auf *Hoffnung* hin geöffnet werden. Deshalb soll im folgenden Teil dieser Untersuchung von Bonaventura aus in knapper und exemplarischer Kontrapunktion zu Hegels Dialektik eine *andere Logik der Geschichte* angedeutet werden, auf deren ergänzenden Hereinbruch die

---

[324] Ricœur, *Geschichte und Wahrheit*, 84; vgl. insgesamt auch ebd. 70-109.

innere Dynamik des Hegelschen Geschichtsentwurfs einerseits hindrängte, die aber zugleich das in sich bereits multipolare *dialektische* Geschichtsverständnis nochmals sprengt.

Wenn man danach fragt, ob es bei Bonaventura ein eigentliches Geschichtsverständnis und somit ein Bewußtsein für Geschichte gibt, so ist sicherlich zu berücksichtigen, daß es sich im Sprung vom neuzeitlichen Verständnis – das ja seit Hegel wesentlich von dessen Denken und Konzeption der Geschichtlichkeit beeinflußt ist – zurück zu den Sichtweisen des Mittelalters oder auch des ausgehenden, christlichen Altertums um in gewissem Grade heterogene Geschichtsbegriffe handelt, wiewohl Bonaventura aufgrund der besonderen äußeren Umstände und des Kontexts seines Denkens das Problem der Geschichte in einer für seine Zeit außergewöhnlich scharfen Weise durchdenkt.[325] So ist er eine der wenigen Gestalten des Hochmittelalters, die sich dieser Problematik stellen und sich somit aus heutiger Sicht in ihrem „Praxisbezug" als „moderne Denker" erweisen, auch wenn der universaltheologische bonaventuranische Ansatz seinerzeit gerade als traditionell und rückschrittlich bewertet wurde. – Bonaventura wurde als Angehöriger und später auch Generalminister des Franziskanerordens mit der heilsgeschichtlich-prophetischen Bewegung des Joachitismus konfrontiert, deren Ideen weit in den Orden der Minderbrüder eingedrungen waren und diesen

---

[325] Dies herausgestellt zu haben ist das bis heute gültige und wegweisende Verdienst der Arbeit von RATZINGER J., *Die Geschichtstheologie des heiligen Bonaventura*, München 1959, St. Ottilien 1992; im Kontext der damaligen Bonaventura-Diskussion zwischen dem Gilson- und dem Van Steenberghen-Lager sah J. Ratzinger als erster die ausgesprochene Relevanz der Geschichtsthematik und vor allem auch ihre tieferen Gründe.

zeitweise existentiell bedrohten. Spezifisch aus der Konfrontation mit diesen äußeren Ereignissen stellte sich für Bonaventura »die Frage nach einer heilsgeschichtlichen Interpretation von zeitgenössischen Ereignissen« und somit auch »nach dem Heilswert der Geschichte«[326]. Diese Fragen hatten für ihn als Franziskaner eine ausgesprochene emotionale und existentielle Tiefe hinsichtlich der eigenen Gründergestalt: »Wie mußte Franziskus im heilsgeschichtlichen Sinne verstanden werden, welche Funktion kam ihm zu?«[327].

Aus all dem Gesagten ergibt sich, daß es hier nicht darum gehen kann, die im Laufe des 20. Jahrhunderts sich herausbildenden und aufgeworfenen Fragen der Bonaventura-Forschung zu thematisieren, sondern vielmehr darum, sich in Fortführung der bisherigen Eigenart der vorgelegten Reflexionen um die Erhellung einer weiteren Dimension des problematisierten Geschichtsbegriffs von bonaventuranischer Warte aus zu bemühen.[328] Deshalb sollen Bonaventuras christolo-

---

[326] GERKEN A., *Besaß Bonaventura eine Hermeneutik zur Interpretation der Geschichte?*, in: Wissenschaft und Weisheit 37 (1974), 19.

[327] Ebd.

[328] Zur Entwicklung des Bonaventura-Bildes von R. Guardini, über E. Gilson und F. Van Steenberghen bis zu J. Ratzinger und darüber hinaus sowie zum Stand der Bonaventura-Forschung im zu Ende gegangenen 20. Jahrhundert vgl. HATTRUP D., *Ekstatik der Geschichte. Die Entwicklung der christologischen Erkenntnistheorie Bonaventuras*, Paderborn 1993, 53-78, sowie die bündige und erhellende Zusammenfassung bei ZAHNER P., *Die Fülle des Heils in der Endlichkeit der Geschichte. Bonaventuras Theologie als Antwort auf die franziskanischen Joachiten*, Werl 1999, 19-29. – Die Werke von Guardini, Gilson, Van Steenberghen sowie viele andere sind nicht eigens in das Literaturverzeichnis der vorliegenden Untersuchung aufgenommen worden, da zum einen ihre Ergebnisse in den neueren Arbeiten aufgegangen sind und zum

gisch-staurologisches Denken und der darin aufscheinende ekstatische Ansatz kurz dargestellt werden, um anschließend in einem konzentrierten Rekurs auf die Bedeutung des hl. Franziskus sowie auf die bonaventuranischen Schriften des *Itinerarium mentis in Deum* und des *Hexaëmeron* zu skizzieren, wie dieser Ansatz seinerseits zu einem dreifachen Verständnis der *Geschichte* führt, die geschichtstheologisch gewendet jeweils einen *konkret-existentiellen,* einen *mystisch-ekstatischen* und einen *universal-kosmologischen* Aspekt einbegreift.[329] Schließlich wird von diesem Standpunkt aus das bis hierher reflektierte und sich als nicht fixierbar erwiesene Geschichtsverständnis wiederum neu zu befragen sein.

---

anderen die Kontroverse um Bonaventura als Augustinist *oder* neuplatonisierender Aristoteliker für die Fragestellung der vorliegenden Untersuchung von nachgeordneter Relevanz ist, zumal sie in Hegelscher Perspektive gleichsam von innen heraus überwunden ist.

[329] Das *Itinerarium mentis in Deum* wird, bzgl. beider Sprachen, nach der lateinisch-deutschen Ausgabe *Itinerarium mentis in Deum – Der Pilgerweg des Menschen zu Gott,* übersetzt und erläutert von M. SCHLOSSER, mit einer Einleitung von P. Zahner, Münster 2004, unter Verwendung der Sigle *Itin.,* mit dem jeweiligen Kapitel in römischer Ziffer und dem jeweiligen Absatz in arabischer Ziffer, zitiert. Die *Collationes in Hexaëmeron* werden, ebenso bzgl. beider Sprachen, nach der lateinisch-deutschen Ausgabe *Collationes in Hexaëmeron. Das Sechstagewerk,* übersetzt und eingeleitet von W. NYSSEN, München 1964, unter Verwendung der Sigle *Hex.,* mit der jeweiligen *Collatio* in römischer Ziffer und dem jeweiligen Paragraphen in arabischer Ziffer, zitiert. Beide genannten Ausgaben entnehmen den lateinischen Text jeweils aus Band V von: Doctoris Seraphici S. Bonaventurae OPERA OMNIA ad plurimos Codices Mss. Emendata, anecdotis aucta, prolegomenis, scholiis notisque illustrata, 11 Bde., Ad Claras Aquas (Quaracchi) 1882-1902. Diese Ausgabe wird in der vorliegenden Arbeit als *Opera omnia* und unter Angabe des jeweiligen Bandes zitiert. Auf jede von den dargestellten Regeln abweichende Zitationsweise wird in den Anmerkungen eigens verwiesen.

III.1. Zur christologisch-staurologischen Prävalenz und zur Frage nach einem ekstatischen Ansatz im Denken Bonaventuras: Ergibt sich aus einer möglichen *Logik des Kreuzes* eine christliche *Logik der Geschichte?*

Im ungeheuer dichtgedrängten und reichen Werk Bonaventuras, des Seraphischen Lehrers, verknüpfen sich Themen der Offenbarungstheologie, der Christologie, der Trinitätslehre, der Protologie und der Eschatologie sowie der Anthropologie bzw. Erkenntnistheorie in einem tiefsinnigen Ineinander von spiritueller Betrachtung und theologischer Schärfe und Klarheit.[330] Dabei erweist sich dieses ausbalancierte und stark

---

[330] Eine systematische theologische Darstellung bietet Bonaventura in seinem *Sentenzenkommentar* (die Bände I-IV der *Opera omnia*), der zeitüblichen Form von Habilitationsthesen, und eine komprimierte Darstellung seines Denkens findet sich in seiner kleinen „Summa" des *Breviloquium* (enthalten in Band V der *Opera omnia*); vgl. auch BONAVENTURA, *Breviloquium*, übertragen, eingeleitet und mit einem Glossar versehen von M. SCHLOSSER, Einsiedeln/Freiburg 2002. Als ein Standardwerk der Einführung in Bonaventura ist hinzuweisen auf BOUGEROL J. G., *Introduction à Saint Bonaventure*, Paris 1988; in deutscher Sprache empfiehlt sich für einen raschen, aber profunden Überblick DETTLOFF W., *Bonaventura*, in: Theologische Realenzyklopädie 7 (1981), 48-55 u. SCHLOSSER M., *Bonaventura begegnen*, Augsburg 2000. Für eine Einführung in Bonaventuras philosophisch-theologisches Denken vgl. desweiteren BALTHASAR H.U. v., *Herrlichkeit. Eine theologische Ästhetik*, Bd. II: *Fächer der Stile*, Teil 1, Einsiedeln 1962, 265-361; GERKEN A., *Theologie des Wortes. Das Verhältnis von Schöpfung und Inkarnation bei Bonaventura*, Düsseldorf 1963; SCHACHTEN W., *Intellectus Verbi. Die Erkenntnis im Mitvollzug des Wortes bei Bonaventura*, Freiburg/München 1973; SPEER A., *Triplex Veritas. Wahrheitsverständnis und philosophische Denkform Bonaventuras*, Werl 1987 u. SCHLOSSER M., *Cognitio et amor. Zum kognitiven und voluntativen Grund der Gotteserfahrung nach Bonaventura*, Paderborn 1990. Für eine andersartige, spirituell-existentiellere Annäherung vgl. HEMMERLE K., *Theologie als Nachfolge. Bonaventura – ein*

biblisch orientierte philosophisch-theologische Denkgebäude insgesamt als eine christologisch durchzogene *Theologie des Wortes* im Sinne einer christozentrischen Konzentration auf den *Logos* als die zweite Hypostase der Trinität: In dieser Sicht erbildet sich das bonaventuranische Gesamtsystem durch den Ternar *Verbum increatum – Verbum incarnatum – Verbum inspiratum* (so Bonaventura explizit in *Hex.* III,2), wobei Christus jeweils die *Mittler*rolle zufällt für die *Schöpfung*, für das Gesamtgeschehen der *Erlösung* und für die Fülle der *Offenbarung* bzw. für *Vollendung* und *Vergöttlichung*.[331] Jesus Christus – Logos, Gott-Sohn, zweite und »mittlere« Person der Trinität – ist die universale, *verborgene Mitte*, in der alles zusammenfällt bzw. sich versöhnt oder vereinigt, im letzten auch die größten Gegensätze von Endlichem und Unendlichem, von Zeit und Ewigkeit.[332] Christus als die absolute *veritas* steht für Bonaventura auch »im Zentrum aller Erkennt-

---

Weg für heute, Freiburg 1975.

[331] Vgl. hierzu insgesamt die Auslegung bei GERKEN, *Theologie des Wortes* und bei SCHACHTEN, *Intellectus Verbi*, besonders 93-182. – Bei Bonaventura ist über das *Wort* als Schlüssel zur Erlangung von in der Betrachtung vermittelter Einsicht in die Geschichte – und zwar als Heilsgeschichte – folgendes zu lesen: »Clavis ergo contemplationis est intellectus triplex, scilicet intellectus Verbi increati, per quod omnia producuntur; intellectus Verbi incarnati, per quod omnia reparantur; intellectus Verbi inspirati, per quod omnia revelantur. Nisi enim quis possit considerare de rebus, qualiter originantur, qualiter in finem reducuntur, et qualiter in eis refulget Deus; intelligentiam habere non potest« (*Hex.* III,2).

[332] Vgl. HAYES Z., *The Hidden Center. Spirituality and Speculative Christology in St. Bonaventure*, New York 1981, besonders 61-63, 87-90, 130-151 u. 192-222; vgl. auch COUSINS E.H., *Bonaventure and the Coincidence of Opposites*, Chicago 1978.

nis und Weisheit, sei es über Gott, sei es über die geschaffene Welt und besonders den Menschen«[333].

Diese umfassende Verknüpfung aller Bereiche der Theologie und der Wissenschaft überhaupt ergibt sich aus Bonaventuras spezifischer theologischer Konzeption von Erkenntnis: Nach dem Sündenfall kann das *Buch der Schöpfung*, d.h. die Gesamtwirklichkeit, nur mit Hilfe eines göttlichen Kommentars, nämlich des *Buches der Heiligen Schrift*, richtig gelesen werden. Bonaventuras Theologie ist deshalb seinem eigenen Verständnis nach wesentlich Auslegung der Heiligen Schrift, und infolge »der heilsgeschichtlichen Entwicklung und Lage der Menschheit begegnet uns Christus in der Schrift vor allem im Geheimnis und im Zeichen des Kreuzes. Die Schrifttheologie ist deshalb notwendig auch Kreuzestheologie«[334]. Bonaventuras mystische Schrift *De triplici via* und seine *Karfreitags-* und *Karsamstagspredigten* verdeutlichen besonders eingehend, wie die soeben in ihrer Zentralität beschriebene bonaventuranische Christologie einen starken staurologischen Charakter, eine *Logik des Kreuzes* aufweist.[335] Dieser

---

[333] SCHLOSSER M., *Wahrheitsverständnis bei Bonaventura*, in: ENDERS M./SZAIF J. (Hrsg.), *Die Geschichte des philosophischen Begriffs der Wahrheit*, Berlin/New York 2006, 188f.

[334] DETTLOFF, *Bonaventura*, 53; vgl. hierzu auch die Studie HÜLSBUSCH W., *Elemente einer Kreuzestheologie in den Spätschriften Bonaventuras*, Düsseldorf 1968.

[335] Vgl. BONAVENTURA, *De triplici via – Über den dreifachen Weg* (Fontes Christiani 14), übersetzt und eingeleitet von M. SCHLOSSER, Freiburg 1993; hier findet sich auch der Text des wichtigen *Sermo de sabbato sancto* I mit Einleitung und Übersetzung, vgl. ebd. 179-207; zu den *Sermones* vgl. ansonsten *Opera omnia*, Band IX, 259-272. Die Bedeutung des Kreuzes Christi ist freilich auch in den Büchern des Sentenzenkommentars und in den übrigen

Kreuzesbezug rückt einerseits die Heilsbedeutung der kenotischen Demut Gottes ins Licht[336] und vermag andererseits auf einen möglicherweise *ekstatischen* Ansatz in Bonaventuras Denken hinzuweisen; denn die Liebe *des* Gekreuzigten und *zum* Gekreuzigten bewirkt die am hl. Franziskus exemplarisch gewordene ekstatische Transformation der Welt und der Menschheit zur auch gnoseologisch relevanten *unio mystica* mit Gott. Dazu schreibt M. Schlosser:

> Wer Gott analog zur visio beatifica in der contemplatio „schauen" will, der muß gewissermaßen „sterben", und zwar analog zum leiblichen Tod. [...] Ja, die mystische Vereinigung ist gewissermaßen selbst dem Sterben ähnlich, als völlige *Übereignung* an Gott, soweit es nur möglich ist [...] Die „ecstasis" Bonaventuras, der „mystische Tod" oder die „alienatio a se ipso", unterscheidet sich deutlich von der Auffassung bei Dionysius: bei Bonaventura trägt sie die Prägung der sich hingebenden, „bräutlichen", Liebe zum Gekreuzigten. Auch der Anklang eines bevorzugten Wortes für die mystische Erhebung: „*suspensio*", an „*suspendium*", was das Hängen am Kreuz bedeutet, ist nicht unbeabsichtigt. Der Weg zur „pax ecstatica" der Kontemplation ist die „transformatio in Christum crucifixum". [...] Der mystische Weg ist „transitus", Hinübergang mit Christus aus der Welt zum Vater. Ohne Zweifel klingt hier nicht nur die Taufsymbolik des Durchzugs durch das Rote Meer mit, sondern auch das Hineingetauftsein in den Tod Christi – und schließlich das Sterben als Heimgang. Diese Gleichgestaltung lebte *Franziskus*, der exemplarische Mensch der Kontemplation. Bei ihm führte die innere Gleichförmigkeit (mente) zur äußeren Anglei-

---

systematisch-theologischen Schriften präsent. – Zur Bedeutung des Kreuzes bei Bonaventura als universale Integration aller Wirklichkeit und als unbedingte Gleichzeitigkeit Gottes und seines Anderen vgl. HEMMERLE, *Theologie als Nachfolge*, 94-99: »Im Kreuz Christi ist der ganze Gott und der ganze Mensch, sind Höhe und Tiefe, im Kreuz ist alles da« (ebd. 99).

[336] Vgl. hierzu GERKEN, *Theologie des Wortes*, 315-334.

chung in der Stigmatisation (carne): Das innere Geschehen wurde sichtbar. Das geistliche Leben des hl. Franz wird von Bonaventura klar unter dem Zeichen des Kreuzes gesehen. [...] Die Stigmatisation selbst geschieht in einer mystischen Ekstase, in welcher die beherrschenden Affekte Mitleiden und Liebe sind. Franz „wird in denjenigen umgestaltet, der selbst aus Liebe gekreuzigt werden wollte"; das heißt, in ihm wird der Wunsch übermächtig, selbst das Kreuz des Geliebten zu teilen [...] Der Schmerz ist deswegen nicht bitter, weil das Leiden Christi als Erweis seiner Liebe erfaßt wird; er tut aber dennoch weh, weil man sich als Ursache dieses Leidens weiß. Glück und Schmerz sind schier untrennbar verbunden.[337]

Der Begriff *ecstasis*, der bei Bonaventura auf das engste verwandt ist mit den Begriffen *excessus mentis/mentalis* sowie *notitia excessiva* und auch mit *mors/transitus, sopor/somnium, pax ecstatica* und *unio amoris* umschrieben wird, bezeichnet den höchsten Grad der mystischen Erfahrung als *cognitio experimentalis*: ein »Zustand, in dem die Seele in Liebe zu Gott ganz losgelöst von allem anderen ist, Gott seine Gnade in sie eingießt und sie dadurch an sich zieht«[338]. Die *ecstasis*

---

[337] SCHLOSSER, *Cognitio et amor*, 243f.; vgl. auch insgesamt ebd. 240-246. – Die in dem zitierten Text angedeuteten Bezüge werden zumindest hinsichtlich der Gestalt des hl. Franziskus sowie der Bedeutung des *Itinerarium* und des *Hexaëmeron* mit Blick auf das Verständnis von Geschichte in den nachfolgenden Unterpunkten nochmals kurz aufgegriffen.

[338] Vgl. SCHLOSSER M., Artikel *extasis*, in: CAROLI E. (Hrsg.), *Dizionario Bonaventuriano*, Padova 2008, 390-395. Die hier verwendete deutsche Übersetzung bezieht sich auf den unveröffentlichten, dem Verfasser dieser Untersuchung überlassenen Originaltext der Autorin. – Zu zahlreichen Belegstellen und eingehenden Bedeutungsanalysen vgl. neben dem genannten Artikel auch den Artikel *affectio/affectus* des *Dizionario Bonaventuriano*, 150-156, sowie die Artikel *excessus* u. *extasis* in *Lexique Saint Bonaventure*, hrsg. v. J.G. Bougerol, Paris 1969, 61 bzw. 66f.; vgl. auch SZABÓ T., *L'extase chez les théologiens du 13e siècle*, in: *Dictionnaire de spiritualité*, Band IV, Paris 1960, besonders 2120-2126.

ist eine außergewöhnliche Erfahrung, die zu einem eigentüm-
lichen Wissen und zu einer nicht abstrakt-rationalen, sondern
weisheitlich-kontemplativen und mit Freude verbundenen Erkenntnis führt: Sie wird beschrieben als *erleuchtendes Dunkel*
(*caligo illuminans*),[339] das durch die Gnade ermöglicht wird;
die mit dieser Erfahrung verbundene Liebe zu Gott führt zur
unio, zur *pax ecstatica* und zur *delectatio*. Die ekstatische Erfahrung ermangelt indes der Klarheit der Erkenntnis im äus-
serst seltenen *raptus*, der eine besonders heftige Entrückung
darstellt und gleichsam die *visio beatifica* vorwegnimmt: Es
handelt sich also bei der *ecstasis* nicht um eine intellektuelle
Erkenntnis oder Erfahrung; K. Rahner beschreibt sie in seiner
Bonaventura-Deutung als eine unmittelbare (Gottes-) Erfahrung, als ein »*in caligine sentire Deum in se*« des *status viatorum* gegenüber dem »*cognoscere Deum in effectu interio-
ri/gratiae*« einerseits und dem den Intellekt einschließenden
raptus bzw. der *visio beatifica* andererseits.[340] – Dieser soeben
skizzierte ekstatische Ansatz ist nun sogar dahingehend inter-

---

[339] Vgl. hierzu auch Schlosser M., *Caligo illuminans*, in: Wissenschaft und
Weisheit 50 (1987), 126-139; Id., *Lux inaccessibilis. Zur negativen Theologie
bei Bonaventura*, in: Franziskanische Studien 68 (1986), 1-140.

[340] Vgl. dazu mit zahlreichen Belegstellen aus den bonaventuranischen Texten Rahner K., *Der Begriff der ecstasis bei Bonaventura*, in: Zeitschrift für
Aszese und Mystik [Geist und Leben] 9 (1934), besonders 4-13: »Die ekstatische Liebe (also ein Akt des Willens) bewirkt eine Vereinigung mit Gott,
die uns Gott auf eine Weise erfahren läßt, die über die hinausliegt, in der Gott
in geschaffenen Gnadenwirkungen erfaßt wird«, so daß die *ecstasis* »als unmittelbare Gotteserfahrung im eigentlichen Sinne des Wortes, d.h. ohne jedes
erkannte Erkenntnismittel bezeichnet werden muß« (ebd. 5f.). – Zu den in dieser Hinsicht jedoch unterschiedlichen Interpretationen und Ansichten in der
Forschung vgl. Szabó, *L'extase chez les théologiens du 13ᵉ siècle*.

pretiert worden, daß Bonaventuras gesamtes Denkgebäude, namentlich seine christologisch-christozentrische Erkenntnistheorie, ekstatisch charakterisiert sei, und die Geschichte in seinem Entwurf einer universalen *Ekstatik* unterliege;[341] Bonaventuras Denken würde demnach in der folgenden seiner Aussagen aus *De Scientia Christi* zur höchsten Konzentration gelangen: »[I]n comprehensivo cognoscens capit cognitum; in excessivo vero cognitum capit cognoscentem«[342].

Wie aber wird aus diesem christozentrischen, ekstatischen und auf das Kreuz fokussierten Ansatz Bonaventuras eine christliche *Logik der Geschichte* möglich? A. Gerken hat darauf hingewiesen, daß neben den äußeren Gründen, nämlich den Ereignissen des „ekstatischen" Lebens des hl. Franziskus und der Krise um den Joachitismus, die inneren Gründe für eine Geschichtsdeutung bei Bonaventura in dessen doppelter Rückbindung der Theologie an die Heilige Schrift einerseits und an die Praxis und das Leben der Gläubigen andererseits zu finden sind.[343] Bonaventura legt im Prolog zum *Breviloquium* dar, wie die Bibel keine deduzierten Lehrsätze verkündet,

---

[341] Vgl. in diesem Sinne HATTRUP, *Ekstatik der Geschichte*, besonders 9-52 u. 173-324. – Den Begriff *Ekstatik* hat D. Hattrup in die Bonaventura-Forschung eingeführt; so läßt sich nach seinen eigenen Worten das anvisierte Ergebnis der »Untersuchung über die Ekstatik der Geschichte bei Bonaventura in einen einzigen Satz bündeln: Das *Hexaëmeron* ist der Widerspruch zu *De Reductione* und seine Widerlegung. [...] Alle Wissenschaften will Bonaventura zur einen Mitte Christus hinzuführen, damit sie in ihm zur Weisheit werden. In diese Mitte war für ihn der wissenschaftsferne Franziskus zum erstenmal vollständig entrückt worden und zur letzten Weisheit gelangt« (ebd. 9).

[342] *Opera omnia*, Band V, 40ab.

[343] Vgl. GERKEN, *Besaß Bonaventura eine Hermeneutik zur Interpretation der Geschichte?*, 20-31.

sondern erzählend über geschichtliche Ereignisse berichtet; und bereits im Proömium zum ersten Buch des *Sentenzenkommentars* präsentiert Bonaventura das entscheidende geschichtliche Ereignis des Kreuzestodes Christi als eine eigentümlich theologische Einsicht,[344] die nur biblisch vermittelt wird und auf die Praxis, des näheren auf die *Tat der Liebe* (zu Gott, zu sich selbst und zum Nächsten) bezogen ist:»Schriftauslegung, Theologie, wird Deutung der Welt, wird Deutung der Geschichte, zeigt im Lauf der Dinge, der für den Menschen ohne das Wort Gottes unklar, verworren und sinnlos erscheint, den von Gott verfügten Sinn auf und weist so dem Menschen einen Weg«[345]. – Bonaventura mußte sich in seiner letzten, verantwortungsvollen Lebensphase als Generalminister der joachitischen Geschichtsprophetie stellen, nach der das im Neuen Bund begründete Zeitalter Christi durch das mit dem *Orden der Endzeit* nun anbrechende Zeitalter des Heiligen Geistes abgelöst werde.[346] Diese Sicht, die mit dem Postulat des Übergangs von einer kirchlich-sakramentalen zu einer letzten charismatischen Epoche verbunden war, mußte er theologisch widerlegen:»Die gesamte Geschichte ist nach Bonaventura christozentrisch, und das Verhältnis zwischen Christus und dem Heiligen Geist ist nicht von der Art, daß ihre

---

[344] Vgl. *Opera omnia*, Band I, 12f.

[345] GERKEN, *Besaß Bonaventura eine Hermeneutik zur Interpretation der Geschichte?*, 22.

[346] Zur Person und Theologie des Abtes Joachim von Fiore vgl. ZAHNER, *Die Fülle des Heils in der Endlichkeit der Geschichte*, 30-62, und zum in die Krise führenden franziskanischen Joachitismus vgl. ebd. 63-108.

Zeitalter sukzessiv aufeinander folgen könnten«[347]. So soll nun in drei überblickartigen und skizzenhaften Schritten gesehen werden, wie sich dieses bonaventuranische Geschichtsbild in verschiedenen Aspekten darstellt, und schließlich kurz gefragt werden, was daraus für den *Sinn* und das *Ziel* der Geschichte in christlicher Deutung folgt.

---

[347] GERKEN, *Besaß Bonaventura eine Hermeneutik zur Interpretation der Geschichte?*, 32.

III.2. Zum konkret-existentiellen Aspekt des bonaventuranischen Geschichtsentwurfs. Das Drama um die Krise des Franziskanerordens: Ist Franziskus die *Gestalt gewordene Ekstatik der Geschichte?*

In den Jahren nach dem Tod des hl. Franziskus war der junge Franziskanerorden zunehmend durch die interne Ausbreitung von – kirchenpolitisch gefährlichen und teilweise auch häretischen – trinitarisch-geschichtstheologischen und pneumatologisch-charismatischen Thesen des Joachitismus in die Kritik geraten und sowohl durch vielfache Gegnerschaft von außen als auch durch mangelnde Einheit von innen heraus bedroht. – »Die großen allgemeinen Anliegen des Franziskus hat Bonaventura wohl als erster für den Bereich der Theologie aufgenommen und in einmaliger Weise verwirklicht«[348], auch weil »für das Primäre der geistigen Grundhaltung Bonaventuras eben Franziskus das konkrete und entscheidende Leitbild darstellte«[349]. Als Generalminister seines Ordens (seit 1257) verfaßt Bonaventura 1261 die *Legenda maior*, die große Franziskuslegende, die »nicht nur eine geschichtliche Arbeit über das Leben des heiligen Franziskus, sondern auch eine ordenspolitische und damit theologische Stellungnahme des Generalministers des Minderbrüderordens«[350]

---

[348] Dettloff, *Bonaventura*, 51.

[349] Ebd. 50. – Bonaventura sah »in Franziskus nicht einen beliebigen Heiligen, sondern erblickte in ihm ein Zeichen der Endzeit, einen Gesandten Gottes, der innerhalb der bestimmt umgrenzten geschichtlichen Heilslinie eine genau festgelegte, unvertauschbare Stellung einnimmt« (Ratzinger, *Die Geschichtstheologie des heiligen Bonaventura*, 31).

[350] Zahner, *Die Fülle des Heils in der Endlichkeit der Geschichte*, 121.

darstellt und die in der Folgezeit innerhalb des Ordens autoritativ wird: Die *Legenda maior* ist als Teil der Maßnahmen zu betrachten, die der Generalminister Bonaventura in der Krise des Ordens, die aus den Wirren um die joachitischen und schwärmerischen Anhänger der heiligen Gründergestalt des Franziskus auf der einen Seite und den teilweise mittelmäßigen und laxen Nachwuchs auf der anderen Seite hervorging, ergreifen mußte. Schon im ersten Satz des Prologs wird darin Franziskus als der demütige Diener Gottes und der Menschen vorgestellt, in dem die Güte bzw. Gnade Gottes den (demütigen und der heiligen Armut ergebenen) Menschen konkret-geschichtlich erschienen ist.[351]

Die spiritualistischen franziskanischen Joachiten sahen in Franziskus den Anführer des neuen und chronologisch letzten Zeitalters des Heiligen Geistes, das von der Lebensform der Mönche geprägt sei und in dem erst die Fülle des Heils, qualitativ und quantitativ vollständig, gegenwärtig sei.[352] Doch auch Bona-

---

[351] Die *Legenda maior* findet sich in *Opera omnia*, Band VIII/2, 504-564: »*Apparuit gratia Dei salvatoris nostri* diebus istis novissimis in servo suo Francisco omnibus vere humilibus et sanctae paupertatis amicis« (ebd. 504a; die Hervorhebung weist auf ein Zitat aus *Tit* 2,11 hin). – Eine vollständige dt. Übersetzung von S. Clasen als »Großes Franziskusleben« findet sich in *Franziskus, Engel des sechsten Siegels. Sein Leben nach den Schriften des heiligen Bonaventura*, Einführung, Übersetzung und Anmerkungen von S. CLASEN, Werl 1962, 249-385; in der *Einführung* vgl. auch die Darstellung zu Bonaventuras Franziskusbild, ebd. 135-248.

[352] »Der franziskanische Joachitismus kann Fülle nur am chronologischen Ende des fortschreitenden Prozesses der Geschichte und als das Höchstmass von quantitativ Messbarem denken. Dass die Fülle an einem bestimmten Zeitpunkt der Geschichte und nicht erst an ihrem Ende gegenwärtig ist, ist für den Joachitismus nicht denkbar« (ZAHNER, *Die Fülle des Heils in der Endlichkeit der Geschichte*, 106).

ventura, der zwar diesem Drei-Zeitalter-Schema so nicht folgt, deutet das Leben des hl. Franziskus in seiner *Legenda maior* in geschichtstheologisch-eschatologischer Weise: »Bonaventura gibt Franziskus eine ähnliche Funktion, wie sie im Joachitismus [...] vorliegt: in Franziskus liegt etwas eschatologisch Neues vor. Zeichen dieses Neuen sind vor allem die Stigmata des hl. Franziskus, die diesen deutlich an Jesus Christus, den Gekreuzigten, rückbinden«[353]. Zwar wird Franziskus auch in Bonaventuras *Legenda maior* eschatologisch als der *wiedergekommene Elias* und als der *Engel des sechsten Siegels* der Johannes-Apokalypse (vgl. *Offb* 7,2) gesehen;[354] doch gerade die Stigmatisation, die

---

[353] Ebd. 124.

[354] Vgl. RATZINGER, *Die Geschichtstheologie des heiligen Bonaventura*, 31-40 u. 83-86. – Die besagten Bezeichnungen finden sich beispielsweise im Prolog zur *Legenda maior*; die stark eschatologisch geprägte Elias-Benennung bedeutet »zugleich auch eine Begrenzung gegenüber einer allzu starken Parallelisierung mit Christus« (ebd. 32, Anm. 27), doch die dann im *Hexaëmeron* überwiegenden, sich auf *Offb* 7,2 beziehenden Angelus-Stellen weisen darauf hin, »daß der heilige Franziskus nicht nur selbst Träger des Gotteszeichens der Stigmata ist, sondern auch an der Funktion des apokalyptischen Siegelengels teilhat, die Berufenen der Endzeit zu siegeln« (ebd. 39). – Das Franziskus-Ereignis bewirkt indes ein neues Verhältnis zwischen *Tradition* und *Kirche der Gegenwart* und schafft eine neue Auslegungssituation im Hinblick auf die Heilige Schrift: »Franz hatte den unerhörten Versuch gewagt, das Wort der Bergpredigt in das lebendige Werk seines eigenen Lebens zu übersetzen und den Geist Jesu Christi, den unmittelbaren Auftrag des Evangeliums wieder zum einzigen Maßstab des christlichen Lebens zu machen. [...] So aber wurde das Franziskus-Ereignis zugleich als Durchbruch durch eine allzu kanonisch gefaßte Tradition wirksam. [...] Alle Überlieferung vermag nichts gegen den unmittelbaren Spruch des Herrn – das ist die kühne Weisheit des Wortes, mit der Bonaventura im Gefolge seines Meisters Franziskus den Durchbruch zur unmittelbaren Begegnung mit der Schrift findet« (83f.). Dies führte zu einer Rezeption von Joachims progressiver Schriftauslegung und zur Einsicht in die fortschreitende geschichtliche Entfaltung der Heiligen Schrift auch bei Bonaventura, ja der »Vergleich des Franz-Ereignisses

Franziskus »das Zeichen des lebendigen Gottes«[355] verleiht, stellt
die Existenz des Heiligen aus Assisi für Bonaventura, entgegen
den Gefahren einer pneumatischen Entgleitung, in eine Linie
mit dem geschichtlich-strukturbildenden Ereignis des Kreuzes
Christi.[356] Der hl. Franziskus repräsentiert so eine *existentielle*

---

mit den Vorhersagen Joachims ist auch heute noch für den Historiker verblüffend
genug, um ihm das freudige Erstaunen der Franziskaner verständlich zu machen,
die in dieser Übereinstimmung eine sichere Bestätigung des heilsgeschichtlichen
Charakters von Franzens Werk erkannten« (ebd. 85).

[355] BONAVENTURA, *Franziskus, Engel des sechsten Siegels*, 374. – Das Ereignis
der Stigmatisation wird insgesamt in Kap. XIII der *Legenda maior* beschrieben, vgl. ebd. 365-375 und *Opera omnia*, Band VIII/2, 542-545. Eine Neu-
bearbeitung der Übersetzung von S. Clasen für die entscheidenden ersten drei
Abschnitte von Kap. XIII findet sich im Anhang zu *Itinerarium mentis in Deum
– Der Pilgerweg des Menschen zu Gott*, Lat.-dt., übersetzt und erläutert von M.
SCHLOSSER, mit einer Einleitung von P. Zahner, Münster 2004; vgl. ebd. 198-
200. Die Stigmatisation bedeutet die völlige Gleichgestaltung mit Christus; in
der Seraphsvision erkennt Franziskus, wie »nicht das Martyrium des Leibes,
sondern die Glut des Geistes [...] ihn als Freund Christi ganz zum Bild des gekreuzigten Christus umgestalten« (ebd. 200) müsse.

[356] Die Stoßrichtung der von Bonaventura verfaßten *Legenda maior* ist keine
hagiographische Verklärung, sondern stellt auf eine Kenosis-Christologie ab,
die auf Franziskus übertragen wird; vgl. ZAHNER, *Die Fülle des Heils in der
Endlichkeit der Geschichte*, 126-129: »Geschichtstheologisch bedeutsam ist
Bonaventuras Kenosis-Christologie, weil sie aufzeigt, dass das Heilsgeschehen in Christus bleibende Bedeutung hat und nicht durch geschichtlichen Fortschritt abgelöst werden kann. Mit den Stigmata wird Franziskus an das Kreuz
Jesu, an seine im Kreuz offengelegte Kenosis rückgebunden. [...] Der Blick
auf den kenotischen Christus, den leidenden Sohn Gottes, verunmöglicht das
schwärmerische Sprechen von einem jetzt anbrechenden neuen Zeitalter, weil
die Kenosis selber als bleibende Lebenswirklichkeit des trinitarischen Gottes
offenbart wurde. Die Kenosis, die Entäusserung Gottes kann deshalb auch in einem neuen Zeitalter nicht mehr auf etwas Anderes hin überstiegen werden, weil
sich in ihr die ganze Fülle des trinitarischen Gottes offenbart hat« (ebd. 128f.).
Zur pneumatologischen Dimension (beispielsweise das Erwirken der Stigmata)
im Leben des Franziskus vgl. ebd. 129f.

Konkretisation jenes die Geschichts-Struktur abbildenden Ereignisses von Kreuz und Auferstehung des Gottmenschen, das unter II.5. als Dreh- und Angelpunkt der Geschichte einsichtig wurde. Der dadurch der Ordnung der Kontemplativen oder der ekstatisch »Gottgeöffneten« zugehörende Franziskus »ist die Gestalt gewordene Ekstatik der Geschichte«[357], d.h. ein Zeichen ihres definitiven, jedoch über sich selbst hinausweisenden, *offenen* Endes![358]

---

[357] HATTRUP, *Ekstatik der Geschichte*, 9. – Franziskus gehört dem »seraphischen Orden« derer an, denen *in der Geschichte* eine unmittelbare Gotteserfahrung zuteil wird. D. Hattrup verweist auf die Stelle im *Hexaëmeron*, wo Bonaventura schreibt: »Tertius ordo est vacantium Deo secundum modum sursumactivum, scilicet ecstaticum seu excessivum. [...] Iste est ordo seraphicus. De isto videtur fuisse Franciscus« (*Hex.* XXII,22). D. Hattrup zitiert indes nach der Fassung A des *Hexaëmeron*, die in einer Ausgabe von F. Delorme vorliegt: »Tertius ordo contemplantium est eorum, qui sursumaguntur in Deum, de quo videtur fuisse sanctus Franciscus, qui in fine apparuit« (zitiert nach HATTRUP, *Ekstatik der Geschichte*, 9, Anm. 2). In dieser Fassung geht eindeutiger die Interpretation hervor, daß Franziskus »am Ende der Zeiten« erschienen sei.

[358] »Durch Franziskus wird in der Chronologie der Zeit keine neue Zeit und kein neues Zeitalter herbeigeführt, sondern die dauernde Neuheit des ‚Novissimus‘ Jesus Christus wird in der Geschichte neu sichtbar. In Franziskus wird damit die tiefste Berufung der ganzen Schöpfung neu deutlich: sie ist der Ort, an dem der ‚Novissimus‘ Jesus Christus gegenwärtig wird. Der Mensch kann ihn – wie Franziskus – in Freiheit annehmen. [...] In Franziskus wird erneut sichtbar, was in Jesus Christus auf einzigartige Weise Wirklichkeit wurde: die Endlichkeit der menschlich-chronologischen Wirklichkeit ist mit der eschatologisch-göttlichen Fülle ‚ungetrennt und unvermischt‘ verbunden. Wie ein Spiegel gibt Franziskus das Geheimnis Jesu Christi exemplarisch wieder und ist in die eschatologische Dimension seines Heilswerkes einbezogen, allerdings ohne selbst dieses Geheimnis und dieses Heil zu sein. [...] Bonaventuras Rückbindung des hl. Franziskus an den ‚Novissimus‘ Jesus Christus und sein Zusammendenken von geschichtlicher Chronologie und eschatologischer Wirklichkeit ist seine theologische Antwort auf die Franziskusdeutung der franziskanischen Joachiten« (ZAHNER, *Die Fülle des Heils in der Endlichkeit der Geschichte*, 125f.). – Vgl. auch die Überlegungen unter III.5. zum Verhältnis von sechstem, siebten und achten Zeitalter bei Bonaventura.

III.3. Zum mystisch-ekstatischen Aspekt des bonaventu-ranischen Geschichtsentwurfs. Der *Pilgerweg des Menschen zu Gott* als je schon ergangener, geschehender und noch sich zu ereignender Entzug von Zeit und Geschichte in Christus hinein

Nachdem im vorigen Unterpunkt die Gestalt des hl. Franziskus vom existentiellen Aspekt her als relevant für eine Deutung der Geschichte gesehen wurde, soll nun das Augenmerk auf das *Itinerarium mentis in Deum* gerichtet werden, also auf jene Schrift, deren Konzeption Bonaventura im Jahre 1259 auf La Verna – dem Berg, auf dem Franziskus die Stigmata empfing – durch so-wohl kontemplative als auch intellektuelle Anstrengung gleich-sam *von außen* und *von sich selbst* empfängt und für die eben der stigmatisierte Franziskus einen wichtigen hermeneutischen Schlüssel darstellt,[359] was besonders im Prolog und im siebenten Kapitel des *Itinerarium* deutlich wird. Bonaventura suchte auf La Verna *in* und *durch* Betrachtung nach Licht für einen Aus-weg aus der Ordenskrise und folgt in seiner daraus resultierenden Schrift der aszetisch-mystischen Methode, wie sie im Dreischritt

---

[359] Vgl. hierzu die *Einleitung* von P. Zahner zu *Itinerarium mentis in Deum – Der Pilgerweg des Menschen zu Gott*, Lat.-dt., übersetzt und erläutert von M. Schlosser, XI-XVIII; diese Arbeit wird, sofern es sich nicht um den latei-nischen Text Bonaventuras oder dessen Übertragung handelt (die mit der Sigle *Itin.* wiedergegeben werden, vgl. Anm. 329 der vorliegenden Untersuchung), im folgenden und vor allem hinsichtlich des darin enthaltenen Kommentars als *Der Pilgerweg des Menschen zu Gott* angegeben, um sie von der älteren Arbeit J. Kaups: *Itinerarium mentis in Deum – De Reductione Artium ad Theologiam. Pilgerbuch der Seele zu Gott – Die Zurückführung der Künste auf die Theolo-gie*, Lat.-dt., eingeleitet, übersetzt und erläutert von J. Kaup, München 1961, zu unterscheiden.

von *via purgativa, via illuminativa* und *via perfectiva* oder *uni-tiva* des Pseudo-Dionysius Areopagita klassisch beschrieben ist; diese Stufenfolge ist indes *nicht* im Sinne eines *Nacheinander*, sondern im Sinne von *Miteinander* und *Ineinander* zu verstehen.[360] Bei allen Schwierigkeiten hinsichtlich methodologischer Aussagen gerade im Kontext großer zeitlicher, lebensweltlicher und wissenschaftstheoretischer Distanz gilt in jedem Falle: »Erst wer erkennt, daß das Itinerarium zuerst eine mystische Schrift ist, kann überhaupt einen Zugang zu ihm finden«[361], um dann darin aber »eine Perle unter den Werken franziskanischer Mystik«[362] zu entdecken. Insbesondere wird im *Itinerarium* die mit der Mystik verbundene Methodenfrage von innen heraus durch den gnoseo-

---

[360] Vgl. hierzu und zu dem gesamten Fragenkomplex der Methode des *Itinerarium* die etwas ältere, aber explizite (wenn auch unter moraltheologischer Rücksicht) Abhandlung bei TEICHTWEIER G., *Die aszetisch-mystische Methode im Itinerarium mentis in Deum des Bonaventura*, in: Theologische Quartalschrift 136 (1956), 436-461. Besonders hervorgehoben und unterstützt werden soll die Betonung des zielstrebigen, *teleologischen Aspekts* von Bonaventuras aszetisch-mystisch-ekstatischer Methode im *Itinerarium*, vgl. ebd. 451-457. Nicht mitvollzogen werden kann hingegen die Auffassung, daß Bonaventura eindeutig der deduktiven Methode den Vorrang vor der induktiven Methode gebe, wozu G. Teichtweier schreibt: »Bon. [Bonaventura] zeigt also den Weg des Menschen nicht am Erfahrungsbeispiel, etwa des Aufstiegs des hl. Franziskus auf, sondern leitet ihn aus letzten, zusammenhängenden theologischen Erkenntnissen her« (ebd. 449); vielmehr weiß Bonaventura im Hinblick auf seine Rezeption des Franziskus-Ereignisses und gerade weil er – wie im übrigen Hegel – »einen tief inneren Zusammenhalt aller Dinge gewahrt« (ebd.), deduktive und induktive Methode, mühelos und kohärent zu seinem Ansatz, organisch zu verbinden. – Zum teleologischen Aspekt in Bonaventuras Denken indes vgl. auch den aufschlußreichen Artikel *contuitio* in *Lexique Saint Bonaventure*, 41-46, mit zahlreichen Belegstellen.

[361] ZAHNER, *Der Pilgerweg des Menschen zu Gott – Einleitung*, XI.

[362] SCHLOSSER, *Der Pilgerweg des Menschen zu Gott – Vorwort*, IX.

logischen Aspekt der *ecstasis* überstiegen, unabhängig davon, ob diese nun *innerhalb* oder *außerhalb* der intellektiven Erkenntnisordnung liegt; die vorliegende Untersuchung interpretiert sie eher in letzterem Sinne, weil ihr nur so die Rede vom *caligo illuminans* als sinnvoll erscheint.

Nachdem Bonaventura am Anfang des Prologs das Werk situiert und auch einige aufschlußreiche biographische Bemerkungen gemacht hat, beschreibt er das Projekt eines betrachtenden Aufstiegs zu Gott in sechs Stufen, deren Ziel wie vormals bei Franziskus die *pax ecstatica* ist (vgl. *Itin.* Prolog, 1-3) und die er unter anderem mit den sechs aktiven Schöpfungstagen, den sechs Stufen zum Thron Salomos oder mit den sechs Seraphsflügeln aus der Jesajavision (und der Vision des hl. Franziskus bei seiner Stigmatisation) vergleicht. Dieser Aufstieg ist eine *scala mystica* im eigentlichen Sinne, »durch die die Seele gleichsam auf Stufen oder Weg(streck)en darauf vorbereitet wird, hinüberzugehen zum Frieden durch die alles überschreitende christliche Weisheit. Der Weg dahin ist einzig die glühende Liebe zum Gekreuzigten«[363]. Der Dreischritt der Betrachtung von *vestigia*, *imago* und *primum principium/Deus* (vgl. *Itin.* I,2) weitet sich durch Verdoppelung zu sechs Schritten,[364] welche eine Leiter darstellen, die von den »corporalia exteriora« ausgeht und auf

---

[363] *Itin.* Prolog, 3. »Nam per senas alas illas recte intelligi possunt sex illuminationum suspensiones, quibus anima quasi quibusdam gradibus vel itineribus disponitur, ut transeat ad pacem per ecstaticos excessus sapientiae christianae. Via autem non est nisi per ardentissimum amorem Crucifixi«. – M. Schlosser macht darauf aufmerksam, daß auch die Übersetzung »die glühende Liebe des Gekreuzigten« möglich wäre. – Für die Beschreibung der *scala mystica*, die sich aus den Kontemplationen ergibt, vgl. auch *Itin.* I,2.

[364] Vgl. *Itin.* I,5.

der über den »spiritus« und schließlich *in* der selbsttranszen-
denten »mens« (vgl. *Itin.* I,4) der Aufstieg vollzogen wird.[365]
Die Erkenntnis der Wahrheit, der Aufstieg zu Gott vollzieht
sich also von den äußeren Dingen über eine Einkehr in sich
selbst schließlich im Überstieg der Selbstüberschreitung, wobei
der Inversion der Aktivität, mithin dem Primat der Gnade die
entscheidende Rolle zukommt.[366]

Da Bonaventura die sechs Betrachtungen mit den äußeren
Dingen beginnt, wird in den ersten beiden Kapiteln des *Itinerarium* Gott *durch* seine Spuren im All und *in* seinen Spuren in
dieser sichtbaren Welt betrachtet (vgl. *Itin.* I u. II).[367] Im dritten und vierten Kapitel wird Gott *durch* sein Abbild, das der
Mensch darstellt (vgl. *Itin.* III), und *in* seinem durch Christi
Erlösungswerk neugeschaffenen Bild (vgl. *Itin.* IV) betrachtet.[368] Im fünften und sechsten Kapitel vollzieht sich dann der

---

[365] Dieser Dreischritt gleicht genau jener *scala mystica*, wie sie Augustinus in
De vera religione, das Bonaventura neben anderen Werken des lateinischen
Kirchenvaters gerne zitiert, klassisch beschreibt: »Noli foras ire, in te ipsum
redi, in interiore homine habitat veritas; et si naturam tuam mutabilis invene-
ris, transcende et te ipsum« (*De vera religione*, 39, 72).

[366] Vgl. dazu *Itin.* I,1; IV,2.3.4.8; VII,4; vgl. auch SCHLOSSER, *Der Pilgerweg
des Menschen zu Gott – Kommentar*, 120f.

[367] Dabei wird das grundlegende Prinzip der Betrachtungen deutlich, die in
Anlehnung an das berühmte Pauluswort aus *1Kor* 13,12 entweder *durch den
Spiegel* oder *im Spiegel* erfolgen können: Der Betrachter wird demnach »über
die Betrachtung der Geschöpfe zu Gottes Eigenschaften „aufsteigen", oder
vom Wissen über Gott „absteigen", also seine Gegenwart *in* den Geschöpfen
betrachten« (SCHLOSSER, *Der Pilgerweg des Menschen zu Gott – Kommentar*,
127). Die ganze Argumentation bewegt sich in diesem Zusammenhang vor
dem Hintergrund der relevanten Schriftstellen *Weish* 13,5 (vgl. *Itin.* I,9) und
Röm 1,20 (vgl. *Itin.* II,12.13).

[368] Bonaventura bezieht sich in seinen Werken häufig auf Augustinische Ge-

Überschritt zur Betrachtung Gottes selbst. Zunächst präsentiert Bonaventura eine onto-theologische Metaphysik, in der Gott mittels seines ersten Namens (vgl. *Ex* 3,14) als das *Erste Sein*, das *Sein an sich* und als *actus purus* evident wird (vgl. *Itin.* V,3-5), sodann entwirft er in Kapitel VI eine Metaphysik des höchsten Gutes, eine *Ontologie der Liebe* ausgehend nicht von Johanneischen Bezügen, sondern von Gottes Namen im Neuen Testament: das Gute (vgl. *Lk* 18,19). Er bietet eine explizite Trinitätslehre (vgl. *Itin.* VI,2), in der er auf den *dilectus* und *condilectus* des Richard von St. Victor rekurriert, und behandelt schließlich das christologische Grunddogma von der hypostatischen Union (vgl. *Itin.* VI,4-6).

Im siebenten Kapitel, die höchste Stufe der *scala mystica* ist bereits überstiegen, verweist er nochmals auf das Beispiel vollendeter Kontemplation in Franziskus (vgl. *Itin.* VII,3).[369]

---

danken (vgl. SCHLOSSER, *Der Pilgerweg des Menschen zu Gott – Kommentar*, 146), wie sie zum Beispiel in *De Trinitate* ausgeführt werden, und vermag sie in großer synthetischer Kraft darzustellen; dies gilt auch besonders für *Itin.* III, weshalb M. Schlosser schreibt: »Bonaventuras Text ist hier so klar und knapp, daß es eines Kommentars kaum bedarf« (SCHLOSSER, *Der Pilgerweg des Menschen zu Gott – Kommentar*, 152). Deutlich wird in vielen Überlegungen Bonaventuras auch seine Meisterschaft, in allen menschlichen Erfahrungen und Zusammenhängen trinitarische Bezüge aufzuzeigen (vgl. ebd. 166).

[369] Im Laufe seines Schaffens wird dieser Bezugspunkt für Bonaventura immer wichtiger im Hinblick auf alle Aspekte seines Denkens und seiner Theologie; vgl. hierzu SCHACHTEN, *Intellectus Verbi*, 162-169: »Die schließlich zweitrangige Behandlung der metaphysischen Illuminationslehre und die ausschließlichere Zuwendung zu der Erkenntnisweise vermittels des Verbum inspiratum läßt Bonaventura immer mehr die platonisch-sapientiale Theologie des großen Kirchenlehrers Augustin der Vergangenheit angehören und für sich immer mehr die Lebens- und Denkweise des stigmatisierten Franz behalten. Bonaventura versteht nun den hl. Franziskus wesentlich als „theologischen Menschen"« (ebd. 163).

Wenn wir mit »Jesus Christus, dem ersten und höchsten Ursprung und zugleich dem Mittler zwischen Gott und den Menschen«[370], die sechs Stufen des *Itinerarium* gehen, so Bonaventura, gibt Er sich *selbst* als »Weg und Pforte«[371], und wir gehen »mit Christus, dem Gekreuzigten, aus dieser Welt zum Vater«[372]. – »Die tiefste Vereinigung mit Christus auf Erden geschieht nach den Worten Bonaventuras am Kreuz. [...] Am Ende des Itinerarium ist die Sehnsucht zur Glut geworden, zur Teilnahme an Gottes Feuer« und »im Sterben Christi wird diese glühende Liebe Gottes offenbar«[373]. Am Ende des Weges, gerade in vollkommener *Ekstase*, tritt der Betrachtende in das *mystische Schweigen* der Liebe ein (vgl. *Itin.* VII,4-6).[374]

Was aber hat nun dieser mystisch-ekstatische Aspekt des *Itinerarium* mit einer eigenen möglichen Dimension im Verständ-

---

[370] *Itin.* VII,1; »principio primo et summo et mediatore Dei et hominum; Iesu Christo«. – Das siebente Kapitel ist von Bonaventura folgendermaßen überschrieben: »De excessu mentali et mystico, in quo requies datur intellectui, affectu totaliter in Deum per excessum transeunte«.

[371] *Itin.* VII,1; »via et ostium«.

[372] *Itin.* VII,6; »transeamus cum Christo crucifixo ex hoc mundo ad Patrem«.

[373] SCHLOSSER, *Der Pilgerweg des Menschen zu Gott – Kommentar*, 186.

[374] Bonaventura zitiert in *Itin.* VII,5 aus *De mystica theologia* des Dionysius, gibt dessen Worten aber im Kontext des bis zu Ende ausgeschrittenen *Itinerarium* eine eigene Bedeutung. Vgl. auch SCHLOSSER, *Der Pilgerweg des Menschen zu Gott – Kommentar*, 183-186: »Hier wird *erfahren*, was das Geheimnis des christlichen Lebens ist. Der Mensch, der Gott liebt, wird eins mit ihm, weil er dasselbe liebt wie Gott und durch den Heiligen Geist, die göttliche Liebe, in das Leben Gottes hineingenommen ist. [...] Noch ist der „achte Tag" nicht angebrochen, noch wird Gott nicht offen geschaut. Die Liebe aber vermag in gewisser Weise weiter zu gehen als die Erkenntnis [...] und das „Schweigen", in das der Mensch eintritt, „belehrt" ohne Worte« (ebd. 184f.).

nis der Geschichte zu tun? Um hierauf eine Antwort zu erhalten, muß man das unter II.2. gesehene spezifische Verhältnis von *Wissen* bzw. *Erkenntnis* und *Geschichte* hinsichtlich eines ernstzunehmenden *Wirklichkeits*begriffs und somit auch hinsichtlich eines *wirklichkeits*bezogenen *Geschichts*begriffs berücksichtigen. Auf dem Berg La Verna wurde Bonaventura eine mystisch-ekstatische Erkenntnis zuteil, die er im *Itinerarium* beschreibt; die *ecstasis* gehört zum *status viatorum*, womit es sich also um eine Erkenntnis *in der Geschichte/Zeit* handelt. Wenn *Zeit* und *Raum* als die sinnlichen Anschauungsformen des Erkenntnisprozesses (so bei Kant) genommen werden oder *Zeit* auch als das Moment der Negativität im dialektischen Erkenntnisprozeß betrachtet wird, so macht der mystisch-ekstatische Weg zu Gott oder zum Absoluten, wie ihn das *Itinerarium* als eine in der Seele stattfindende Begegnung beschreibt, eine Aussage über die Geschichtswirklichkeit: Weil in der kontemplativen, mystischen Ekstase die ganze Person, *Zeit* und *Wirklichkeit, in* den gekreuzigten *Christus* – in dem Zeit und Ewigkeit zusammenfallen[375] – *hinein entzogen* werden, deswegen ist die *scala mystica* dieser Kon-

---

[375] Vgl. besonders HAYES, *The Hidden Center*, 130-132, wo dies anhand von Stellen aus dem *Sentenzenkommentar* und der *Apologia pauperum* erläutert wird: »Christ as uncreated Word is the eternal exemplar. This is grounded in trinitarian metaphysics. [...] As the incarnate Word, Christ is the temporal exemplar. [...] The human nature of Christ exists in a dialectical relation to the eternal Word. Without becoming the eternal Word, it finds its truest content in that Word and embodies it most fully in the Word. So intimate and perfect is this union that Bonaventure can refer to Christ as a "single and undivided exemplar", possessing an eternal side and a temporal side. The eternal shines through in the temporal; or the temporal is transparent to the eternal to those who approach the temporal in faith« (ebd. 131f.).

templation gerade jener »Leiter« verwandt,[376] die bei Hegel das Individuum bzw. das »natürliche Bewußtseyn« durch den langen Prozeß der Weltgeschichte hindurch in die »begriffne Geschichte« geführt hat, in welcher die Zeit *aufgehoben* ist. Die Geschichte erweist sich bei Bonaventura in ihrem Entzug als ein *Itinerarium mundi et temporis in Christum,* das sozusagen durch die gesamte Geschichte hindurchgreift und wodurch jeder Moment – ob vergangen, gegenwärtig oder zukünftig – von seinem Ziel her gesehen ein Zeitpunkt wird, zu dem die Begegnung mit Christus *erfahren* werden kann.

Ist dann aber nicht auch die »Wegbeschreibung«[377] des *Itinerarium* innerlich, eigentlich und uneigentlich zugleich, verwandt mit dem schließlich in eine eigentümliche Gewißheit mündenden Weg des Zweifels und der Verzweiflung der *Phänomenologie des Geistes*?[378] Gleichen die *Betrachtungen* des bonaventuranischen Weges »*hinein* und *hinauf* ins innere Jerusalem«[379] nicht in gewisser Weise dem Hegelschen Weg

---

[376] Vgl. HEGEL, *Phänomenologie des Geistes,* GW 9, 23.

[377] SCHLOSSER, *Der Pilgerweg des Menschen zu Gott – Kommentar,* 113.

[378] Vgl. HEGEL, *Phänomenologie des Geistes,* GW 9, 55f. – Hegel spricht nicht nur vom »Weg des natürlichen Bewußtseyns«, sondern auch vom »Weg der Seele, welche die Reihe ihrer Gestaltungen, als durch ihre Natur ihr vorgesteckter Stationen durchwandert, daß sie sich zum Geiste läutere, indem sie durch die vollständige Erfahrung ihrer selbst zur Kenntniß desjenigen gelangt, was sie an sich selbst ist« (ebd. 55). Die Natur der Seele bzw. des Bewußtseins müßte nach dem bisher Gesagten als *auch* ekstatisch angesehen werden!

[379] SCHLOSSER, *Der Pilgerweg des Menschen zu Gott – Kommentar,* 114. – Wo die Betrachtung sich »der geschaffenen, unmittelbar sich zeigenden Wirklichkeit« (ebd.) zuwendet, könnte eine Entsprechung zur *sinnlichen Gewißheit,* zur *Wahrnehmung* und zum *Verstand* des Bewußtseins in der *Phänomenologie* gesehen werden; wo »der Mensch sich selbst als geistbegabtes Wesen« (ebd.)

des Geistes ins *absolute Wissen* bzw. umgekehrt? In beiden Wegen spielt, wie gesehen wurde, die *Mittlerschaft des Gekreuzigten* die entscheidende Rolle. Allerdings wird in dieser Perspektive die Hegelsche Geistes-Geschichte, die implizit je schon über sich hinaus ist, jenseits ihrer bloß dialektischen Zerrissenheit unerahnt und unvermutet explizit noch um einen Pol erweitert, nämlich einen wirklich von außen herzutretenden mystisch-ekstatischen; in dieser Sicht wird in der *Phänomenologie* wie im *Itinerarium* »alles Wissen des Menschen und vom Menschen, und alle Erkenntnis von Gott, philosophisch und geoffenbart, zur Anleitung, Gottes Gegenwärtigkeit sich zu vergegenwärtigen«[380], und zwar als *kontemplativ* vollzogene Anerkennung der Erfahrung, der *cognitio experimentalis*, eines unverfügbaren Anspruchs.[381]

---

betrachtet, mag man an *Selbstbewußtsein, Vernunft* und vielleicht auch *Geist* denken; wenn schließlich »Gott selbst betrachtet« (ebd.) wird, ist die *offenbare Religion*, mithin das *absolute Wissen* erreicht.

[380] Ebd.

[381] Vgl. in dieser Hinsicht in bezug auf Hegel ILJIN I., *Die Philosophie Hegels als kontemplative Gotteslehre*, Bern 1946. – Wie Bonaventura den Weg der Läuterung durch das Feuer der Kontemplation als *Erfahrung eines Anderen* geht, so geht Hegel »den Weg der Läuterung durch das Feuer des Denkens«: »In diesem Aufstieg von der empirischen „Gedankenlosigkeit" zum spekulativen Denken, von der Meinung zum „absoluten Wissen"[,] vom Einzelnen zum Allgemeinen, vom Diskreten zum Konkreten, von der Seele zum Geist, vom „thierischen" Zustand zum göttlichen, – vollzieht sich das Schicksal des Empirisch-Konkreten: es wird im Namen des Höheren überwunden, indem es, um mit Anaximander und Hegel zu reden, zu seiner Grundlage und Wesenheit, die ewig und unwandelbar ist, zurückkehrt. Doch dieser Weg ist nicht einfach und nicht leicht. Dem Erkennen steht eine ungeheure, konzentrierte, schmerzliche, geduldige Arbeit am Begriff und im Begriff bevor; es muß im Zweifel bis zum Äußersten gehen, muß an seinem ganzen Inhalt verzweifeln, einen

III.4. Zum universal-kosmologischen Aspekt des bonaventuranischen Geschichtsentwurfs. Die *Mitte des Weltenkreises* und das auf den *Frieden* geordnete Drama der Geschichte

Es soll nun, nach dem jeweils kurzen Bedenken des *konkret-existentiellen* und des *mystisch-ekstatischen* Aspekts im Geschichtsentwurf Bonaventuras, die Wende zum unvollendet gebliebenen Spätwerk des Seraphischen Lehrers, den *Collationes in Hexaëmeron,* und der damit verbundenen *universal-kosmologischen* Sichtweise vollzogen werden. Die Vorträge des *Hexaëmeron,* die Bonaventura im Frühjahr 1273 vor den Minderbrüdern in Paris hielt, konnten zumindest insgesamt nicht mehr von ihm selbst redigiert werden und sind in zwei Überlieferungsformen auf die Nachwelt gekommen;[382] sie wollen im Kontext des Pariser Lehr- und Fakultätenstreits und der averroistischen Krise eine universale Schöpfungs- und Geschichtsdeutung (eben eine Interpretation des *Sechstagewerkes*) und eine Erkenntnis- und Wissenschaftskonzeption aus christlicher und theologischer Sicht begründen. Die 23 *Collationes* entfal-

---

wahren „bacchantischen Taumel" des Zweifels erleben. Und nur aus diesem philosophischen Zusammenbruch kann sich dann die Wiedergeburt und die Erneuerung des Wissens ergeben...« (ebd. 31). – Ungeachtet der einseitig platonischen Auslegung Hegels bei I. Iljin – in Wirklichkeit wird das »Empirisch-Konkrete« bei Hegel nicht »überwunden«, sondern gerettet – bringen diese Worte den bereits in die *Phänomenologie des Geistes* eingeschriebenen mystisch-kontemplativen Charakter des Hegelschen Denkwegs sehr einleuchtend zum Ausdruck.

[382] Zur Überlieferungsgeschichte des *Hexaëmeron* und zur Frage nach den beiden Reportationes A und B vgl. HATTRUP, *Ekstatik der Geschichte,* 269-276.

ten sich in Parallele zu den sieben Schöpfungstagen und handeln von der naturgegebenen Einsicht (*Hex.* IV-VII), von der Glaubenseinsicht (*Hex.* VIII-XII), von der durch die Heilige Schrift ausgebildeten Einsicht (*Hex.* XIII-XIX) und von der durch die Kontemplation emporgehobenen Einsicht (*Hex.* XX-XXIII); die Stufen der Einsicht durch prophetische Erkenntnis, durch Entrückung und schließlich in der Glorie (des siebten Tages) kamen nicht mehr zur Ausführung.

Es wäre sicherlich interessant, die Linie der Parallelisierung des *Itinerarium* und der *Phänomenologie* im Hinblick auf Überlegungen zu Analogien zwischen dem *Hexaëmeron* und Hegels Berliner *Vorlesungen* fortzuführen: Auf äußerlicher Ebene sei nur hingewiesen auf den jeweiligen fragmentarischen Charakter sowie auf die Tatsache, daß die Texte (bei Hegel zumindest überwiegend) nur aufgrund von Mit- bzw. Nachschriften vorliegen; noch interessanter wären inhärente Fragen des konzeptionellen Aufbaus und der inneren Logik, geht es doch jeweils um die Rechtfertigung eines einheitlichen spekulativen Entwurfs und um Antworten auf die scharfsinnig diagnostizierte Krisis der jeweiligen Zeitsituation.[383] Doch die

---

[383] In der Tat scheinen die innere Verwandtschaft und die sachlich-logischen Bezüge zwischen Hegels und Bonaventuras Entwürfen größer zu sein, als A. Gerken es einzugestehen vermag, wenn er W. Schachten eine hegelisierende Bonaventura-Auslegung vorwirft, vgl. GERKEN A., *Bonaventuraforschung auf falscher Fährte?*, in: Wissenschaft und Weisheit 38 (1975), 59-62. Wie Hegel in seinen späten Vorlesungen im Kontext der allgemeinen wissenschaftlichen Entwicklung immer mehr zu begreifen versucht, was das *Christentum* als die *wahre Religion* für die Philosophie bedeutet, so hat Bonaventura seine Wissenschafts- und Erkenntniskonzeption im *Hexaëmeron* gegenüber früheren Schriften in »wesentlichen Punkten geändert, worin sich die Anerkennung gewisser neuer Forderungen widerspiegelt« (HATTRUP, *Ekstatik der Geschichte*,

vorliegenden Ausführungen wollen sich darauf beschränken, in knapper Form zu umreißen, wie Bonaventura im *Hexaë-meron* die theologischen Ansätze für ein universal-kosmologisches Welt- und Geschichtsbild herausarbeitet, in dem die Gesamtwirklichkeit von Welt und Geschichte gleichsam als *Kosmos* erscheint mit Jesus Christus als der *uni-versalen Mitte*, auf welche die Wissenschaften, das Weltgeschehen, ja der ganze Kosmos zustreben. Das *Hexaëmeron* will also »mehr als eine reife Geschichtstheologie« sein: Es »ist eine auf den trinitarischen Analogien aufbauende Sicht der Welt, die die gesamte Wirklichkeit (Geschichte, Philosophie, Wissenschaften) auf ihren Urgrund, die Trinität, deren mittlere Person Jesus Christus ist, zurückführt«[384].

---

320): »Mit dem *Hexaëmeron* verknüpft Bonaventura die neuen Forderungen mit der christlichen Weisheit, so daß eine neue Synthese ersteht, in der alle in sie eingegangenen Begriffe einer Transformation unterworfen werden. Das sind vor allem die Begriffe des Begreifens, der Wissenschaft, der Geschichte und der Offenbarung« (ebd. 320f.). – D. Hattrup stellt allerdings auch Erträge des *Hexaëmeron* fest, die es eher in Nähe zur *Phänomenologie des Geistes* rücken: Im *Hexaëmeron* »werden die Stufen der Erkenntnis mit den Schöpfungstagen verbunden und als reale Geschichte der Wahrnehmung gedeutet, also in der Aufeinanderfolge gewisser geschichtlicher Gestalten, die dennoch nicht eine chronologische zeitliche Erstreckung meint« (ebd. 320); auf diesem Weg der zunehmend vollkommenen Erkenntnis werden die Begriffe »in einer Stufenfolge nach dem Maß des Begreifens und des Entzugs angeordnet. Das Begreifen ist auf jeder Stufe der Anlaß, über sie hinaus zu gehen, da sich in der Wahrheit der Stufe zugleich ihre Unwahrheit demonstriert. Nur wenn man bereit ist, zur nächsten Stufe überzugehen, kann man diese Unwahrheit verlieren« (ebd. 321).

[384] ZAHNER, *Die Fülle des Heils in der Endlichkeit der Geschichte*, 140. – Es ist sicherlich das Verdienst der Arbeit von P. Zahner, aufgezeigt zu haben, daß Bonaventuras christologisch-staurologische Konzentration immer auch an seine umfassende, eben nicht joachtisch-fortschrittsgeschichtliche, sondern

Zwar präsentiert Bonaventura im *Hexaëmeron* die Stufenfolge der Erkenntnis – von der natürlichen über die ekstatische Erkenntnis bis zur *visio beatifica* – in der Parallelisierung
zu den Schöpfungstagen dem inhaltlichen Range nach in der
gleichen Richtung der *mystisch-ekstatischen* Erkenntnis- und
Erfahrungs*bewegung*; doch für die konkrete Erkenntnis *in
der Geschichte* deklariert er, von der Mitte her denkend, eine
Umkehrung der Stufenfolge, denn die offenbarende Selbstmitteilung des Schöpfergottes »kehrt den Modus des Begreifens um« und bedeutet »die stufenweise Umwandlung des
menschlichen Ergreifens in das Ergriffensein von Gott«[385].
Die dadurch gewonnene universal-kosmologische Sicht betrachtet den Weg der Geschichte angesichts der Vollendung,
weshalb Bonaventura der Stufenfolge A: 1a. (natürliche und
theologische) *Einsicht*, 2a. *ekstatische Weisheit*, 3a. *vollendete Kontemplation/Glorie*, im *Hexaëmeron* die Umkehrung
B: 1b. *Christus, die Mitte aller Wissenschaften* (*Hex.* I), 2b.

---

perichoretische Trinitätsauffassung zurückgebunden bleibt, weshalb P. Zahner
Bonaventuras Denken und vor allem das *Hexaëmeron* als »christozentrisch
akzentuierte Trinitätstheologie« und als »trinitarische Christozentrik« charakterisiert; vgl. besonders ebd. 147-155 u. 183-188. Allerdings müssen die zum
Teil sehr oberflächlichen Angriffe auf einen angeblichen *Chiliasmus* und implizit auf einen prozessual konzipierten *Tritheismus* bei J. Moltmann, vgl. beispielsweise ebd. 176 u. 184f., als unberechtigt bewertet werden: J. Moltmann
geht es in seiner Theologie, deren narrative Phänomenologie sicherlich einer
ontologischen Vertiefung bedarf, in erster Linie um eine streng trinitarische
Fassung des Theismus, und manche chiliastische Ansätze sind nicht so sehr
doktrinell, sondern als eine Art pan-en-theistische, christliche Politologie zu
verstehen.

[385] HATTRUP, *Ekstatik der Geschichte*, 319; vgl. insgesamt ebd. 305-324. – Die
Interpretation der vorliegenden Untersuchung folgt in den *ihr wichtigen* Punkten weitestgehend dem Ergebnis dieser Arbeit von D. Hattrup.

Fülle der Weisheit (*Hex.* II), 3b. *Fülle der Einsicht* (*Hex.* III), voranstellt. Bonaventura macht also in der *ersten Collatio*, die er dem Ganzen gleichsam als Leitmotiv voranstellt, deutlich, »daß in Christus alle Schätze der Weisheit und der Wissenschaft verborgen sind, daß er die Mitte aller Wissenschaften ist«, des näheren siebenfach als »die Mitte des Seins, der Natur, des Abstandes, der Lehre, der Bescheidung, der Gerechtigkeit, der Eintracht«[386], d.h. die universale Mitte von Metaphysik/Philosophie, Physik, Mathematik, Logik, Ethik, Staatskunst/Politik/Rechtswissenschaft und Theologie. Christus ist damit »Mittler Gottes und der Menschen, der die Mitte in allem innehat«, und wer »zur christlichen Weisheit gelangen will, der muß notwendig bei ihm beginnen«[387].

In *Hex.* II weist Bonaventura den Weg der ekstatischen Einheit der Seele mit Gott (vgl. *Hex.* II,28-34);[388] in *Hex.* III,25-32 zeichnet Bonaventura den Aufbauplan des gesamten Entwurfs vor – die Ausführung bricht dann fast zeichenhaft nach dem vierten Schöpfungstag, an dem die *ecstasis* der irdischen Kontemplation erreicht ist, ab. Über die weiteren Stufen belehren deswegen nicht die Worte und Begriffe von *Collatio-*

---

[386] *Hex.* I,11; »in Christo sunt omnes thesauri sapientiae et scientiae Dei absconditi (*Col* 2,3), et ipse est medium omnium scientiarum. Est autem septiforme medium, scilicet essentiae, naturae, distantiae, doctrinae, modestiae, iustitiae, concordiae«.

[387] *Hex.* I,10. »Ipse enim mediator Dei et hominum (*1 Tim* 2,5) est, tenens medium in omnibus [...]. Unde ab illo incipiendum necessario, si quis vult venire ad sapientiam christianam«. – Vgl. auch die Analyse bei HATTRUP, *Ekstatik der Geschichte*, 276-286.

[388] Für eine eingehende Analyse auch hinsichtlich der Unterschiede in den Reportationes A und B vgl. ebd. 287-304.

nes, sondern das mystisch-ekstatische Schweigen der Gotter-
griffenheit begleitet den Weg zur vollendeten *pax ecstatica*.[389]
– Das *Hexaëmeron* bietet eine theologische Interpretation von
Welt und Geschichte, in der alle mögliche Erkenntnis und alle
Erfahrungen unter das Geheimnis Gottes gestellt sind. Auch
wenn das göttliche Heilsmysterium als solches immer ein
Ganzes ist, so doch im Sinne eines *nexus mysteriorum*; und
wie für andere Aspekte bereits gesehen wurde, so nimmt auch
für die universal-kosmologische Dimension der Geschichts-
konzeption bei Bonaventura das *Ereignis des Kreuzes*, in dem
das Doppelgeheimnis des Karfreitags und des Karsamstags
beschlossen liegt, entsprechend der hier vertretenen christologisch-staurologischen Prävalenztheorie die wesentliche,
dialektisch-ekstatische *Mittlerrolle* ein, durch welche Jesus,
der gekreuzigte Logos, konzentrisch noch einmal die *Mitte
der universalen Mitte* ist:

> Diese Mitte wurde Christus in seiner Kreuzigung. [...] So wurde
> auch der Gottessohn der niedrigste, arm und gering, unsere Erde
> annehmend, aus Erde geschaffen, und er kam nicht nur auf die
> Oberfläche der Erde, sondern in den Abgrund ihres Mittelpunktes,
> denn er wirkte das Heil in Mitten der Erde, weil nach der Kreuzi-
> gung seine Seele in die Unterwelt hinabstieg und die himmlische
> Sitze wiederherstellte. Diese Mitte bringt das Heil. Wer von ihr sich
> scheidet, der wird verdammt, denn er scheidet sich von der Mitte
> der Demut. [...] In dieser Mitte hat er das Heil gewirkt, in der De-
> mut des Kreuzes. Aber ein Dunkel ist eingebrochen, weil die Chri-

---

[389] Die *Collationes* des fünften, sechsten und siebten Schöpfungstages wurden
von Bonaventura nicht vorgetragen, allerdings kann darin keine theologische
Aussage gesehen werden; vielmehr war Bonaventura zur Mitarbeit für die
Vorbereitungen des im Jahre 1274 stattfindenden Konzils in Lyon beauftragt
worden.

sten diesen mittleren Ort verlassen, darin Christus den Menschen geheilt hat. [...] Voll Wunder war dagegen die göttliche Weisheit, die durch die Asche der Demut das Heil gewirkt hat. Denn wenn im Kreise die Mitte verloren ist, dann kann sie nur durch zwei rechtwinklig sich schneidende Linien wiedergefunden werden.[390]

Bonaventuras eschatologischer, universal-kosmologischer Geschichtsentwurf nimmt sich somit durch die im Kreuz wiedergefundene Mitte des Weltenkreises hindurch als die Schilderung eines sowohl in präsentisch-ekklesiologischer als auch in futurisch-doxologischer Perspektive auf die Fülle der *Gotteserkenntnis* in der *unio amoris* und auf den ekstatischen *Frieden* hingeordneten Dramas aus, in dem »der Kirche, die für das „Einst" den Frieden erhofft, für das „Jetzt" die Liebe aufgetragen ist« und in dem je schon »das Reich des ewigen Friedens im Herzen derer wächst, die je in ihrer Zeit das Gesetz der Liebe Christi erfüllen«[391]. – »Lob kann nicht ohne

---

[390] *Hex.* I,22.23.24. »Hoc medium fuit Christus in crucifixione. [...] Sic Filius Dei infimus, pauperculus, modicus, humum nostram suscipiens, de humo factus, non solum venit ad superficiem terrae, verum etiam in profundum centri, scilicet operatus est salutem in medio terrae, quia post crucifixionem anima sua ad infernum descendit et restauravit caelestes sedes. Hoc medium est salvativum; a quo recedens damnatur, scilicet a medio humilitatis. [...] In hoc medio operatus est salutem, scilicet in humilitate crucis. Sed caligo subintravit, quia Christiani hunc locum medium dimittunt, in quo Christus hominem salvavit. [...] Sed mirabilis fuit sapientia divina, quae per cinerem humilitatis operata est salutem. Medium enim, cum amissum est in circulo, inveniri non potest nisi per duas lineas se orthogonaliter intersecantes«.

[391] RATZINGER, *Die Geschichtstheologie des heiligen Bonaventura*, 162. – Die *pax ecstatica* kann ebenso wie die vollendete Gotteserkenntnis für den Menschen nur eine *von außen kommende Gabe* sein: »Das *Hexaëmeron* ordnet alle Wissenschaften von Christus her neu, da er sie in sich zur Vollendung geführt hat. Deshalb verläuft die Geschichte seit Christus innerhalb ihrer Vollendung.

Frieden sein, noch göttlicher Friede ohne die Bewahrung des göttlichen Gesetzes«[392].

Das letzte Ziel der Wissenschaften ist nicht das Wissen, sondern die Weisheit, nämlich die Erkenntnis, daß alles Wissen gegeben ist und auch die Einheit mit Gott durch die Wissenschaften nur seine Gabe sein kann« (HATTRUP, *Ekstatik der Geschichte*, 268).

[392] *Hex.* I,2; »laus esse non potest, ubi non est pax, nec divina pax, ubi non est observantia divinae legis«.

III.5. Zur Frage nach einem *Sinn* der Geschichte bei Bonaventura

Nach diesen verschiedenen Aspekten des bonaventuranischen Geschichtsbildes gelangt die Reflexion wieder an ihre grundlegende Problematik. Die Frage nach einer Deutung der Geschichte ist immer mit der Frage nach ihrem *Ziel* oder auch nach ihrem *Sinn(ziel)* verbunden; wenn also die Legitimität einer *Geschichtsphilosophie* zugestanden wird, lassen sich dabei alle vielfältigen Akzentuierungen letztlich immer darauf reduzieren, ob sie einer *teleologischen* oder *dysteleologischen* Tendenz zuneigen; für eine *Geschichtstheologie* hingegen ergibt sich daraus notwendig eine Verbundenheit mit der *Eschatologie* und der Bedarf nach einer Klärung des entsprechenden gegenseitigen Verhältnisses. Vor diesem Hintergrund soll nun abschließend Bonaventuras Geschichtstheologie als solche nochmals betrachtet werden und ein letztes Mal zum Hegelschen Denken in Bezug gesetzt werden.

Bonaventura nimmt in seinem theologischen Denken, namentlich im *Hexaëmeron* (vgl. besonders *Hex.* XVI), die joachitische Geschichtsprophetie auf, allerdings in eindeutig kritischer und korrigierender Weise, die jeden schwärmerischen *Chiliasmus* verneint.[393] So wird der charismatisch-

---

[393] Vgl. die Darstellungen und Interpretationen bei RATZINGER, *Die Geschichtstheologie des heiligen Bonaventura*; GERKEN, *Besaß Bonaventura eine Hermeneutik zur Interpretation der Geschichte?*; ZAHNER, *Die Fülle des Heils in der Endlichkeit der Geschichte.* – In der Arbeit von J. Ratzinger tritt schon sehr deutlich die Auseinandersetzung Bonaventuras mit dem Denken Joachims von Fiore hervor, in P. Zahners Arbeit wird dann gezeigt, wie es für Bonaventura vor allem um die Auseinandersetzung mit der Entwicklung dieses Denkens im

pneumatologische Prophetismus in Bonaventuras Entwurf er-
gänzt und teleologisiert durch die darin bestimmende Rolle
der Apokalyptik, welche davon ausgeht, »daß im Plan Gottes
die gesamte Geschichte schon festliegt, mit ihrem Auf und Ab
von Bedrängnis und Friede, von Gericht und Gnade, bis hin zu
ihrem siegreichen Abschluß durch die Macht Gottes«[394], verbunden mit der »Vorstellung, daß Gott diesen seinen Plan in
den Grundzügen schon offenbart hat«[395]. Bonaventura »denkt
apokalyptisch, d.h. er ist der Überzeugung, daß Gott für die
Glaubenden im 13. Jahrhundert, das er mit vielen seiner Zeit-
genossen als ein Jahrhundert der Drangsale und Wirren erfuhr,
in der Schrift der beiden Testamente seinen Plan mit der Geschichte kundgetan habe«[396], wiewohl er davon überzeugt ist,
»daß Geschichtsdeutung aus der Schrift nicht bis zur letzten

---

franziskanischen Joachitismus geht und wie seine (Geschichts-) Theologie als
Antwort auf die Joachiten zu verstehen ist. – Es finden sich zwar chiliastische
Elemente im Denken Bonaventuras, der die Geschichte ja auf den Frieden
hin geordnet sieht und einen Orden/eine Ordnung der Endzeit noch in der
Geschichte erwartet, vgl. RATZINGER, *Die Geschichtstheologie des heiligen Bo-
naventura*, besonders 40-56, 106-110, 155-162 u. STOEVESANDT H., *Die letzten
Dinge in der Theologie Bonaventuras*, Zürich 1969; allerdings wird das *Sinn-
ziel* der Geschichte bei Bonaventura »allein von Gottes geschichtsmächtigem
Handeln erwartet« (GERKEN, *Besaß Bonaventura eine Hermeneutik zur Interpretation der Geschichte?*, 35) und nicht fortschrittsgeschichtlich gedacht;
so bleiben sowohl der trinitarische Gott als auch der Mensch jeweils ganz
»Subjekt der Geschichte, weil Trinität und menschliche Endlichkeit nicht zwei
einander ausschliessende Wirklichkeiten sind« (ZAHNER, *Die Fülle des Heils
in der Endlichkeit der Geschichte*, 187).

[394] GERKEN, *Besaß Bonaventura eine Hermeneutik zur Interpretation der Geschichte?*, 32.

[395] Ebd.

[396] Ebd. 33.

Einsicht in den Plan Gottes führen kann«[397]. Demnach liegt in der *Sinnhaftigkeit* des *Planes Gottes* auch die *Sinnhaftigkeit* der *Geschichte* begründet, die mit Hilfe der Auslegung der Heiligen Schrift von ihrem Ganzen her gesehen werden muß: Doch dies bedeutet nicht, daß in Bonaventuras gesamtgeschichtlicher Konzeption die Geschichte, da sie nicht mehr ausschließlich in Fortschrittsperioden gedacht wird, deswegen schon ihre Offenheit verlieren und die bonaventuranische Geschichte gleichsam geschichtslos würde – ein Vorwurf, wie er ja auch gegenüber Hegel erhoben wurde. Vielmehr denkt Bonaventura die eschatologische *Fülle des Heils in der Endlichkeit der Geschichte*,[398] wodurch dem Menschen *in der Geschichte* das (auch kontemplative) Bedenken und die konkret-geschichtliche Verwirklichung der *Erlösungs*wirklichkeit aufgetragen ist, was ja beides an der Sendung des hl. Franziskus greifbar geworden ist.[399] Die Geschichte ist also auch hier paradoxerweise *beendet* und bleibt dennoch *offen*: Das je und je konkret-existentiell zu verwirklichende *Ziel* der Geschichte ist bei Bonaventura die *Erlösung* respektive bei Hegel die *Freiheit* des Menschen.

---

[397] Ebd.

[398] Vgl. das Untersuchungsergebnis von ZAHNER, *Die Fülle des Heils in der Endlichkeit der Geschichte.*

[399] Vgl. hierzu GERKEN, *Besaß Bonaventura eine Hermeneutik zur Interpretation der Geschichte?*, 34-38. – Allerdings betont A. Gerken, daß Bonaventura angesichts seines geistesgeschichtlichen Kontextes eine bewußt-systematische Vermittlung der teleologischen Dimension und der offenen Dimension seines Geschichtsbildes nicht gelungen sei, diese vielmehr in seinen Texten unverbunden bleiben, und Bonaventura deshalb keine einheitliche Hermeneutik der Geschichtsdeutung besessen habe; vgl. ebd. 38f.

Daraus ergibt sich für das bonaventuranische Geschichts-verständnis ein Gleichgewicht aus präsentischer und futuri-scher Eschatologie, was besonders deutlich in Bonaventu-ras vielschichtiger Lehre von den Zeitaltern zum Ausdruck kommt. Die Schultheologie zu Bonaventuras Zeit kennt im wesentlichen drei Geschichtseinteilungen, denen hinsichtlich der Zeitalterlehre je ein Dreier-, Fünfer- bzw. Siebenerschema zugrundeliegt; doch Bonaventura übernimmt keines der Sche-mata direkt, sondern konstruiert innerhalb seiner Theologie eine eigene, bewegliche Zeitalterlehre, die im *Hexaëmeron* zu ihrer am weitesten entwickelten Ausführung gelangt.[400] Bereits im *Prolog* zum *Breviloquium*, vor allem in den *§§ 1 u. 2*, wird Bonaventuras Geschichtstheologie durch die Übernahme von Joachims Gedanke der *concordia* zwischen Altem und Neu-em Testament grundgelegt: So sieht Bonaventura einerseits eine Entsprechung zwischen den prophetischen Büchern des Alten Testaments und der neutestamentlichen Apokalypse;[401] andererseits eröffnet er den Weg zum Gleichklang von prä-sentischer und futurischer Eschatologie durch ein komplexes, biblisches Dreisiebnerschema hinsichtlich der Weltzeitalter.[402]

---

[400] Zu den Geschichtsschemata und Zeitaltern vgl. RATZINGER, *Die Geschichts-theologie des heiligen Bonaventura*, 12-31.

[401] Vgl. §1 des Prologs zum *Breviloquium* in *Opera omnia*, Band V, 202b-203b. Vgl. auch die deutsche Übersetzung *Breviloquium*, übertragen, eingeleitet und mit einem Glossar versehen von M. SCHLOSSER, Einsiedeln/Freiburg 2002, 22-24. Aus dieser Ausgabe zitiert die vorliegende Untersuchung den deutschen Text. Der Vorspann des Prologs wird darin als §1 aufgenommen, so daß den §§ 1 u. 2 der *Opera omnia* in dieser Übertragung die §§ 2 u. 3 entsprechen.

[402] Vgl. ZAHNER, *Die Fülle des Heils in der Endlichkeit der Geschichte*, 118-120 u. 145-147; P. Zahner folgt hierbei CLASEN S., *Zur Geschichtstheologie*

So schreibt Bonaventura in §2 des Prologs:

> Die Hl. Schrift besitzt auch eine Länge, die in der Beschreibung der Zeiten [tempora] und Zeitalter [aetates] vom Ursprung der Welt bis zum Tag des Gerichts besteht. Sie beschreibt ja, wie sich der Lauf der Welt über die drei Zeiten des *Naturgesetzes*, des *geschriebenen Gesetzes* und des *Gesetzes der Gnade* zieht. In diesen drei Zeiten unterscheidet sie auch sieben Zeitalter: das erste reicht *von Adam bis Noach*, das zweite von *Noach bis Abraham*, das dritte von *Abraham bis David*, das vierte *von David bis zur Verschleppung nach Babylon*, das fünfte *von der Verschleppung nach Babylon bis zu Christus*, das sechste *von Christus bis zum Ende der Welt*; das siebte Zeitalter aber läuft parallel zum sechsten, es beginnt nämlich mit der *Grabesruhe Christi* und dauert *bis zur allgemeinen Auferstehung*. Dann beginnt das achte Zeitalter der Auferstehung. Somit hat die Hl. Schrift die zeitlich längste Ausdehnung; denn sie beginnt mit der Behandlung des Anfangs von Welt und Zeit zu Beginn der Genesis und gelangt schließlich bis zum Ende von Welt und Zeit am Schluß der Apokalypse.[403]

Bonaventuras, in: Wissenschaft und Weisheit 23 (1960), 197-212, wo das Dreisiebnerschema gegenüber dem Doppelsiebnerschema bei Ratzinger, *Die Geschichtstheologie des heiligen Bonaventura*, 16-21, bevorzugt wird.

[403] Bonaventura, *Breviloquium*, 25; zitiert nach §3 der genannten Übersetzung von M. Schlosser. – »Habet etiam haec Scriptura sacra *longitudinem*, quae consistit in descriptione tam *temporum* quam *aetatum*, a principio scilicet mundi usque ad diem iudicii. Describit autem per tria *tempora* mundum decurrere, scilicet per tempus legis *naturae*, legis *scriptae* et legis *gratiae*, et in his tribus temporibus septem distinguit *aetates*. Quarum prima est ab Adam usque ad Noe, secunda a Noe usque ad Abraham, tertia ab Abraham usque ad David, quarta a David usque ad transmigrationem Babylonis, quinta a transmigratione usque ad Christum, sexta a Christo usque ad finem mundi, septima decurrit cum sexta, quae incipit a quiete Christi in sepulcro, usque ad resurrectionem universalem, quando incipiet resurrectionis octava. – Et sic Scriptura est longissima, quia in tractando incipit a mundi et temporis exordio in principio Genesis, et pervenit usque ad finem mundi et temporis, scilicet in fine Apocalypsis« (*Opera omnia*, Band V, 203b).

Wenn aber die „menschlich-irdische" Geschichte des sechsten Zeitalters parallel zur „göttlichen" Geschichte (des Christus-Logos) des siebten Zeitalters läuft, könnte hier bei allen Ungleichmäßigkeiten in analoger Sichtweise durchaus an die Verhältnisbestimmung von *kontingenter Geschichte* und *Wissenschaft des erscheinenden Wissens* als *begriffener Organisation der Bewußtseinsgestalten* in Hegels Geschichtskonzeption gedacht werden. Die „absolute" Geschichte des achten Zeitalters fände sich dann analog in der »begriffne[n] Geschichte«.

Indes macht das Dreierschema deutlich, daß die *Zeit der Gnade*, d.h. des Neuen Testaments, bereits *Endzeit, Fülle der Zeiten* ist, nach der es keine weitere *Zeit* mehr gibt, sondern nur noch die *überzeitliche Erfüllung* (in der die Zeit *aufgehoben* ist) aussteht. Das Paradoxon dieser präsentischen Eschatologie wird dadurch verständlicher, daß in ihr ein geschichtlich-kontingentes sechstes Zeitalter der Chronologie und ein eschatologisches siebtes Zeitalter der Heilsfülle als gleich-zeitig (innerhalb der dritten Zeit der Gnade) gedacht werden. »Die Gegenwart des siebten Zeitalters beeinträchtigt nicht die Freiheit des sechsten Zeitalters, den Selbststand [sic!] von Geschichte und menschlicher Freiheit«[404]. Beide finden ihre Vollendung gemäß

---

[404] ZAHNER, *Die Fülle des Heils in der Endlichkeit der Geschichte*, 119. – »Das siebte Zeitalter eröffnet im Gegenteil gerade den Raum für die menschliche Freiheit und die Verantwortung für menschliches Handeln. Dabei ist im sechsten Zeitalter menschliches Handeln besonders gefordert, weil menschliche Verantwortung nicht zugunsten des Handelns Gottes aussetzen kann. Die Unterscheidung von sechstem und siebtem Zeitalter bewirkt, dass der Mensch im sechsten Zeitalter die ganze Verantwortung für sein Handeln und für die Welt trägt, obwohl und gerade weil die Fülle des Heiles, das siebte Zeitalter, schon da ist« (ebd.).

Bonaventura im noch zukünftigen achten Zeitalter, dem *achten Schöpfungstag* oder dem *Sonntag nach dem Weltsabbat,* in dem dereinst »Gott herrscht über alles und in allem« (*1Kor* 15,28); die Joachiten hingegen verstanden das siebte Zeitalter nicht als vom sechsten Zeitalter getrennte, eschatologische Wirklichkeit, sondern setzten es *chronologisch* nach dem sechsten Zeitalter an.[405] Die Formel »septima aetas currit cum sexta« ist somit die zentrale Aussage, die bei Bonaventura (präsentische und futurische) Eschatologie und Geschichtstheologie verknüpft und die im *Hexaëmeron* zu einer durchdachten Ausfaltung gelangt. P. Zahner schreibt präzis zusammenfassend:

> Es wird deutlich, dass Bonaventura im HEXAEMERON keine blosse Geschichtstheologie erörtert, sondern auch und vor allem Eschatologie betreibt: das eschatologische Heil Gottes läuft zusammen mit der menschlichen Geschichte. Weder löst sich die menschliche Geschichte auf oder bricht ab, weil in Christus die Fülle des göttlichen Heiles in der Geschichte als Geschichte gegenwärtig wird, noch wird das Heil durch das Weiterlaufen der Geschichte der Welt eingeschränkt. Menschliche Geschichte und göttliches Heil laufen ,ungetrennt und unvermischt' als sechstes und siebtes Zeitalter zusammen. Eschatologie ist in dieser Sicht nicht die Lehre von den chronologisch letzten Dingen des siebten Zeitalters, sondern ist die Lehre von der Gegenwart der göttlichen Wirklichkeit mitten in der Geschichte der Welt. Sie beschreibt als präsentische Eschatologie das ,Schon' der Fülle des Heiles Gottes in der Geschichte und gleichzeitig als futurische Eschatologie das ,Noch nicht' der Vollendung dieser Fülle.[406]

Bonaventura operiert auch im *Hexaëmeron* hinsichtlich sei-

---

[405] Vgl. ebd. 120.

[406] Ebd. 147.

ner Geschichtsdeutung undogmatisch mit der Dreizahl, Fünf-
zahl und Siebenzahl für die Beschreibung und Gliederung
der Zeitalter: »Einzig klar ist beim Studium der Geschichtstheologie des HEXAEMERON, dass Bonaventura alle Zeitalter an
Christus rückbindet und Christus die Mitte und die Fülle aller
Zeiten ist, über die hinaus es keine grössere Fülle mehr geben
kann«[407]. Geschichte bleibt für ihn somit immer zurückgebunden an das kenotische Christus-Ereignis und dessen höchste
Konzentration im Geschehen von *Kreuz* und *Auferstehung*,
das die Geschichte in ihrer mitunter bedrückenden und tragischen Dialektik auf Hoffnung hin öffnet.

---

[407] Ebd. 146.

Alle Menschen sind frei und gleich an Würde und Rechten geboren. Sie sind mit Vernunft und Gewissen begabt und sollen einander im Geist der Brüderlichkeit begegnen. [...]
Jeder hat das Recht auf Gedanken-, Gewissens- und Religionsfreiheit; dieses Recht schließt die Freiheit ein, seine Religion oder Überzeugung zu wechseln, sowie die Freiheit, seine Religion oder Weltanschauung allein oder in Gemeinschaft mit anderen, öffentlich oder privat durch Lehre, Ausübung, Gottesdienst und Kulthandlungen zu bekennen.

(Artikel 1 und 18 der *Allgemeinen Erklärung der Menschenrechte* der Vereinten Nationen vom 10. Dezember 1948)

Das Gemeinwohl der Gesellschaft besteht in der Gesamtheit jener Bedingungen des sozialen Lebens, unter denen die Menschen ihre eigene Vervollkommnung in größerer Fülle und Freiheit erlangen können; es besteht besonders in der Wahrung der Rechte und Pflichten der menschlichen Person. [...] Der Schutz und die Förderung der unverletzlichen Menschenrechte gehört wesenhaft zu den Pflichten einer jeden staatlichen Gewalt. Die Staatsgewalt muß also durch gerechte Gesetze und durch andere geeignete Mittel den Schutz der religiösen Freiheit aller Bürger wirksam und tatkräftig übernehmen und für die Förderung des religiösen Lebens günstige Bedingungen schaffen, damit die Bürger auch wirklich in der Lage sind, ihre religiösen Rechte auszuüben und die religiösen Pflichten zu erfüllen, und damit der Gesellschaft selber die Werte der Gerechtigkeit und des Friedens zugute kommen, die aus der Treue der Menschen gegenüber Gott und seinem heiligen Willen hervorgehen. [...] Endlich muß die Staatsgewalt dafür sorgen, daß die Gleichheit der Bürger vor dem Gesetz, die als solche zum Gemeinwohl der Gesellschaft gehört, niemals entweder offen oder auf verborgene Weise um der Religion willen verletzt wird und daß unter ihnen keine Diskriminierung geschieht. Hieraus folgt, daß es für die öffentliche Gewalt ein Unrecht wäre, den Bürgern durch Zwang oder Furcht oder auf andere Weise das Bekenntnis oder die Verwerfung irgendeiner Religion aufzuerlegen oder jemand daran zu hindern, sich einer religiösen Gemeinschaft anzuschließen oder sie zu verlassen. [...] Im übrigen soll in der Gesellschaft eine ungeschmälerte Freiheit walten, wonach dem Menschen ein möglichst weiter Freiheitsraum zuerkannt werden muß, und sie darf nur eingeschränkt werden, wenn und soweit es notwendig ist. [...] So muß denn die Religionsfreiheit auch dazu dienen und dahin geordnet werden, daß die Menschen bei der Erfüllung ihrer Pflichten im Leben der Gesellschaft mit Verantwortung handeln.

(Zweites Vatikanisches Konzil, Erklärung *Dignitatis humanae*, Nr. 6.7.8)

ER, DER AUF DEM THRON SASS, SPRACH: SEHT,
ICH MACHE ALLES NEU.

(*Offb* 21,5)

IV. Teil

Versuch eines Ergebnisses und abschließende Betrachtungen: Bedeutung und Ziel der Geschichte im Kontext einer doppelten Sinnfrage im Zueinander von Christentum und Geschichte

Am Ende dieser Untersuchung ist endlich die *Vorarbeit* beendet und der Beginn des eigentlichen *Arbeitens* erreicht. Denn an der Hand der eingangs aufgeworfenen *Leitfrage* und aufgestellten *Grundhypothese* – jene konnte vielleicht nicht beantwortet, diese aber zumindest wesentlich erhellt werden – ergibt sich durch den Gang und die innere Dynamik der Reflexionen ein Resultat, das nun in *vier Thesen* auf den Punkt gebracht werden kann. Es gilt zunächst in einer ersten These den Ertrag der Inbezugsetzung zweier so tiefer Denker wie Hegel und Bonaventura einzuholen. Aus dem Spannungsfeld der Fragen nach einem geschichtlichen Sinn des Christentums und nach einem christlichen Sinn der Geschichte, welches die Leitfrage und die Grundhypothese immer unterlegte, gehen zwei weitere Thesen hervor, die noch einmal das Verhältnis zwischen präsentischer und futurischer Eschatologie bzw. zwischen realutopischer und final-doxologischer Teleologie problematisieren und ausloten. Dabei zeigt sich, wie ungeheuerlich folgenreich das Ernstnehmen des der Geschichte zugrunde gelegten Freiheitsbegriffs schon ist, selbst wenn nicht jede Anfrage an die Geschichte geklärt und beantwortet werden kann. Und schließlich bedarf es – in einer zusammenfassenden Reprise – einer Stellung beziehenden These zum Postulat eines adäquaten Geschichtsbegriffs, mit dem man an die Wirklichkeit heranzutreten vermag. Jede dieser vier Thesen müßte in einer eigenen Untersuchung ausgeführt und aufzuzeigen versucht werden. Dies ist in der vorliegenden Untersuchung nicht zu leisten. Doch wurde die Tür dorthin ein kleinwenig geöffnet, und der hereinscheinende Lichtstrahl vermag die Hoffnung auf den *Sinn* und *Plan* der Geschichte ahnungsvoll zu erleuchten.

IV.1. Zum Verhältnis der Entwürfe Hegels und Bonaventuras im Hinblick auf die Frage nach der universalen Geschichte: zwei Dimensionen einer tri-dimensionalen Geschichts-Wirklichkeit

Ein Vergleich zwischen zwei von ihrem Kontext her in vielfacher Hinsicht so unterschiedlichen Denkern wie Hegel und Bonaventura bleibt in gewisser Weise immer uneigentlich; doch wenn nun abschließend bei Hegel und Bonaventura von ihrem jeweiligen Verständnis der Geschichte her auf einen möglicherweise sich darin zeigenden *Sinn* rückgefragt werden soll, so ergeben sich in der Zusammenschau erstaunliche Parallelen und Affinitäten, welche die bestehenden Unterschiede eher als Ergänzungen erscheinen lassen. Dies rührt zum Beispiel von der je unterschiedlich bedingten und geschehenen Aufnahme platonischer und neuplatonischer Elemente im Hegelschen und bonaventuranischen Denken her. Interessant ist auch, wie sowohl bei Hegel als auch bei Bonaventura *Anfang* und *Ende* der Geschichte in ihrem inneren Zusammenhang gesehen werden müssen. Ist bei Hegel der Geist schon anfänglich bei sich und vermittelt sich doch selbst zu sich – und zwar im konkreten, geschichtlichen Ereignis der *offenbaren Religion* –, so sieht Bonaventura *egressus* und *regressus* der Welt von bzw. zu Gott durch ihre Mitte Christus vermittelt.[408] Beide, Hegel und Bonaventura, fassen

---

[408] Zu Hegel vgl. die Darstellung des II. Teils der vorliegenden Untersuchung, zu Bonaventura vgl. vor allem *Opera omnia* Band I, 648b; Band IV, 898f. sowie *Hex.* I,17; vgl. auch RATZINGER, *Die Geschichtstheologie des heiligen Bonaventura*, 140-148; GERKEN, *Theologie des Wortes*, besonders 273-298;

die Weltgeschichte somit als einen *nicht geschlossenen Kreis* auf.

In beiden Entwürfen gewinnt die äußerste Negativität, die *Logik des Kreuzes*, letztlich entscheidende Wichtigkeit. Das Kreuz ist *der* Wendungspunkt in Hegels Dialektik und weist diese bereits über sich hinaus, weswegen sie nochmals von Bonaventuras Kreuzes-Ekstatik her eingeholt und unterfangen werden kann, womit eine *wirkliche Enthüllung* des *Sinns* vonseiten des *Absoluten* her möglich wird:[409] Die *Geschichte* erscheint so als eine *Bewegung* in *Richtung Freiheit*, weil ihr *Sinn* darin liegt, daß *in* ihr *durch* das *Absolute* sich am Kreuz *Erlösung ereignet*. Darin aber liegt auch der Sinn möglicher Hoffnung begründet, und so entsprechen dem innersten Anliegen von *Vermittlung* und von *Versöhnung* des *Unendlichen* mit dem *Endlichen* bei Hegel in einer gewissen Weise durchaus die Motive der *Vereinigung* und des *Friedens*, also von *unio* und *pax*, bei Bonaventura.

Noch wichtiger aber erscheint die Affinität im Bemühen um eine Sachfrage, nämlich um die Frage nach der *Möglichkeit einer universalen Geschichte an sich*, als Zusammenhang, Grundlage und sinnerfülltes Substrat von geschichtlicher *Erfahrung*. Der diffuse Begriff der Erfahrung ist vielschichtig

---

Schachten, *Intellectus Verbi*, besonders 127-152.

[409] »Die verlorene Mitte eines Kreises findet man wieder durch zwei rechtwinklig sich schneidende Geraden, d.h. durch ein Kreuz. Das will sagen: Christus hat durch sein Kreuz die verlorene Mitte des Weltenkreises konstruiert und damit der Bewegung des Einzellebens zunächst, aber dann auch der Menschheitsgeschichte überhaupt ihre Richtung und ihren Sinn wiedergegeben« (Ratzinger, *Die Geschichtstheologie des heiligen Bonaventura*, 147).

und komplex, auch wenn man eingrenzend bereits die Empirie als *experimentelle* Erfahrung ausgeschlossen hat und sich auf den in sich schon pluridimensionalen Raum der *experientiellen* Erfahrung konzentriert.[410] Hegel und Bonaventura nun lassen *zwei Dimensionen* der einen Geschichts-Wirklichkeit aufscheinen und durchsichtig werden, die ihrerseits je größer und nie ganz faßbar ist, gleichsam eine *Tridimensionalität* darstellt, deren Drittes immer schon entgleitet. Hegel hat durch die Reflexion auf die Reflexion selbst einen Weg zur *Erfahrung des Bewußtseins* erschlossen und dadurch einen *dialektischen* Geschichtsbegriff gewonnen, welcher Gang, Bedeutung und Ziel der Geschichte zu erklären vermag, ohne aporetisch, ideologisch oder abschließend zu sein. Diese Offenheit, deren Geschichtsbild letztlich auf das Absolute verweist, hat einen nach innen gewendeten und nach außen offenen Überstieg notwendig gemacht. Mit Bonaventura konnte so die *ekstatische* Dimension aller Erfahrung einsichtig werden: »Die wirkliche Erfahrung ist dann gegeben, wenn es sich nicht bloß um Selbsterfahrung handelt, sondern etwas „Fremdes", Nicht-Eigenes, in gewisser Weise Nicht-Erwartetes begegnet. Die Erfahrung ist die eines Verhältnisses der eigenen Person zu einem Anderen«[411].

Diese *ekstatische* Dimension innerhalb der *dialektischen*

---

[410] Vgl. zu den Schwierigkeiten mit dem *Erfahrungsbegriff* die *Einführung* zu Schlosser, *Cognitio et amor*, 1-8, und zur Unterscheidung von experimenteller und experientieller Erfahrung besonders auch Ratzinger J., *Glaube und Erfahrung*, in: Id., *Theologische Prinzipienlehre. Bausteine zur Fundamentaltheologie*, München 1982, 359-370.

[411] Schlosser, *Cognitio et amor*, 269.

Geschichte sagt über das christologisch charakterisierte Verhältnis zwischen *Geschichte* und *Eschaton* – letzteres ist in diesem Sinne als die sich stets entziehende dritte Dimension zu betrachten – etwas Grundsätzliches aus: Beide Sphären sind bei Hegel und Bonaventura jeweils zugleich eigentümlich verbunden und bleiben doch getrennte Wirklichkeiten, es waltet zwischen *Geschichte* und *Eschaton* also das christologische Gesetz von Chalcedon. – *Geschichte* in ihrer Vielschichtigkeit und Pluridimensionalität nimmt so plastische Züge an und läßt sich auf Bedeutung, Sinn und Ziel hin befragen, ohne ihre Offenheit einzubüßen: Sie ist in ihrer aus menschlicher Perspektive gesehenen Unableitbarkeit auf die *Gegenwart eines Anderen* verwiesen und einem unverfügbaren Anspruch unterstellt, woraus sich die **erste These** ergibt: **Die beiden je eigenständigen Denker Hegel und Bonaventura verhalten sich als jeweiliger Ausdruck von zwei Dimensionen der einen Wirklichkeit gemäß der hier vorgelegten Interpretation *asymptotisch* zueinander: von unterschiedlichen Richtungen her ausgehend, kommt sich ihr Denken an einem ins Unbestimmte fortschreitenden Punkt sehr nahe, ohne sich eigentlich zu berühren; die hinter den zeitverorteten Personen stehenden Konzepte dagegen, *Dialektik* und *Ekstatik*, müssen sich zu *verbinden* wissen, *ohne das je andere in seinem Bestehen in Frage zu stellen.***

IV.2. Der geschichtliche Sinn des Christentums

IV.2.1. Der wahre Horizont von Hegels Philosophie: Das Christentum generiert eine neue Verhältnisbestimmung von *Staat* und *Religion*

In seiner durchaus kritischen Hegel-Interpretation sieht P. Coda das Christentum in der Hegelschen Philosophie fünffach verstanden als die *Religion der Offenbarung*, als die *Religion der Wahrheit*, als die *Religion der Versöhnung*, als die *offenbare Religion* und letztlich als *Freiheit*; jeder dieser Aspekte vermittelt sich durch die *Menschwerdung Gottes*.[412] – Die Frage nach dem geschichtlichen Sinn des Christentums ist auch im Horizont der vorliegenden Untersuchung mit der Frage nach dem wirklichen Sinn von Hegels *Phänomenologie des Geistes* verknüpft. O. Pöggeler schreibt:»Wie das Denken in der Auflösung jeder Fixierung seiner endlichen Ausgestaltung zu sich kommt, das ist bei Hegel Thema der Geschichte der Philosophie wie der Phänomenologie«[413]. Die *Wissenschaft*

---

[412] Vgl. hierzu CODA, *La percezione della forma*, 81-90.

[413] PÖGGELER O., *Hegels Idee einer Phänomenologie des Geistes*, zweite und erweiterte Auflage, Freiburg/München 1993, 10. – Die Arbeiten im Zuge der historisch-kritischen Hegel-Ausgabe der (Nord-) Rheinisch-Westfälischen Akademie der Wissenschaften, namentlich jene von und im Umfeld von O. Pöggeler, haben den einhundertfünfzig Jahre lang verborgenen, wahren Sinn der *Phänomenologie des Geistes* ans Licht gebracht: Daß nämlich »Hegels Phänomenologie von 1807 mit der Logik verknüpft ist und so in die spekulative Philosohie gehört« (ebd. 411); vgl. dazu insgesamt das *Nachwort zur zweiten Auflage* ebd. 403-441. Die *Phänomenologie des Geistes* als permanente Ideologiekritik ist sicherlich ein »Geheimnis, das mit seiner unaufgedeckten Tiefe über das späte Hegelsche System und die Propagierung einer Vollendung der Geschichte hinausführt« (ebd. 403), und so polemisiert O. Pöggeler

der Erfahrung des Bewußtseins sollte als logisch-metaphysische Einleitung erster Teil einer spekulativ-metaphysischen Philosophie werden, die als solche das gesamte System der Wissenschaft bildet. Auch wenn es richtig ist, daß Hegel in seiner *Phänomenologie des Geistes* in ideologiekritischer Absicht »anhand von Exempeln in den Umgang mit spekulativen Grundbestimmungen«[414] einführen wollte und sie nicht in er-

---

zu Recht gegen jene »Leser der *Phänomenologie des Geistes*, die im raschen, aktualisierenden Zugriff diese oder jene einseitige Perspektive für den Blick auf die Rolle der Philosophie mit Hilfe des Hegelschen Werkes durchzusetzen suchten« (ebd. 404) und dabei einhundertfünfzig Jahre lang auf den Pfaden der unterschiedlichen Irrwege gingen; er denkt dabei vor allem an marxistische und neomarxistische sowie an verschiedene rechtshegelianische Interpretatoren. Doch hat die vorliegende Untersuchung, die in der Darstellung ihres II. Teiles in vielem den von O. Pöggeler vertretenen Einsichten gefolgt ist, die jedoch eine Abwertung des späteren Berliner Hegels in keiner Weise nachvollziehen kann, zu zeigen versucht, daß die *Phänomenologie* – im Kontext des gesamten Hegelschen Denkens – eben *auch* eine *unideologische*, ja *ideologiekritische* Geschichtsphilosophie enthält und somit auch einen spezifischen geschichtlichen Sinn des Christentums anzeigt.

[414] Ebd. 411. – »Hegel trat in den idealistischen Streit um die Philosophie ein, indem er eine Logik an die Spitze des Systems stellte. In ihr war eine Logik in einem engeren Sinn zuerst eine Hinführung zur Metaphysik: die Entfaltung des Denkens durch die Kategorien und Denkformen sollte zu dem Grund finden, der diese Bewegung trägt – zum Absoluten als der Substanz und Idee und schließlich als dem „Geist". Als Hegel Logik und Metaphysik zur einen Logik oder spekulativen Philosophie zusammenzufassen begann, entfaltete er nach dem zuverlässigen Bericht von Rosenkranz seit 1804 innerhalb der Einleitungen zur Logik und Metaphysik den Begriff der Erfahrung des Bewußtseins. Daraus entstand eine neue und andere Einführung in die Logik« (ebd. 412). Vielfach wurde und wird zum Teil noch bestritten, »daß die *Phänomenologie des Geistes* ein gelungenes, in sich ausgewogenes und stimmiges Buch sei« (ebd.); sehr verdienstlich ist deshalb der Nachweis von O. Pöggeler, daß die *Phänomenologie* einer einheitlichen Logik folgt, die alle Gestalten des Geistes zum *absoluten Wissen* einzusammeln vermag: »Diese Orientierung an der Logik sichert der Phänomenologie eine einheitliche Konzeption, obgleich das

ster Linie als eigentliche Geschichtsphilosophie intendiert war – folgt daraus wirklich schon, daß die *Phänomenologie* auf ihrem Weg zum *absoluten Wissen* und in ihrer Konzeption der »begriffne[n] Geschichte« nicht auch ein *Ziel* der Geschichte ausweist? O. Pöggeler kritisiert an A. Kojèves und F. Fukuyamas geschichtsphilosophisch-teleologischen Hegel-Interpretationen in erster Linie eine Überbewertung der *Dialektik des Selbstbewußtseins*;[415] doch stellt auch er heraus, daß die Selbstreflexion des Bewußtseins bzw. die Entfaltung des Denkens bei Hegel ihren Grund im *Absoluten* finden. Erinnert man sich nun, daß das *absolute Wissen* und die Vereinigung von *kontingenter Geschichte* und *begrifflich-logischer Bildungsgeschichte des Geistes* zur »begriffne[n] Geschichte« im Geschehen der *offenbaren Religion* erreicht und vermittelt werden, ist dann nicht in Hegels Denken vielleicht ein konkretes, aber gerade nicht auf den *Kampf um Anerkennung* reduzierbares, sondern *in sich selbst* ideologiekritisches *Ziel* und *Ende*, und so mithin eine *Bedeutung* der *Geschichte* auszumachen?

Gerade weil das Hegelsche Geschichtsverständnis durch die *Phänomenologie des Geistes*, die *Enzyklopädie der philosophischen Wissenschaften*, die *Grundlinien der Philosophie des Rechts* und die *Berliner Vorlesungen* hindurch in Hegels freilich immer oszillierend-offen bleibendem Begriff

---

publizierte Buch erst in einer dramatischen Geschichte seinen großen Umfang bekommt« (ebd. 419), vgl. auch ebd. 419-440; es ist sich dabei allerdings immer bewußt zu halten, daß es sich gerade um die Logik der *offenbaren Religion*, d.h. des Christentums handelt.

[415] Vgl. ebd. 404-411; vgl. auch PÖGGELER O., *Ein Ende der Geschichte? Von Hegel zu Fukuyama*, Opladen 1995.

des *Geistes* verankert ist, kann nicht von einer unzulässigen Vermischung der verschiedenen Schriften und Werke (so O. Pöggeler gegen Kojève und Fukuyama) gesprochen werden, wenn man unter solch umfassender Berücksichtigung nach einem aus dem Hegelschen Geschichtsbegriff hervorgehenden geschichtlichen Sinn des Christentums sucht. Dann aber repräsentiert Hegels Philosophie als ganze »die Hauptmomente der Form, in welcher das Prinzip der Freiheit sich verwirklicht hat« und »die Weltgeschichte ist nichts als die Entwicklung des Begriffes der Freiheit«[416], der in der christlichen Religion – nicht aber *eo ipso* im kirchlichen Glauben – zu seiner geschichtlichen Vollendung *an und für sich* gelangt, denn »die Idee kann im Christentum nichts Unbefriedigtes mehr sehen«[417]. Da die Gesamtgeschichte nach Hegel also die »der Vernunft einsehbare vernünftige Entwicklung des Geistes« und »nicht bloß unendlicher Fortschritt, sondern Realisierung eines an sich vorhandenen, absoluten Endzwecks«[418] ist, liegt der geschichtliche Sinn des Christentums in der von ihm er-

---

[416] HEGEL, *Vorlesungen über die Philosophie der Geschichte*, TWA 12, 539f.

[417] Ebd. 414.

[418] JAESCHKE, *Die Suche nach den eschatologischen Wurzeln der Geschichtsphilosophie*, 302. – »Hegels Rede vom Ende der Geschichte überträgt nicht Denkfiguren der Apokalyptik auf Geschichte, sondern polemisiert gegen den Fortschrittsbegriff der Aufklärung, den Gedanken einer ins Unendliche fortschreitenden, begrifflos-ziellosen Perfektibilität, weil diese nicht von der Realität der an sich vollbrachten Versöhnung der Vernunft mit der Wirklichkeit ausgehe und kein Vollendungsziel bestimme« (ebd. Anm. 18). Hier wird noch einmal Nähe und Distanz zwischen Hegel und Bonaventura deutlich: Bei beiden ist die Geschichts-Konzeption teleologisch, bei Hegel im Gegensatz zu Bonaventura jedoch nicht apokalyptisch-eschatologisch, weil er die Theologie in Philosophie „übersetzt" und aufgehoben hat, ohne sie zu zerstören.

wirkten bewußten Einsicht in die Dialektik geschichtlicher Gänge, in der geschichtlich, im Sohn vollzogenen *Versöhnung* der Vernunft mit der Wirklichkeit; diese Versöhnung hebt die Entzweiung zwischen dem Inneren des Herzens und dem Dasein, zwischen *Unendlichem* und *Endlichem* auf und ermöglicht die weder resignierte noch zynische und doch gelassene Annahme des Auferlegten. Die Geschichte besteht fortan »in der Verwirklichung der an sich vorhandenen Versöhnung«[419].

In dieser Versöhnung ist die Freiheit auch des Menschen *an sich* erkannt, und die Verwirklichung der individuellen Freiheit, d.h. jedes einzelnen Selbstbewußtseins, wird zu einem geschichtlichen Imperativ, der sich nur in einem Verfassungsstaat, welcher sich an diese absoluten sittlichen Vorgaben gebunden weiß, umsetzen läßt. Dadurch ist die *Religion* »die Basis der Sittlichkeit und des Staates«[420], weshalb Hegel schreibt:

> Grundsätze der rechtlichen Freiheit können nur abstract und oberflächlich und daraus hergeleitete Staatsinstitutionen müssen für sich unhaltbar seyn, wenn die Weisheit jener Principien die Religion so sehr miskennt, um nicht zu wissen, daß die Grundsätze der Vernunft der Wirklichkeit ihre letzte und höchste Bewährung in dem religiösen Gewissen, in der Subsumtion unter das Bewußtseyn der absoluten Wahrheit, haben.[421]

---

[419] Ebd. 307. – Hegel versucht »sowohl eine mit der kritischen Subjektivität und ihrer Freiheit unvereinbare pauschale Akzeptation der Positivität als auch eine aus der Unvermitteltheit der Subjektivität mit vorgegebenem Inhalt resultierende Geschichtslosigkeit der Vernunft zu überwinden« (ebd. 315).

[420] HEGEL, *Enzyklopädie der philosophischen Wissenschaften*, §552, GW 20, 532.

[421] Ebd. 535f.

Hegel beschreibt ohne große Ambivalenzen, wie *Staat* und *Religion* (das *Absolute*) als *getrennte* Größen aufeinander *bezogen* sein müssen;[422] dem Staat wird innerhalb seiner vernünftigen Verfassungsordnung, die Recht und Gesetz gewährleistet, die Verwirklichung der von der Religion vermittelten Einsicht in die Freiheit des Menschen aufgetragen. Daraus ergibt sich aber eine weitere Bedeutungstiefe des geschichtlichen Sinnes der (christlichen) Religion: Die den Staat legitimierenden religiös-sittlichen Existenzvoraussetzungen als solche garantieren ihm noch keine zureichenden inneren Bindungs- und Regulierungskräfte, so daß »der säkularisierte weltliche Staat letztlich aus jenen inneren Antrieben und Bindungskräften leben muß, die der religiöse Glaube seiner Bürger vermittelt«[423]. Die Religion vermag in ihrer *integrierend-legitimierenden Funktion* hinsichtlich eines gesellschaftlichen Wertkonsenses und Zusammenhalts eine »Selbstergänzung« zu sein für eine plurale Gesellschaft und einen demokratischen Staat, der wirkliche Freiheit garantieren möchte, denn sie »gehört zu jenen Instanzen, die ethisch-sittliche Grundauffassungen und Grundhaltungen vermitteln und lebendig erhalten«, »ohne daß der Staat den Inhalt des von der Religion Übermittelten als für seine Ordnung verbindlich

---

[422] »Die Verfassung und Gesetzgebung wie deren Bethätigungen haben zu ihrem Inhalt das Princip und die Entwicklung der Sittlichkeit, welche aus der zu ihrem ursprünglichen Princip hergestellten und damit erst als solcher wirklichen Wahrheit der Religion hervorgeht und daraus allein hervorgehen kann. Die Sittlichkeit des Staates und die religiöse Geistigkeit des Staates sind sich so die gegenseitigen festen Garantien« (ebd. 541).

[423] BÖCKENFÖRDE E.-W., *Die Entstehung des Staates als Vorgang der Säkularisation*, in: ID., *Recht, Staat, Freiheit. Studien zur Rechtsphilosophie, Staatstheorie und Verfassungsgeschichte*, Frankfurt a. M. 1991, 113.

anzuerkennen braucht«[424]. Dazu ist aber auch notwendig, »daß die Christen diesen Staat in seiner Weltlichkeit nicht länger als etwas Fremdes, ihrem Glauben Feindliches erkennen, sondern als die Chance der Freiheit, die zu erhalten und zu realisieren auch ihre Aufgabe ist«[425].

IV.2.2. Die sozialen und politischen Implikationen einer neuen und ideologiekritischen Gegenwart, die das christliche Ereignis hervorgebracht hat

Der *geschichtliche Sinn* oder die *historische Sendung* des Christentums erschließt sich nur, wenn die *Geschichte von ihrem realutopischen Ende her* gedacht wird, welches die christliche Religion selbst mit lanciert hat: Es findet seinen Ausdruck in der *universal* und *definitiv* gültigen *Allgemeinen Erklärung der Menschenrechte* der Vereinten Nationen vom 10. Dezember 1948, die ein gemeinsames Zeugnis verschie-

---

[424] BÖCKENFÖRDE E.-W., *Religion im säkularen Staat*, in: ID., *Kirche und christlicher Glaube in den Herausforderungen der Zeit. Beiträge zur politisch-theologischen Verfassungsgeschichte*, Münster 2004, 434. – Zu dieser überaus gewichtigen und aktuellen Thematik vgl. insgesamt auch ebd. besonders 7-49 u. 249-437 sowie die scharfsichtigen Beiträge in den Aufsatzsammlungen DOUGHERTY J.P., *Religion – Gesellschaft – Demokratie. Ausgewählte Aufsätze*, hrsg. v. A. Rauscher, Berlin 2003; RAUSCHER A. (Hrsg.), *Die Bedeutung der Religion für die Gesellschaft. Erfahrungen und Probleme in Deutschland und den USA*, Berlin 2004; RAUSCHER A. (Hrsg.), *Die fragile Demokratie – The Fragility of Democracy*, Berlin 2007.

[425] BÖCKENFÖRDE, *Die Entstehung des Staates als Vorgang der Säkularisation*, 114. – Vgl. im weiteren Zusammenhang auch SALMANN, *Der geteilte Logos*, 443-479: In Salmanns Interpretation wird das »Christentum Ort freier Auslegung von Existenz und Offenbarung«, »Schwindel versuchter Freiheit«, denn »nur in und aus solcher ersteht Freude am Christentum, wird dieses glaubhaft und liebenswert« (ebd. 447f.). Und nur so kann es auch seinen Platz in Staat und Gesellschaft finden.

dener religiöser und kultureller Traditionen ist[426] und deren
erster Artikel proklamiert, daß alle Menschen »frei und gleich

---

[426] Dies betonte Papst Benedikt XVI. in seiner Ansprache vor der Vollversammlung der Vereinten Nationen am 18. April 2008:»Ce document était
le fruit d'une convergence de différentes traditions culturelles et religieuses,
toutes motivées par le désir commun de mettre la personne humaine au cen-
tre des institutions, des lois et de l'action des sociétés, et de la considérer
comme essentielle pour le monde de la culture, de la religion et de la science.
[...] Tout comme leur universalité, leur indivisibilité et leur interdépendance
sont autant de garanties de protection de la dignité humaine« (BENEDIKT XVI.,
Rede vom 18.04.2008 vor der Vollversammlung der Vereinten Nationen, in:
L'Osservatore Romano, Ausgabe vom 20.04.2008, 6). Benedikt XVI. legte
nachdrücklich dar, daß die Menschenrechte für alle Zeiten und für alle Völker gültig seien und gegen ideologische Relativierung und Schwächung aus
politischen Gründen geschützt werden müßten. Das Gemeinwohl der internationalen Völkerfamilie im friedlichen Zusammenleben der Nationen und die
Würde und Freiheit des einzelnen in der Gesellschaft und in der Familie seien
unverletzliche Prinzipien. Jeder Staat habe zuerst die Pflicht, die eigene Be-
völkerung vor schweren und dauerhaften Verletzungen der Menschenrechte
zu schützen; wenn jedoch die Staaten nicht imstande seien, diesen Schutz zu
garantieren, müsse von außen eingegriffen werden. Dies stelle keine Einmi-
schung oder Verletzung der Souveränität eines Staates dar; Gleichgültigkeit
sei vielmehr schädlich, denn die Regierenden hätten eine Schutzverantwor-
tung gegenüber den Regierten. – Die Menschenrechte können sicherlich als
in einem allen Religionen und Kulturen der Welt eingeschriebenen *Weltethos*
(vgl. die Bemühungen von Hans Küng) grundgelegt betrachtet werden, was
nicht heißt, daß die einzelnen Religionen und Kulturen nicht in unterschiedli-
chem Grade auf selbstreinigende Läuterung und Kritik angewiesen seien; vgl.
zur Frage nach der Universalität der Menschenrechte und der damit verbundenen religionssoziologischen Problematik auch GRAF F.W., *Die Wiederkehr
der Götter. Religion in der modernen Kultur*, München 2004, besonders 203-
225. – In jedem Falle laufen die Fäden vom jüdisch-christlichen Erbe, über die
bis ins Mittelalter zurückreichenden demokratischen Wurzeln im englischen
Königreich, die amerikanische und französische Revolution durch die trauma-
tischen Erfahrungen zweier Weltkriege sowie links- und rechtsgerichteter totalitärer Regime hindurch bis zur Charta der Vereinten Nationen. Der Begriff
der Demokratie ist somit nicht, wie mitunter vermeint wird, »perspektivisch
besetzbar« (KOSELLECK, *Vergangene Zukunft*, 346).

an Würde und Rechten« sind. Es gibt also Bewertungskriterien, weil die Geschichte *in diesem Sinne beendet* ist: Die *personale Freiheit* muß in der *politischen Freiheit* wirksam werden, die in ihrer freiheitlichen Ordnung die personale Freiheit schützt und an ihre absoluten Voraussetzungen gebunden bleibt. Unabdingbar sind in strikter gegenseitiger Verwiesenheit das *Selbstbestimmungsrecht* der Völker, *freie Wahlen* in pluralistischem Kontext, eine *freiheitliche Ordnung des Marktes* und das Recht auf *Privateigentum*,[427] umfassende *Meinungsfreiheit* und schließlich in gesamtgeschichtlicher Perspektive – unter Berücksichtigung der vielen Religions- und Konfessionskriege sowie der immer wieder wirkmächtigen religiösen Legitimierung von Unterdrückung, Unfreiheit

---

[427] Vgl. die berühmt gewordene Rede der früheren britischen Premierministerin Margaret Thatcher vor der *General Assembly of the Church of Scotland* vom 21. Mai 1988; M. Thatcher legte darin eindrucksvoll dar, daß es in der Religion und zumal im Christentum nicht in erster Linie um ein staatliches Programm zur Sozialreform geht, sondern um eine ganzheitlich-spirituelle Erlösung des Menschen, in der grundlegende Werte wie Nächstenliebe und Fürsorge auf gesellschaftlicher und nur *so* auch politischer Ebene ihren Platz finden. – Gerade eine politische Theologie kann nicht eine detaillierte Programmatik zu Fragen der Steuer- und Finanzpolitik vorlegen, sondern muß auf die Verwirklichung wahrer und umfassender Gerechtigkeit zielen. – »In der politischen und ökonomischen Sphäre schreitet die Geschichte offenbar kontinuierlich in einer Richtung voran, und am Ende des 20. Jahrhunderts sehen wir die liberale Demokratie als die einzig mögliche politische Verfassung für technologisch entwickelte Gesellschaften« (FUKUYAMA F., *The Great Disruption*, dt. Übers. *Der große Aufbruch. Wie unsere Gesellschaft eine neue Ordnung erfindet*, Wien 2000, 371). F. Fukuyama weiß indes genau und legt auch dar, daß gerade die liberale und marktwirtschaftliche Demokratie auf allen Ebenen an religiöse Werte mit ihrem hohen Sozialethos zurückgebunden bleiben muß. – Zur Frage von religionsspezifischen Implikationen und Möglichkeiten für eine wirtschaftsethische Orientierung des weltweit freien Marktes vgl. auch GRAF, *Die Wiederkehr der Götter*, 179-202.

und Gewalt – der universalisierende Kristallisationspunkt von *Gewissens-* und *Religionsfreiheit.*

Die christlichen Hauptströmungen haben durch ihre teilweise blutige Geschichte und die verschiedenen Spaltungen und Reformationen hindurch diesen Grundsatz der *Religionsfreiheit,* der im jüdisch-christlichen Glauben selbst schon grundgelegt ist, weitestgehend vollzogen; für die katholische Kirche kam er in bestechender Klarheit in der *Declaratio de libertate religiosa* des Zweiten Vatikanischen Konzils, »Dignitatis humanae«, zum Ausdruck, die einen geschichtlichen Markstein darstellt, »dessen Bedeutung kaum hoch genug eingeschätzt werden kann«[428]. – Aufgrund der beschriebenen, teleologisch vorgegebenen Bewegung hin zur Freiheit erscheint die *Weltgeschichte* aber als ein *Weltgericht,*[429] das über die

---

[428] BÖCKENFÖRDE E.-W., *Einleitung zur Textausgabe der 'Erklärung über die Religionsfreiheit'*, in: ID., *Kirche und christlicher Glaube in den Herausforderungen der Zeit. Beiträge zur politisch-theologischen Verfassungsgeschichte,* Münster 2004, 231; vgl. auch ZWEITES VATIKANISCHES KONZIL: *Erklärung über die Religionsfreiheit,* hrsg. und mit einer Einleitung versehen von E.-W. BÖKKENFÖRDE, Münster 1968.

[429] Vgl. neben anderen Stellen beispielsweise HEGEL, *Enzyklopädie der philosophischen Wissenschaften,* §548, GW 20, 523; Hegel übernimmt dieses Diktum von F. Schiller, der in so vielem die Hegelsche Philosophie inspirierte. – Nur vor diesem Hintergrund wird Hegels Beantwortung der Theodizee-Frage zum Schluß seiner Geschichtsphilosophie begreiflich: »Aus dem Überdruß an den Bewegungen der unmittelbaren Leidenschaften in der Wirklichkeit macht sich die Philosophie zur Betrachtung heraus; ihr Interesse ist, den Entwicklungsgang der sich verwirklichenden Idee zu erkennen, und zwar der Idee der Freiheit, welche nur ist als Bewußtsein der Freiheit. Daß die Weltgeschichte dieser Entwicklungsgang und das wirkliche Werden des Geistes ist, unter dem wechselnden Schauspiele ihrer Geschichten – dies ist die wahrhafte *Theodizee,* die Rechtfertigung Gottes in der Geschichte. Nur *die* Einsicht kann den Geist mit der Weltgeschichte und der Wirklichkeit versöhnen, daß das, was ge-

Verwirklichung der vernünftigen Freiheitsordnung wacht und urteilt; innerhalb dieses Zusammenhangs erfüllt das *Christentum* seine Rolle als eine permanente *Ideologiekritik*, die für ein Wirksamwerden der Wirklichkeit der Freiheit in der Welt von der *Phänomenologie des Geistes* gleichsam auf die Kirche des *Geistes* übergeht, deren Aufgabe darin besteht, eine »Politologie des Christentums« (B. Hallensleben) zu formulieren, welche *Freiheit* und *Würde* eines jeden einzelnen Menschen zu verteidigen gewillt ist und gleichzeitig die Verantwortlichen in der Geschichte gegenüber vorgefertigten Antworten kritisch sensibilisiert.

Diese ideologiekritische Funktion des Christentums für die *Geschichte*, die das Substrat, der Sinn ermöglichende Zusammenhang und transzendentale Boden menschlicher *Erfahrung* ist, führt gerade das *neuzeitliche Christentum* zu einer *Selbstkritik* hinsichtlich seiner Vergangenheit sowie hinsichtlich der Realisierung des eigenen Anspruchs in der Gegenwart,[430] an

---

schehen ist und alle Tage geschieht, nicht nur nicht ohne Gott, sondern wesentlich das Werk seiner selbst ist« (HEGEL, *Vorlesungen über die Philosophie der Geschichte*, TWA 12, 540). – Es ist dies die Einsicht in die mitunter schmerzliche Forderung, »den Gedanken eines prinzipiellen Eigenwertes des Menschen gegenüber Gott zu denken« (GRAF, *Die Wiederkehr der Götter*, 215), dessen radikale Freiheit auch leidvolle Folgen in der Geschichte zeitigen kann.

[430] »Eine Selbstkritik der Neuzeit im Dialog mit dem Christentum und seiner Hoffnungsgestalt ist notwendig. In einem solchen Dialog müssen auch die Christen im Kontext ihrer Erkenntnisse und Erfahrungen neu lernen, worin ihre Hoffnung wirklich besteht, was sie der Welt zu bringen und nicht zu bringen haben. In die Selbstkritik der Neuzeit muß auch eine Selbstkritik des neuzeitlichen Christentums eingehen, das von seinen Wurzeln her sich selbst immer wieder neu verstehen lernen muß« (BENEDIKT XVI., Enzyklika *Spe salvi* Nr. 22, Vatikanstadt 2007, 36). Dies ist eine der beeindruckendsten Aussagen der zweiten Enzyklika des Papstes. – In der Tat bringt gerade der

den die **zweite These** unablässig gemahnt: **Das *Ziel der Ge-***
***schichte in dieser Welt* sowie das *geschichtliche* und somit**
partiell-eschatologische *Endprodukt der christlichen Of-*
***fenbarung* ist der neuzeitlich-demokratische, freiheitliche**
und deshalb notwendig marktwirtschaftliche *Verfassungs-*
***staat*, der an das *Absolute* zurückgebunden ist und sein**
muß und in dem alle Menschen (unter Bewußtwerdung
der damit verbundenen Pflichten) die *Anerkennung* ihrer
***Rechte* und ihrer *Würde* erfahren – gleichsam kollektiv**
durch den Staat und individuell untereinander.

Monarchismus des Papsttums das absolute Prinzip der Vernunft und die Un-
verfügbarkeit des absoluten Anspruchs realsymbolisch zum Ausdruck. – Die
Selbstkritik des neuzeitlichen Christentums sollte sich indes vor allem auf die
Nicht-Erfüllung seiner hier beschriebenen ideologiekritischen Rolle, die von
einem unverfügbaren Ereignis und Anspruch herrührt, richten. Eine voreilige oder überhebliche Kritik am neuzeitlichen Vernunft- und Freiheitsbegriff
an sich – d.h. insofern er nicht unter dem Einfluß von offen totalitären oder
auch pseudoliberalen, verdeckt totalitären Ideologien steht – ist weder ein Anliegen von Benedikt XVI. (ihm geht es immer um einen recht verstandenen
Vernunftbegriff) noch sonst eines vernünftig Denkenden. Zum Verhältnis von
J. Ratzinger/Benedikt XVI. zum Vernunftbegriff und zum Idealismus vgl. den
erhellenden Artikel MÜLLER K., *Die Vernunft, die Moderne und der Papst*, in:
Stimmen der Zeit 5/2009, 291-306. Allerdings ist die Anspielung des Artikels,
daß der späte Kardinal Ratzinger und der heutige Papst auf Distanz zur neuzeitlichen Philosophie gegangen sei, nicht zutreffend; so zeigte J. Ratzinger
großes Interesse für das Projekt *Kant und der Katholizismus* (vgl. zu diesem
Projekt *Kant und der Katholizismus. Stationen einer wechselhaften Geschichte*, hrsg. v. N. FISCHER, Freiburg i. Br. 2005).

IV.3. Der christliche Sinn der Geschichte

IV.3.1. Eine teleologische Theologie der Geschichte

Es ist vielfach bestritten worden, daß die Weltgeschichte einen Sinn habe, der nicht von den Menschen in sie hineingelegt wurde.[431] – Eine christliche Theologie der Geschichte, deren Aussagen den Status von Metaaussagen hätten,[432] könnte indes gemäß K.F. Grimmer einige Aspekte des Sinns von Geschichte benennen: Vergangenheit, Zukunft und Gegenwart könnten christlich zu verstehen gesucht und die Gegenwart dabei als *erfüllter Augenblick* qualifiziert werden, in dem die *Ewigkeit* als *Gegenwart Gottes* aufscheint; man kann »Geschichte verstehen als den Raum, der Menschen für ihr Handeln in Freiheit von Gott geschenkt ist«; oder als *Zwischenraum* der Geschichtwerdung Gottes, welche der Geschichte als ganzer dann Sinn verleiht; ein weiterer Aspekt könnte in einem *praktischen Impetus der Geschichtstheologie* liegen, als *Relativierung* und *Perspektivierung* totalitärer Aussagen.[433] Doch letztlich führt diese »Kleine Theologie der Geschichten« zur

---

[431] Vgl. zum Beispiel POPPER K.R., *Die offene Gesellschaft und ihre Feinde* Band II. *Falsche Propheten – Hegel, Marx und die Folgen*, Tübingen 2003, 304-328, wo K. Popper die Frage »*Hat die Weltgeschichte einen Sinn?*« als solche explizit negativ beantwortet. Gerade aus der gegenteiligen Überzeugung zu diesem großen Denker, der sagt, die Geschichte bewege sich nicht auf ein Ziel zu, kann aber die Handlungsanleitung – »jene demokratischen Institutionen verteidigen und stärken, von denen die Freiheit und mit ihr der Fortschritt abhängt« (ebd. 328) –, die er zum Schluß gibt, voll und ganz und mit vielleicht noch größerem Ernst übernommen werden.

[432] Vgl. hierzu GRIMMER, *Geschichte im Fragment*, 285f.

[433] Vgl. ebd. 286-289.

fatalen Einsicht »Keine Theologie der Geschichte«: Weil »die Voraussetzungen für „die Geschichte" als singular und universal weder erkenntnistheoretisch noch material gegeben sind«[434] und da eine *Einheit der Geschichte* nur »jenseits der Geschichte«, »„exzentrisch" zu ihr« und daher nur in einer »Pluralität der Geschichten« zu finden wäre.[435] Auf philosophischer Seite fordert O. Marquard eine *Verschonung* vor der Geschichtsphilosophie,[436] weil es statt »Universalgeschichte« nur »Multiversalgeschichte« gebe und das »Lob auf die Buntheit«, die Rettung der Pluralität, einen *Verzicht auf Einheit* erfordern mache.[437] – Doch ist die »exzentrische« *Einheit jenseits der Geschichte* nicht gerade das wirkliche, angemessene Verständnis der Geschichte, wie in dieser Untersuchung

---

[434] Ebd. 289.

[435] Vgl. ebd.

[436] Vgl. MARQUARD O., *Schwierigkeiten mit der Geschichtsphilosophie*, Frankfurt a. M. 1973.

[437] Vgl. MARQUARD O., *Universalgeschichte und Multiversalgeschichte*, in: ID., *Apologie des Zufälligen*, 54-75; vgl. auch GRIMMER, *Geschichte im Fragment*, 132. – Zurückzuweisen sind die Thesen in MARQUARD O., *Zur Diätik der Sinnerwartung. Philosophische Bemerkungen*, in: ID., *Apologie des Zufälligen*, 33-53. O. Marquard meint, »zur großen Sinnverlustklage kommt es vor allem durch übermäßigen Sinnanspruch. Das Problem ist nicht, daß der Sinn fehlt, sondern daß zuviel Sinn erwartet wird. Darum muß diese Sinnerwartung reduziert werden durch diätische Fürsprache für jenen unsensationellen Sinn, der übrig bleibt, wenn man dem Unsinn der direkten Sinnintention widersteht und von jenem vierfachen Unsinn abläßt [...]: vom Sinnfragenverbot, von der Verachtung der kleinen Sinnantworten, von den Perfektionismen, von der Bindung der Lebensbejahung an den absoluten Sinnbeweis« (ebd. 53). So humanistisch und vernünftig sich diese letzteren Vorschläge auszunehmen scheinen, so ist doch darauf zu bestehen, daß der Sinn inniglich ersehnt werden soll, auf daß in dieser Offenheit der absolute Sinn *sich zeige*.

zu zeigen versucht wurde? Liegt die *Einheit der Geschichte* nicht gerade in der *Ekstatik der Geschichte*? Ist die Gegenüberstellung von *Universalsubjekt* und *Multiversalsubjekt* der Geschichte nicht längst überholt,[438] wenn der Brennpunkt der Geschichte weder in ihrer menschlichen noch in ihrer göttlichen, sondern mit *Jesus Christus* in ihrer *gottmenschlichen Dimension* liegt?

Geschichte ist nicht nur, theologisch gesprochen, Zwischenzeit, und auch nicht, philosophisch gedacht, sinn- und ziellos, sondern *Geschichte* wird vielmehr in ihrer Vielfalt und Pluralität *Raum* und *Sphäre* der Begegnung des Menschen mit Gott, der Ankunft und des Aufgangs des *Geistes*. In der Verbindung, ja in der *polaren Vereinigung* von *Eschaton* und *Geschichte* wird eben diese Geschichte *Ort* und *Zeit* einer eschatologischen *Hoffnung*, in der die *Zeichen der Zeit* als Zeichen *in der Geschichte* die Menschen immer wieder neu zur *Bekehrung* rufen. Geschichte ist damit Zeitraum der Bekehrung – zur kritischen *Selbstprüfung*, zur *Hoffnung*, zu *Christus*. Über Eschatologie und Ekklesiologie muß so die ganze Theologie zu einer »Politologie des Christentums« werden, in der es darum geht, in der Geschichte eine vernünftige, göttliche, mithin die einzig wirklich vernünftige Ordnung überhaupt, nämlich die »absolute« Freiheits-Ordnung, bewußt zu verwirklichen.

---

[438] K.F. Grimmer tut dies in der Absicht, theologisch die Rede vom Geschichtssubjekt zu retten; vgl. GRIMMER, *Geschichte im Fragment*, 95-97 u. 247-262.

IV.3.2. Eine über die eigenen Abgründe aufgeklärte Freiheit

Der *christliche Sinn der Geschichte* besteht in der *Hoffnung*: »Gott wendet die ungewisse, große und schuldhafte Geschichte zu sich selbst«[439]. Die christliche Hoffnung wendet sich gleichermaßen *gegen* das *Absurde* und *gegen* das *System*, gegen jede Verfestigung und Ideologie.[440] Die letzte und universale Verwirklichung der Freiheit findet sich nur *in* der Anerkennung eines Anderen, eines unverfügbaren Anspruches, einer ungeschuldeten Gegenwart;[441] so vermag unerwartet

---

[439] RICŒUR, *Geschichte und Wahrheit*, 105; vgl. insgesamt auch ebd. 104-109.

[440] »Der Glaube an einen Sinn, wenn auch einen verborgenen Sinn in der Geschichte ist also zugleich der *Mut*, an eine tiefere Bedeutung auch der tragischen Geschichte zu glauben (und somit eine Haltung des Vertrauens und der Hingabe mitten im Kampf) – und eine gewisse Ablehnung des Systems und des Fanatismus, ein Sinn für das *Offene*. Aber auf der anderen Seite ist es wesentlich, daß die Hoffnung stets den Kontakt mit dem dramatischen, beunruhigenden Aspekt der Geschichte behält« (ebd. 109).

[441] Vgl. D'AGOSTINO S., *Polisemia dialettica della libertà*, in: *Il mondo e noi. Forum dei giovani ricercatori*, Bologna 2007, 37-48: S. D'Agostino interpretiert die Mehrdeutigkeit des Freiheitsbegriffs positiv als semantische Vielheit in dialektischer Einheit. So soll die an sich vieldeutige und mehrsinnige *Freiheit*, ausgehend von den Bestimmungen *Freiheit-von* und *Freiheit-zu* (Selbstbestimmung), entfaltet werden anhand ihrer sich in der Ausübung durch den Menschen zeigenden Dynamik: Über mehrere Stufen der Freiheit erscheint schließlich in der *Freiheit-auf-etwas-hin* eine genuin menschliche Offenheit, die in ihrer *endlichen* Freiheit auf jede Autonomie verzichtet und angesichts der erfahrenen Unvollkommenheit ein *Remedium von außerhalb* erwartet. Ihren Ruhepunkt findet die Freiheit somit, jenseits rein philosophischer Zugänglichkeit, in einem absoluten Sinn (*Freiheit-in*) – in Gott bzw. in der Religion. D'Agostino bezeichnet die umrissene dialektische Reihe der Freiheit mit *libertà da*, *libertà di*, *libertà per*, *libertà tra*, *libertà con*, *libertà a* und *libertà in*. Im Anschluß an Thomas von Aquin interpretiert er *caritas* als Freundschaft des Menschen mit Gott und so als den höchsten Ausdruck von Freiheit; dem

der Horizont einer »Poetik der Freiheit« aufzuscheinen, »die der Ort jener Transzendenz ist, die die Beschränkung der inkarnierten und „nur menschlichen Freiheit" aufzeigt und die Grenzen der Subjektivität sprengt«[442]. Es ist dies ein Weg des Opfers, der Preisgabe, der äußersten *Kenosis*, worin die ganze Tragik des Weltgeschehens, das ganze harte Kreuz enthalten sein kann und doch eine *doxologische Finalität* obwaltet. So führt dieser Weg am Ende zum hoffnungsvollen »Aufgang einer über sich selbst und die eigenen Abgründe aufgeklärten Freiheit«[443] und zur Formulierung der **dritten These: Ein durchaus positiver *Sinn der Geschichte* – vor dem Hinter-**

Menschen wird in dieser Beziehung gnadenhaft das göttliche Leben mitgeteilt: In der seligen Erlösung der Glorie ist er *wirklich frei.*

[442] DASTUR F., *Das Problem des Anfangs. Willen und Freiheit bei Paul Ricœur*, in: ORTH S./REIFENBERG P. (Hrsg.), *Facettenreiche Anthropologie. Paul Ricœurs Reflexionen auf den Menschen*, Freiburg/München 2004, 48. – Zur Thematik der Anerkennung vgl. auch RICŒUR P., *Phénoménologie de la reconnaissance*, dt. Übers. *Phänomenologie der Anerkennung*, in: ORTH S./REIFENBERG P. (Hrsg.), *Facettenreiche Anthropologie. Paul Ricœurs Reflexionen auf den Menschen*, Freiburg/München 2004, 138-159; ID., *Parcours de la reconnaissance*, dt. Übers. *Wege der Anerkennung. Erkennen, Wiedererkennen, Anerkanntsein*, Frankfurt a. M. 2006; P. Ricœur sieht die Anerkennung als eine Gegenseitigkeit, in der das *Zurückgeben* als eine »zweite erste Gabe« *frei* ist: »Denn es ist die Ansteckung der ersten, freigebigen Gabe, die eine Schuld ohne Verpflichtung und ohne Verschulden hervorbringt. Folglich besteht auch der eigentliche Akt nicht in einem Geben-Zurückgeben, sondern im Empfangen, denn in der Art und Weise, wie man empfängt, zeigt sich, wie der Schenkende anerkannt wird; und in der Großzügigkeit des Empfangens findet sich derjenige, der zurückgibt, überhaupt erst in den Zirkel der Gegenseitigkeit hineingenommen. [...] Zurückgeben meint hier in gewisser Weise ein Sein in der Wiederholung des Gebens ohne Wiederkehr« (RICŒUR, *Phänomenologie der Anerkennung*, 159).

[443] SALMANN, *Neuzeit und Offenbarung*, 249; vgl. insgesamt auch ebd. 163-353.

grund des geschichtlichen Sinnes des Christentums – liegt in der fortschreitenden Bewußtwerdung der *Freiheit* und im immer neuen Ringen um ihre vernünftige Verwirklichung; weil aber diese Freiheit in ihrer ideologiekritischen Absolutheit für die vermeintlichen menschlichen Ansprüche oftmals abgründig ist, bleibt der *christliche* Sinn der Geschichte immer auch ein *verborgener*, der alles Geschehen und alle menschliche Erfahrung *offen* hält zwischen einem begrifflich-strukturellen Zusammenhang und dem dramatisch-beunruhigenden Ereignis eines unverfügbaren Anspruches, auf dessen Anerkennung er drängt.

IV.4. Ein multipolarer Geschichtsbegriff als Grundlage von Welt- und Wirklichkeitserfahrung, *Anthropo*-logie und *Theo*-logie

Zum Schluß der Ausführungen möchte diese Untersuchung einen an der vorgelegten Hegel-Interpretation orientierten, *multipolaren Geschichtsbegriff* vorschlagen – womit zugleich die zu Beginn formulierte Leitfrage an ihr *offenes Ende* gelangt. Der in der vorliegenden Untersuchung zugrunde gelegte und als geschichtswirksam postulierte Freiheitsbegriff kann sich *eo ipso* nicht verfestigen, weil er auf dem *Anspruch eines Anderen* gründet, sich an das unverfügbare Absolute zurückgebunden weiß.

IV.4.1. Der Vorrang einer historisch-phänomenologischen Methode

In der Interpretation von Gott, Mensch und Welt ist jeder verkürzende Materialismus und Positivismus genauso gefährlich wie ein allgegenwärtiger Relativismusverdacht, der die dialektische Relationalität von Wirklichkeit und Geschichte nicht einzusehen vermag. Deswegen scheint nicht so sehr eine *historisch-kritische* als vielmehr eine *historisch-phänomenologische* Methode einen eher angemessenen Zugang zu *der* Wirklichkeit zu bieten, die uns *in der Geschichte* begegnet, oder eigentlich: zum *historischen Substrat* der *von uns* erfahrbaren, wißbaren, erkennbaren oder auch nur erahnbaren, erwünschbaren und letztlich *uns übereigneten* Sphären der Wirklichkeit. Die historisch-kritische Methode steht, bei allen unbestreitbaren Verdiensten, ohne Metakritik seitens einer geschichtlichen, aus der Betrachtung von *Vergangenheit* und *Gegenwart* auf die *Zukunft* hin offenen *Phänomenologie* bei Aussagen über Gott oder den Menschen stets in Ideologiegefahr: »Jedes vergangene Beispiel, auch wenn es gelehrt wird, kommt immer schon zu spät«[444], und jedes »Ereignis zeitigt mehr und zugleich weniger, als in seinen Vorgegebenheiten enthalten ist: daher seine jeweils überraschende Novität«[445].

IV.4.2. Die kreisförmige Bewegung einer nach oben offenen Spirale

Es ging in allen vorhergehenden Überlegungen um ein angemessenes Verständnis der Geschichte, um einen adäquaten Geschichtsbegriff; folgende Umrisse bleiben an dieser Stelle abschließend nachzuzeichnen: *Wirklichkeit* ist immer *geschichtlich* – also in ihrer Gegenwart auf Vergangenheit und Zukunft bezogen – zu verstehen,[446] und *Geschichte* ihrerseits ist eine *multipolare* Wirklichkeit, die nur von verschiedenen Ansätzen, Logiken und Perspektiven her *wirklich*, d.h. realistisch und abseits aller

---

[444] KOSELLECK, *Vergangene Zukunft*, 65.

[445] Ebd. 151.

[446] Offenbar lassen sich »Erfahrungen nur sammeln, weil sie – als Erfahrungen – wiederholbar sind. Also muß es auch langfristige formale Strukturen der Geschichte geben, die Erfahrungen wiederholt sammeln lassen. Dann aber muß sich auch die Differenz zwischen Erfahrung und Erwartung soweit überbrücken lassen, daß Geschichte wieder als lehrbar begriffen werden darf. Die Historie kann das stets sich Wandelnde und Neue nur erkennen, wenn sie um das Herkommen weiß, in dem dauerhafte Strukturen verborgen sind« (ebd. 375). – Diese dauerhaften Strukturen einleuchtend werden zu lassen und zu zeigen, daß sie von einer *anderen*, ekstatischen Erfahrung durchbrochen werden, weshalb man aus der Geschichte sowohl lernen kann und dabei doch immer mit dem Unvorhersehbaren rechnen muß, war die Intention der vorliegenden Untersuchung.

Ideologien, begriffen werden kann. Von daher ist mannigfacher *Wandel* auf der *diachronen Ebene* und legitime *Pluralität* auf der *synchronen Ebene* der Wirklichkeitserfahrung gegen jeden starren Absolutismus des Denkens und Urteilens zu verteidigen; doch diese Wandlungsfähigkeit ist in sich *nicht willkürlich* und indiziert auch *keine Bedeutungslosigkeit* der Geschichte. Vielmehr ist die Geschichte paradoxerweise *offen* und dennoch *beendet*, deswegen nur können über die *Geschichte an sich* überhaupt gewisse Aussagen getroffen werden: Sie ist wesentlich Freiheits-Geschichte; sie hat deshalb einen Sinn und ein Ziel; sie verläuft nach einer strukturierten, dialektischen Bewegung; doch diese *Dialektik der Geschichte* kann als *ekstatisch* bezeichnet werden, da sie *offen* für *Erfahrung* ist und so auf dem Weg zu ihrem Ziel von einer unableitbaren Erfahrung *ergriffen* wird, die einen von außen herzutretenden, unverfügbaren Anspruch darstellt. Das *Absolute* unterfängt die Geschichte je schon in ihrem Anfang, ihrem Verlauf und ihrem Ende.

Im Blick auf die treibende Kraft dieser Einsichten sei am Schluß die folgende Feststellung als **vierte These** erlaubt: **Hegel hat hinsichtlich seines bestimmten, definierten und dennoch offenen Geschichtsbegriffs gleichsam das Unerdenkliche vollbracht: Er hat die griechisch-klassische Zykluskonzeption mit der christlich-linearen Logik zu verbinden vermocht und so die *Geschichte* hinsichtlich der zeitlichen Abfolge der Ereignisse als die *kreisförmige Bewegung* einer *nach oben offenen Spirale* gedacht; Hegels Geschichtsverständnis ist deshalb *nicht* zu *kritisieren*, sondern *kritisch* zu *rezipieren*.**

IV.4.3. Perspektiven einer kritischen Rezeption des sich gezeigten Geschichtsbegriffs

Wie aber könnte eine solche kritische Rezeption aussehen, was erlegt sie uns auf? Die vorliegende Untersuchung, der es um die Herausarbeitung eines wirklichkeitsorientierten und ideologiekritischen Geschichtsverständnisses und um einen philosophisch gefaßten und grundsätzlich tragfähigen Geschichtsbegriff ging, muß sich auf Andeutungen beschränken. Diese Andeutungen leuchteten im Verlauf der Überlegungen und in der Darstellung der abschließenden Thesen immer wieder auf. Von zentraler Bedeutung für eine *kritische* Rezeption eines in sich kritischen Konzeptes ist ein immerwährendes Festhalten an dem Anliegen der Ideologiekritik. Denn die Freiheit wird heute, zumal nach dem Scheitern der offensichtlich totalitären Denkweisen, von keiner anderen Strömung so sehr gefährdet wie von einem oberflächlichen und verkürzend-pervertiertem „Liberalismus", der in Wirklichkeit das Gegenteil der vernünftigen und freiheitlichen Ordnung eines *selbstkritischen Liberalismus*, sondern vielmehr eine *neue Spielart des totalitären Denkens* darstellt.[447]

So zeigt sich eine kritische Rezeption des hier dargelegten Geschichtsverständnisses als in vielen Bereichen relevant, in denen *Freiheit* und *Menschenwürde*, die das *télos* der Geschichte ausmachen, bedroht sind: In der **Hermeneutik** wird

---

[447] Der Liberalismus bedarf im Hinblick auf seine politische, soziale und ökonomische Umsetzung stets einer innerliberalen Kritik, die ihn auf die Anerkennung eines gegenwärtigen, doch unverfügbaren Anspruchs zurückverweist. Nur so vermag sich eine freiheitliche Ordnung bzw. ein demokratischer Liberalismus vor Selbstzerstörung zu bewahren.

man von einer ideologiebeladenen *„historisch-kritischen Methode"* ablassen müssen, um ihr als ein vernünftiges Teilelement wissenschaftlichen Arbeitens an ihren richtigen Platz zu verhelfen; in der **politischen Theorie** wird es darum gehen müssen, an einem klassisch-aufgeklärten, konstitutionellen Staatsbegriff festzuhalten, der seine Freiheit als abhängig von der Anerkennung eines unableitbaren und unveräußerlichen *Anderen* weiß – die Grundordnung von *Staat, Gesellschaft* und *Familie* darf nicht nach Belieben uminterpretiert werden, weder in ihrem Gefüge noch in ihren individuellen inneren Konditionen; in der **politischen Praxis** folgen aus dem hier dargelegten Geschichtsverständnis klare Orientierungen, wiewohl in der Debatte um *Freiheit* und *Sicherheit* die Gesetze der Logik ihre Gültigkeit bewahren müssen: Freiheit muß auch *geschützt* werden, gerade weil sie, wie in dieser Untersuchung zu zeigen versucht wurde, kein abgehobener Wert, sondern eine konkrete, universale und geschichtswirksame Gegenwart ist; und schließlich wird dem Thema **Lebensschutz** in Zukunft eine noch größere, eine überragende Bedeutung zukommen: Gewaltanwendung im nichtstaatlichen Bereich und unter Abwesenheit von Notwehr und insbesondere die Tötung unschuldigen Lebens stellen einen direkten Angriff auf das Verhältnis des Menschen zum Menschen dar und eliminieren die Legitimitätsbedingungen eines freiheitlich-demokratischen Rechtsstaates.[448] Es wird

---

[448] Wie sehr ein effizienter Schutz der Menschenwürde von einem wirksamen, entschlossenen und umfassendem Lebensschutz abhängt, zeigt der Artikel MARX R., *Lebensschutz als Einsatz für die Menschenwürde*, in: *Familia et Vita* 1/2009, hrsg. v. PONTIFICIUM CONSILIUM PRO FAMILIA, 36-48. – Erzbischof R. Marx verweist entschieden auf das klare Zeugnis von Papst Johannes Paul II., der vor den Vereinten Nationen dargelegt hat, daß es im Kampf *für* das

an den Kultur- und Sozialwissenschaften liegen, für diese und
für viele andere Bereiche eine neue und umfassende Gesamt-
sicht auszuarbeiten, in der eine offensichtliche Teleologie ihre
Berücksichtigung findet.

Leben und *gegen* die menschenverachtenden Ideologien der Abtreibung und
der Euthanasie (heute muß in diesem Kontext auch unbedingt die embryonale
Stammzellenforschung genannt werden) unmittelbar um einen Kampf gegen
das Böse geht und letztlich darum, »eine Selbstzerstörung der Demokratie
zu verhindern«. Zugespitzt könnte gesagt werden, unsere freiheitliche
Demokratie steht und fällt mit ihrem Umgang hinsichtlich des ungeborenen
und schutzlosen Lebens.

IV.5. Die *ekstatische Dialektik* der Geschichte

Nach zu vielen Worten und am Ende des Weges der hier vorgelegten Reflexionen, jenseits aller Thesen, vernimmt der Mit-Denkende im Blick auf das *para-doxale Ergebnis* die Johanneischen Worte Jesu gleichsam auf sich selbst bezogen: »Als du noch jung warst, hast du dich selbst gegürtet und konntest gehen, wohin du wolltest. Wenn du aber alt geworden bist, wirst du deine Hände ausstrecken und ein anderer wird dich gürten und dich führen, wohin du nicht willst« (*Joh* 21,18).[449] – So untersteht mithin auch die *Frage nach der Ge-*

---

[449] Eine derartige Bewegung ist bei Hegel – was zu erhellen versucht wurde – bereits gleichsam in den Gang seines gesamten Denkens und Werkes eingeschrieben. Im Hinblick auf Hegels Mit-Protagonisten des Idealismus kann ähnliches gefunden werden; so stellt E. Düsing bei Fichte in den zahlreichen Umarbeitungen der *Wissenschaftslehre* und schließlich in der *Anweisung zum seligen Leben* eine »Augustinische Wende« fest, vgl. DÜSING E., *Gott als Horizont oder Grund des Ich? Von Kants praktischer Metaphysik zu Fichtes Metaphysik des Einen Seins*, in: FISCHER N. (Hrsg.), *Kants Metaphysik und Religionsphilosophie*, Hamburg 2004, 433-491; und Schellings Spätphilosophie endet gleichsam in ekstatischer Ergriffenheit mit seiner „positiven" *Philosophie der Offenbarung*, vgl. LANGTHALER R., „*Man wird von der Philosophie den wirklichen Gott fordern, nicht die bloße Idee Gottes". Zur Kritik des späten Schelling an Kants Religionsphilosophie*, in: FISCHER N. (Hrsg.), *Kants Metaphysik und Religionsphilosophie*, Hamburg 2004, 517-560. Selbst bei Nietzsche läßt sich entgegen den gängigen Interpretationen als eines für alles außerhalb seiner selbst Liegenden unempfänglichen Denkers in den letzten Jahren vor seinem Sturz in die geistige Umnachtung, von Pascal her, so etwas wie eine ekstatische Erfahrung ausmachen, vgl. dazu den Schluß zu DÜSING E., *Nietzsches Denkweg. Theologie – Darwinismus – Nihilismus*, München 2006, 536-555, besonders 549-555. – Für Bonaventura gelten indes die auch an uns gerichteten Worte, mit denen M. Schlosser ihre Übertragung und ihren Kommentar des *Itinerarium mentis in Deum* Kardinal Friedrich Wetter zueignet: NON EST VIA AD SAPIENTIAM, AD PACEM OMNEM SENSUM EXSUPERANTEM, NISI PER ARDENTISSIMUM AMOREM CRUCIFIXI.

schichte, nicht anders als das Geheimnis Gottes selbst, dem Rhythmus von Chalcedon: Im Sinne einer polaren, aber nicht trennenden Logik müssen wir für das Verständnis der inneren Geschichtslogik *Dialektik* und *Ekstatik* zusammendenken.

Jesus Christus, der in Zeit und Geschichte eingehende Gottessohn, erscheint in dieser Weise nicht so sehr als der eigentlich Handelnde der Geschichte, sondern vielmehr als Anfang, Mitte und Ziel der Zeit und alles geschichtlichen Geschehens und somit als der alle Handlung überhaupt erst Ermöglichende. Die Geschichte der Welt und der Menschen ist in ihrer konkreten Grammatik dialektisch und in ihrer Logik doch auch ekstatisch, da sie vorgängig und final von außerhalb ihrer selbst her bestimmt und in dennoch freier Dynamik verwirklicht wird: ER zieht alles an sich. Gerade *so* ist die *Geschichte* als *offen* zu denken. Kann deshalb nicht ein einziger, entrückter und doch der Flüchtigkeit preisgegebener Augenblick wirklicher Erkenntnis, wirklichen Friedens, ja wirklichen Liebens, für uns pilgernde Menschen von unendlicher Wichtigkeit und Bedeutung sein und vielleicht jegliche Dimensionen und Horizonte der Sinnfrage entscheiden, weil er möglicherweise in seiner unvordenklichen Un-erdenklichkeit und unerwartet-ergreifenden Un-vergeßlichkeit die ungeahnte Verheißung und die verborgene Gewißheit des Ewigen in sich trägt?

Die Begegnung mit ihm [Jesus Christus] ist es, die uns umbrennt und freibrennt zum Eigentlichen unserer Selbst. [...] Der Schmerz der Liebe wird unsere Rettung und unsere Freude. [...] Der verwandelnde Augenblick dieser Begegnung entzieht sich irdischen Zeitmaßen – ist Zeit des Herzens, Zeit des „Übergangs" in die Gemeinschaft mit Gott im Leibe Christi. Das Gericht Gottes ist Hoffnung sowohl weil es Gerechtigkeit wiewohl weil es Gnade ist. Wäre es bloß Gnade, die alles Irdische vergleichgültigt, würde uns Gott die Frage nach der Gerechtigkeit schuldig bleiben – die für uns entscheidende Frage an die Geschichte und an Gott selbst. Wäre es bloße Gerechtigkeit, würde es für uns alle am Ende nur Furcht sein können. Die Menschwerdung Gottes in Christus hat beides – Gericht und Gnade – so ineinander gefügt, daß Gerechtigkeit hergestellt wird: Wir alle wirken unser Heil „mit Furcht und Zittern" (*Phil* 2,12).

(*Benedikt XVI.*, Enzyklika *Spe salvi*, Nr. 47)

UND ICH, WENN ICH ÜBER DIE ERDE ERHÖHT BIN,
WERDE ALLE ZU MIR ZIEHEN.

(*Joh* 12,32)

Nachbemerkung

In den Wochen und Monaten nach der Fertigstellung dieser Untersuchung hat sich die bereits virulente Finanzkrise zu einer veritablen Wirtschafts- und Systemkrise ausgeweitet. So haben seit einiger Zeit grundsätzliche Betrachtungen und Systemdiskussionen innerhalb der intellektuellen Debatte und auch des Tagesgeschäfts wieder Konjunktur.

Neben populistischen und polemischen Auswüchsen gibt es dabei auch von ernstzunehmender Seite Kritik und Anfragen: In einem Beitrag für die *Süddeutsche Zeitung* (24.04.2009) fordert Ernst-Wolfgang Böckenförde einen Umbau des wirtschaftlichen Systems durch die Staatsgewalt. Böckenförde erläutert unter Berufung auf Hans Freyer, wie der Kapitalismus als ein *sekundäres System* sich selbst aushöhlt und die Menschen einer reinen, zweckrationalen Funktionslogik unterwirft, und zwar deshalb, weil das kapitalistische System kein inhaltliches Ziel in sich berge, sondern nur einer funktionalen Zwecklogik folge. Solidarität sei in diesem System ein reiner »Reparaturbegriff«. Böckenförde schlägt in diesem Zusammenhang einen Rückgriff auf die christliche Soziallehre und besonders auf Thomas von Aquin vor: Demnach müssen die irdischen Güter insgesamt daraufhin geordnet sein, den Bedürfnissen aller Menschen zu dienen, und der Gebrauch von Privateigentum muß zum Gemeinwohl gereichen. Sind damit die Freiheits-Forderungen innerhalb der hier vorgelegten Reflexionen zur Geschichte nicht zumindest teilweise obsolet?

Keineswegs. Die Ansätze und Einsichten von E.-W. Böckenförde sollen überhaupt nicht grundsätzlich bestritten werden. Sie wären aber nur dann vollauf relevant, wenn der

„Kapitalismus" tatsächlich als eine alles bestimmende Weltanschauung, gleichsam als *Religion* zu betrachten wäre. Dies wäre ganz sicher abzulehnen, und viele Denker der *Freiheit* und eines *Endes der Geschichte* haben auf die Relevanz und Wirkmächtigkeit von transökonomischen Faktoren wie Religion, Familie, Patriotismus und Heimatliebe etc. hingewiesen. Doch zur freiheitlichen Demokratie gehört auch eine liberale und soziale Marktwirtschaft, die vor einer Staatsallmacht bewahrt und nach dem Prinzip der *Subsidiarität* verfährt. Eine solche marktwirtschaftliche Ordnung ist nicht mit einem zügel- und regellosen Kapitalismus gleichzusetzen. Sie ist das effizienteste und einzige der menschlichen Würde entsprechende Wirtschaftssystem, in dem allererst jener Wohlstand erwirtschaftet werden kann, der dann solidarisch gelebt werden muß. Wir brauchen ordnungspolitisch gesehen »wenige, aber wirksame Regeln, die einen Markt garantieren, der nicht Beute finanzieller Spekulationen wird«; Europa und die ganze Welt brauchen ein politisches und wirtschaftliches System, das »die Person in ihrer unwiederholbaren Einmaligkeit respektiert und ihre Freiheit achtet, die allein in der Lage ist Kreativität, Nächstenliebe, Vertrauen und Arbeit hervorzubringen«[1].

---

[1] Vgl. hierzu den Aufruf zur Europawahl 2009, der von der katholischen Laienorganisation *Comunione e Liberazione* über das Internet verbreitet wurde: http://www.cl-deutschland.de/CDOWahlen.pdf (entnommen am 30.05.2009); gefordert wird darin, als eine Konsequenz politischer Vernunft, neben einem freien und solidarischen Wirtschaftssystem der absolute Vorrang von Erziehung und Bildung, ein prinzipieller Schutz des menschlichen Lebens vom Anfang bis zu seinem natürlichen Ende sowie die Verteidigung der traditionellen Familie. – Vgl. auch die Aussagen, die L. Giussani bereits 1987 bei einer Veranstaltung in Assago getroffen hat: »Die Sehnsucht ist in der Tat das Emblem der Freiheit, denn sie öffnet den Horizont der Kategorie der Möglichkeit. [...] Die Politik muss sich deshalb entscheiden, ob sie eine Gesellschaft vorzieht, die ausschließlich ein manipulierbares Instrument des Staates ist, ein Objekt seiner Macht also, oder ob sie einen Staat vorzieht, der wirklich laikal

Erst rückblickend wird zu bewerten sein, was wirklich zu der großen Krise geführt hat, die in den Jahren 2007 und 2008 begann. Privateigentum, freies Unternehmertum, Eigenverantwortung und Eigeninitiative schaffen jedenfalls Wachstum und Wohlstand, und die wirklich entscheidende Frage ist – und so sollte der große Denker Thomas von Aquin interpretiert werden –, wie dieser Reichtum eingesetzt und was aus dem Wohlstand gemacht wird. Denn letztlich hat niemand etwas davon, wenn sich durch Staatseingriffe Lebensverhältnisse angleichen, indem es allen schlechter geht. Vielmehr sollte in Zukunft wieder ein Faktor, der in der Vergangenheit mitunter belächelt und zu schnell beiseite gelegt wurde, zu neuer Geltung gelangen: Das von Gott geschenkte *Unterscheidungsvermögen* zwischen Gut und Böse. – Es gibt im Letzten keinen Zufall. Mit Hegel können wir sagen: Wenn wir die Welt vernünftig, mit den Augen, die Gott uns für die Wirklichkeit geschenkt hat, anschauen, dann wird die Welt auch uns vernünftig anschauen – mit all den Ungereimtheiten, die ein erster, vielleicht übereilter Blick entdeckt und für das Ganze gehalten hat. Der Blick für die Wirklichkeit wird uns zeigen, daß wir unter dem *Geheimnis einer Gegenwart* stehen. Es gibt also einen Unterschied zwischen Richtig und Falsch, zwischen Gut und Böse; es gibt einen *Plan*, weil es ein *Ziel* gibt, zu dem der Plan uns führen will. Freilich ist jedoch wahr, daß der *Sinn* des zeitlichen Geschehens oft verborgen bleibt – mögen wir daran nicht verzweifeln, sondern mögen wir uns in stiller und zugleich wagemutig-kühner Hoffnung dem *Geheimnis* anvertrauen.

---

ist, das heißt im Dienste des gesellschaftlichen Lebens steht, gemäß der thomistischen Auffassung vom „Gemeinwohl", die der große und unvergessene Leo XIII. in seinem Lehramt kraftvoll wieder aufgegriffen hat« (vgl. http://www.cl-deutschland.de/Giussani%20Assago%20Spuren.pdf; entnommen am 30.05.2009).

Bibliographie

1. Werke Bonaventuras

Kritische Gesamtausgabe der Werke Bonaventuras: Doctoris Seraphici S. Bonaventurae OPERA OMNIA ad plurimos Codices Mss. Emendata, anecdotis aucta, prolegomenis, scholiis notisque illustrata, 11 Bde., Ad Claras Aquas (Quaracchi) 1882-1902.

Itinerarium mentis in Deum – De Reductione Artium ad Theologiam. Pilgerbuch der Seele zu Gott – Die Zurückführung der Künste auf die Theologie, Lat.-dt., eingeleitet, übersetzt und erläutert von J. Kaup, München 1961.

Franziskus, Engel des sechsten Siegels. Sein Leben nach den Schriften des heiligen Bonaventura, Einführung, Übersetzung und Anmerkungen von S. Clasen, Werl 1962.

Collationes in Hexaëmeron. Das Sechstagewerk, Lat.-dt., übersetzt und eingeleitet von W. Nyssen, München 1964.

De triplici via – Über den dreifachen Weg (Fontes Christiani 14), übersetzt und eingeleitet von M. Schlosser, Freiburg 1993.

Breviloquium, übertragen, eingeleitet und mit einem Glossar versehen von M. Schlosser, Einsiedeln/Freiburg 2002, ²2006.

Itinerarium mentis in Deum – Der Pilgerweg des Menschen zu Gott, Lat.-dt., übersetzt und erläutert von M. Schlosser, mit einer Einleitung von P. Zahner, Münster 2004.

2. Werke Hegels

HEGEL, Georg Wilhelm Friedrich: *Die Vernunft in der Geschichte*, Sämtliche Werke Bd. XVIIIa, hrsg. v. J. Hoffmeister, Hamburg 1955.

HEGEL, Georg Wilhelm Friedrich: *Gesammelte Werke* (GW), hrsg. von der Rheinisch-Westfälischen Akademie der Wissenschaften, Hamburg/Düsseldorf 1968ff.

HEGEL, Georg Wilhelm Friedrich: *Theorie-Werkausgabe* (TWA), 20 Bde. u. Register, Frankfurt a. M. 1986ff.

3. Hilfsmittel

BENEDIKT XVI.: Enzyklika *Spe salvi*, Vatikanstadt 2007.

BENEDIKT XVI.: *Rede vom 18.04.2008 vor der Vollversammlung der Vereinten Nationen*, in: *L'Osservatore Romano*, Ausgabe vom 20.04.2008, 6f.

Dictionnaire de spiritualité, 16 Bände, begründet von M. Viller, Paris 1932-1994.

Dizionario Bonaventuriano: filosofia, teologia, spiritualità, hrsg. v. E. Caroli u.a., Padova 2008.

Hegel-Lexikon, hrsg. v. P. Cobben u.a., Darmstadt 2006.

Historisches Wörterbuch der Philosophie, 13 Bände, hrsg. v. J. Ritter u.a., Basel 1971-2007.

Lexikon des Mittelalters, 9 Bände, hrsg. v. R. Auty u.a., München 1980-1998.

Lexikon für Theologie und Kirche, 11 Bände, hrsg. v. W. Kasper, Freiburg/Basel/Rom/Wien 1993-2001.

Lexique Saint Bonaventure, hrsg. v. J.G. Bougerol, Paris 1969.

Theologische Realenzyklopädie, 36 Bände, hrsg. v. G. Krause und G. Müller, Berlin/New York 1977-2004.

Zweites Vatikanisches Konzil: *Erklärung über die Religionsfreiheit*, hrsg. und mit einer Einleitung versehen von E.-W. BÖCKENFÖRDE, Münster 1968.

4. Weitere Literatur

BABEROWSKI, Jörg: *Der Sinn der Geschichte. Geschichtstheorien von Hegel bis Foucault*, München 2005.

BALTHASAR, Hans Urs von: *Herrlichkeit. Eine theologische Ästhetik*, Bd. II: *Fächer der Stile*, Teil 1, Einsiedeln 1962.

BARTH, Paul: *Die Geschichtsphilosophie Hegels und der Hegelianer*, Leipzig 1890, Darmstadt 1967.

BAPTIST, Gabriella: *Das absolute Wissen. Zeit, Geschichte, Wissenschaft*, in: Köhler D./Pöggeler O. (Hrsg.), *G.W.F. Hegel. Phänomenologie des Geistes*, Berlin 1998, 245-261.

BAUMGARTNER, Hans Michael (Hrsg.): *Prinzip Freiheit. Eine Auseinandersetzung um Chancen und Grenzen transzendentalphilosophischen Denkens*, Freiburg/München 1979.

BEIERWALTES, Werner: *Denken des Einen. Studien zur neuplatonischen Philosophie und ihrer Wirkungsgeschichte*, Frankfurt a. M. 1985.

BETTONI, Efrem: *S. Bonaventura da Bagnoregio. Gli aspetti filosofici del suo pensiero*, Mailand 1973.

BLUMENBERG, Hans: *Die Legitimität der Neuzeit*, Frankfurt a. M. 1966, ²1988.

BÖCKENFÖRDE, Ernst-Wolfgang: *Recht, Staat, Freiheit. Studien zur Rechtsphilosophie, Staatstheorie und Verfassungsgeschichte*, Frankfurt a. M. 1991.

BÖCKENFÖRDE, Ernst-Wolfgang: *Kirche und christlicher Glaube in den Herausforderungen der Zeit. Beiträge zur politisch-theologischen Verfassungsgeschichte*, Münster 2004.

BOUGEROL, Jacques Guy: *Introduction à Saint Bonaventure*, Paris 1988.

BRAUER, Oscar Daniel: *Dialektik der Zeit. Untersuchungen zu Hegels Metaphysik der Weltgeschichte*, Stuttgart-Bad Cannstatt 1982.

BULGAKOV, Sergej: *Die Tragödie der Philosophie*, Darmstadt 1927.

CLASEN, Sophronius: *Zur Geschichtstheologie Bonaventuras*, in: Wissenschaft und Weisheit 23 (1960), 197-212.

CODA, Piero: *Il Negativo e la Trinità. Ipotesi su Hegel*, Roma 1987.

CODA, Piero: *La percezione della forma. Fenomenologia e cristologia in Hegel*, Roma 2007.

CORETH, Emerich: *Das dialektische Sein in Hegels Logik*, Wien 1952.

COUSINS, Ewert Hilary: *Bonaventure and the Coincidence of Opposites*, Chicago 1978.

D'AGOSTINO, Simone: *Polisemia dialettica della libertà*, in: *Il mondo e noi. Forum dei giovani ricercatori*, Bologna 2007, 37-48.

DASTUR, Françoise: *Das Problem des Anfangs. Willen und Freiheit bei Paul Ricœur*, in: Orth S./Reifenberg P. (Hrsg.), *Facettenreiche Anthropologie. Paul Ricœurs Reflexionen auf den Menschen*, Freiburg/München 2004, 37-48.

DEMPF, Alois: *Sacrum imperium. Geschichts- und Staatsphilosophie des Mittelalters und der politischen Renaissance*, München/Berlin 1929, Darmstadt 1954.

DETTLOFF, Werner: *Bonaventura*, in: Theologische Realenzyklopädie 7 (1981), 48-55.

DOUGHERTY, Jude P.: *Religion – Gesellschaft – Demokratie. Ausgewählte Aufsätze*, hrsg. v. A. Rauscher, Berlin 2003.

DÜSING, Edith: *Intersubjektivität und Selbstbewußtsein. Behavioristische, phänomenologische und idealistische Begründungstheorien bei Mead, Schütz, Fichte und Hegel*, Köln 1986.

DÜSING, Klaus: *Dialektik und Geschichtsmetaphysik in Hegels Konzeption philosophiegeschichtlicher Entwicklung*, in: Lucas H.-C./ Planty-Bonjour G. (Hrsg.), *Logik und Geschichte in Hegels System*, Stuttgart-Bad Cannstatt 1989, 127-145.

DÜSING, Klaus: *Der Begriff der Vernunft in Hegels Phänomenologie*, in: Köhler D./Pöggeler O. (Hrsg.), *G.W.F. Hegel. Phänomenologie des Geistes*, Berlin 1998, 143-162.

FABECK, Hans von: *Jenseits der Geschichte. Zur Dialektik des Post-histoire*, München 2007.

FABER, Karl-Georg: *Theorie der Geschichtswissenschaft*, erweiterte Auflage, München 1982.

FALKE, Gustav-Hans H.: *Begriffne Geschichte. Das historische Substrat und die systematische Anordnung der Bewußtseinsgestalten in Hegels Phänomenologie des Geistes*, Berlin 1996.

FULDA, Hans Friedrich: *Das Problem einer Einleitung in Hegels Wissenschaft der Logik*, Frankfurt a. M. 1965.

FULDA, Hans Friedrich: *Georg Wilhelm Friedrich Hegel*, München 2003.

FULDA, Hans Friedrich/HENRICH, Dieter (Hrsg.): *Materialien zu Hegels ‚Phänomenologie des Geistes'*, Frankfurt a. M. 1973.

FUKUYAMA, Francis: *The End of History (The End of the History and the Last Man)*, dt. Übers. *Das Ende der Geschichte. Wo stehen wir?*, München 1992.

FUKUYAMA, Francis: *The Great Disruption*, dt. Übers. *Der große Aufbruch. Wie unsere Gesellschaft eine neue Ordnung erfindet*, Wien 2000.

GADAMER, Hans Georg: *Die verkehrte Welt*, in: Fulda H.F./Henrich D. (Hrsg.), *Materialien zu Hegels ‚Phänomenologie des Geistes'*, Frankfurt a. M. 1973, 106-130.

GADAMER, Hans Georg: *Hegels Dialektik des Selbstbewußtseins*, in: Fulda H.F./Henrich D. (Hrsg.), *Materialien zu Hegels ‚Phänomenologie des Geistes'*, Frankfurt a. M. 1973, 217-242.

GERKEN, Alexander: *Theologie des Wortes. Das Verhältnis von Schöpfung und Inkarnation bei Bonaventura*, Düsseldorf 1963.

GERKEN, Alexander: *Besaß Bonaventura eine Hermeneutik zur Interpretation der Geschichte?*, in: Wissenschaft und Weisheit 37 (1974), 19-39.

GERKEN, Alexander: *Bonaventuraforschung auf falscher Fährte?*, in: Wissenschaft und Weisheit 38 (1975), 59-62.

GERKEN, Alexander: *„Theologie als Nachfolge". Zu einem Buch von Klaus Hemmerle*, in: Wissenschaft und Weisheit 38 (1975), 220-223.

GERKEN, Alexander: *Identität und Freiheit. Ansatz und Methode im Denken des Hl. Bonaventura*, in: Ratzinger J. (Hrsg.), *Aktualität der Scholastik?*, Regensburg 1975, 37-52.

GERKEN, Alexander: *Bonaventura*, in: *Lexikon des Mittelalters*, Band II, München/Zürich 1983, 402-407.

GOERTZ, Hans-Jürgen: *Umgang mit Geschichte. Eine Einführung in die Geschichtstheorie*, Reinbek bei Hamburg 1995.

GRAF, Friedrich Wilhelm: *Die Wiederkehr der Götter. Religion in der modernen Kultur*, München 2004.

GRIMMER, Karl F.: *Geschichte im Fragment. Grundelemente einer Theologie der Geschichte*, Stuttgart 2000.

HATTRUP, Dieter: *Ekstatik der Geschichte. Die Entwicklung der christologischen Erkenntnistheorie Bonaventuras*, Paderborn 1993.

HAYES, Zachary: *The Hidden Center. Spirituality and Speculative Christology in St. Bonaventure*, New York 1981.

HEINZ, Hanspeter: *Dreifaltige Liebe – Gekreuzigte Liebe. Eine Bonaventura-Interpretation*, in: Wissenschaft und Weisheit 47 (1984), 12-22.

HEMMERLE, Klaus: *Bonaventura und der Ansatz theologischen Denkens*, in: Wissenschaft und Weisheit 37 (1974), 89-97.

HEMMERLE, Klaus: *Theologie als Nachfolge. Bonaventura – ein Weg für heute*, Freiburg 1975.

HESPE, Franz: „*Die Geschichte ist der Fortschritt im Bewußtsein der Freiheit*". *Zur Entwicklung von Hegels Philosophie der Geschichte*, in: Hegel-Studien 26 (1991), 177-192.

HESPE, Franz: *Geist und Geschichte. Zur Entwicklung zweier Begriffe in Hegels Vorlesungen*, in: Köhler D./Weisser-Lohmann E. (Hrsg.), *G.W.F. Hegels Vorlesungen über die Philosophie der Weltgeschichte*, Hegel-Studien, Beiheft 38 (1998), 71-93.

HÜLSBUSCH, Werner: *Elemente einer Kreuzestheologie in den Spätschriften Bonaventuras*, Düsseldorf 1968.

HÜNERMANN, Peter: *Der Durchbruch geschichtlichen Denkens im 19. Jahrhundert*, Freiburg i. Br. 1967.

HÜNERMANN, Peter: *Jesus Christus – Gottes Wort in der Zeit. Eine systematische Christologie*, Münster 1994.

HÜNERMANN, Peter: *Dogmatische Prinzipienlehre*, Münster 2003.

ILJIN, Iwan: *Die Philosophie Hegels als kontemplative Gotteslehre*, Bern 1946.

JAESCHKE, Walter: *Die Geschichtlichkeit der Geschichte*, in: Arndt A./Bal K./Ottman H. (Hrsg.), *Hegel-Jahrbuch 1995*, Berlin 1996, 363-373.

JAESCHKE, Walter: *Die Suche nach den eschatologischen Wurzeln der Geschichtsphilosophie. Eine historische Kritik der Säkularisierungsthese*, München 1976.

KAUP, Julian: *Die Geschichtstheologie des hl. Bonaventura*, in: Franziskanische Studien 42 (1960), 66-81.

KÖHLER, Dietmar: *Der Geschichtsbegriff in Hegels „Phänomenologie des Geistes"*, in: Köhler D./Weisser-Lohmann E. (Hrsg.), *G.W.F. Hegels Vorlesungen über die Philosophie der Weltgeschichte*, Hegel-Studien, Beiheft 38 (1998), 35-47.

KÖHLER, Dietmar/PÖGGELER, Otto (Hrsg.): *G.W.F. Hegel. Phänomenologie des Geistes*, Berlin 1998.

KOLMER, Petra: *Philosophiegeschichte als philosophisches Problem. Kritische Überlegungen namentlich zu Kant und Hegel*, Freiburg/München 1998.

KOSELLECK, Reinhart: *Vergangene Zukunft. Zur Semantik geschichtlicher Zeiten*, erweiterte Auflage, Frankfurt a. M. 1992.

KÜNG, Hans: *Menschwerdung Gottes. Eine Einführung in Hegels theologisches Denken als Prolegomena zu einer künftigen Christologie*, Freiburg i. Br. 1970.

LABARRIÈRE, Pierre-Jean: *La sursumption du temps et le vrai sens de l'histoire conçue. Comment gérer cet héritage hégélien?*, in: Revue de Métaphysique et de Morale 84 , 92-100.

LEESE, Kurt: *Die Geschichtsphilosophie Hegels*, Berlin 1922.

LIEBSCH, Burkhard: *Geschichte als Antwort und Versprechen*, Freiburg/München 1999.

LONERGAN, Bernard: *Theologie im Pluralismus heutiger Kulturen*, QD 67, Freiburg i. Br. 1975.

LÖWITH, Karl: *Von Hegel zu Nietzsche. Der revolutionäre Bruch im Denken des neunzehnten Jahrhunderts*, Zürich 1941, Stuttgart 1958, Hamburg 1995.

LÖWITH, Karl: *Weltgeschichte und Heilsgeschehen. Die theologischen Voraussetzungen der Geschichtsphilosophie*, Stuttgart 1953, Neuauflage Stuttgart 2004.

MARQUARD, Odo: *Schwierigkeiten mit der Geschichtsphilosophie*, Frankfurt a. M. 1973.

MARQUARD, Odo: *Apologie des Zufälligen. Philosophische Studien*, Stuttgart 1986.

MEIST, Kurt Rainer: *Zur Entstehungsgeschichte einer Philosophie der „Weltgeschichte" bei Hegel in den Frankfurter und Jenaer Entwürfen*, Bochum 1986.

MOLTMANN, Jürgen: *Theologie der Hoffnung. Untersuchungen zur Begründung und zu den Konsequenzen einer christlichen Eschatologie*, München 1964.

MOLTMANN, Jürgen: *Perspektiven der Theologie*, München 1968.

MOLTMANN, Jürgen: *Der gekreuzigte Gott. Das Kreuz Christi als Grund und Kritik christlicher Theologie*, München 1972.

MOLTMANN, Jürgen: *Gedanken zur „trinitarischen Geschichte Gottes"*, in: Evangelische Theologie 35 (1975), 208-223.

MOLTMANN, Jürgen: *Erfahrungen theologischen Denkens. Wege und Formen christlicher Theologie*, Gütersloh 1999.

NIETHAMMER, Lutz: *Posthistoire. Ist die Geschichte zu Ende?*, Reinbek bei Hamburg 1989.

OEING-HANHOFF, Ludger: *Hegels Trinitätslehre*, in: Theologie und Philosophie 52 (1977), 378-407.

PANNENBERG, Wolfhart (Hrsg.): *Offenbarung als Geschichte*, Göttingen 1961.

PANNENBERG, Wolfhart: *Die christliche Legitimität der Neuzeit*, in: ID., *Gottesgedanke und menschliche Freiheit*, Göttingen 1972, 114-128.

PASQUALE, Gianluigi: *La storia della salvezza. Dio Signore del tempo e della storia*, Milano 2002.

PÖGGELER, Otto: *Geschichte, Philosophie und Logik bei Hegel*, in: Lucas H.-C./Planty-Bonjour G. (Hrsg.), *Logik und Geschichte in Hegels System*, Stuttgart-Bad Cannstatt 1989, 101-126.

PÖGGELER, Otto: *Hegels Idee einer Phänomenologie des Geistes*, erweiterte Auflage, Freiburg/München 1993.

PÖGGELER, Otto: *Ein Ende der Geschichte? Von Hegel zu Fukuyama*, Opladen 1995.

PÖGGELER, Otto: *Selbstbewußtsein als Leitfaden der Phänomenologie des Geistes*, in: Köhler D./Pöggeler O. (Hrsg.), *G.W.F. Hegel. Phänomenologie des Geistes*, Berlin 1998, 131-143.

PÖGGELER, Otto (Hrsg.): *Hegel: Einführung in seine Philosophie*, Freiburg/München 1977.

Popper, Karl Raimund: *Die offene Gesellschaft und ihre Feinde* Band I. *Der Zauber Platons*, Tübingen 2003.

Popper, Karl Raimund: *Die offene Gesellschaft und ihre Feinde* Band II. *Falsche Propheten – Hegel, Marx und die Folgen*, Tübingen 2003.

Popper, Karl Raimund: *Alles Leben ist Problemlösen. Über Erkenntnis, Geschichte und Politik*, München 2003.

Rahner, Karl: *Der Begriff der ecstasis bei Bonaventura*, in: Zeitschrift für Aszese und Mystik [Geist und Leben] 9 (1934), 1-19.

Ratzinger, Joseph: *Die Geschichtstheologie des heiligen Bonaventura*, München 1959, St. Ottilien 1992.

Ratzinger, Joseph: *Der Wortgebrauch von ‚natura‘ und die beginnende Verselbständigung der Metaphysik bei Bonaventura*, in: *Metaphysik im Mittelalter. Vorträge des 2. Internationalen Kongresses für mittelalterliche Philosophie*, Berlin 1963, 483-498.

Ratzinger, Joseph: *Theologische Prinzipienlehre. Bausteine zur Fundamentaltheologie*, München 1982.

Ratzinger, Joseph (Hrsg.): *Aktualität der Scholastik?*, Regensburg 1975.

Rauscher, Anton (Hrsg.): *Die Bedeutung der Religion für die Gesellschaft. Erfahrungen und Probleme in Deutschland und den USA*, Berlin 2004.

Rauscher, Anton (Hrsg.): *Die fragile Demokratie – The Fragility of Democracy*, Berlin 2007.

REMENYI, Matthias: *Um der Hoffnung willen. Untersuchungen zur eschatologischen Theologie Jürgen Moltmanns*, Regensburg 2005.

RICŒUR, Paul: *Histoire et Vérité*, dt. Übers. *Geschichte und Wahrheit*, übersetzt und mit einer Einleitung versehen von Romain Leick, München 1974.

RICŒUR, Paul: *Phénoménologie de la reconnaissance*, dt. Übers. *Phänomenologie der Anerkennung*, in: Orth S./Reifenberg P. (Hrsg.), *Facettenreiche Anthropologie. Paul Ricœurs Reflexionen auf den Menschen*, Freiburg/München 2004, 138-159.

RICŒUR, Paul: *Parcours de la reconnaissance*, dt. Übers. *Wege der Anerkennung. Erkennen, Wiedererkennen, Anerkanntsein*, Frankfurt a. M. 2006.

ROTERMUNDT, Rainer: *Jedes Ende ist ein Anfang. Auffassungen vom Ende der Geschichte*, Darmstadt 1994.

RUGGIERI, Giuseppe: *La storia come luogo teologico*, in: Laurentianum 35 (1994), 319-337.

SALMANN, Elmar: *Neuzeit und Offenbarung. Studien zur trinitarischen Analogik des Christentums*, Rom 1986.

SALMANN, Elmar: *Der geteilte Logos. Zum offenen Prozeß von neuzeitlichem Denken und Theologie*, Rom 1992.

SALMANN, Elmar: *Presenza di spirito. Il cristianesimo come gesto e pensiero*, Padova 2000.

SCHACHTEN, Winfried: *Intellectus Verbi. Die Erkenntnis im Mitvollzug des Wortes bei Bonaventura*, Freiburg/München 1973.

SCHLOSSER, Marianne: *Lux inaccessibilis. Zur negativen Theologie bei Bonaventura*, in: Franziskanische Studien 68 (1986), 1-140.

SCHLOSSER, Marianne: *Caligo illuminans*, in: Wissenschaft und Weisheit 50 (1987), 126-139.

SCHLOSSER, Marianne: *Cognitio et amor. Zum kognitiven und voluntativen Grund der Gotteserfahrung nach Bonaventura*, Paderborn 1990.

SCHLOSSER, Marianne: *Über das Mitleid Gottes*, in: Franziskanische Studien 72 (1990), 305-319.

SCHLOSSER, Marianne: *Lucerna in caliginoso loco. Aspekte des Prophetie-Begriffes in der scholastischen Theologie*, Paderborn 2000.

SCHLOSSER, Marianne: *Bonaventura begegnen*, Augsburg 2000.

SCHLOSSER, Marianne: *„Princeps noster Elias“: Der Prophet Elija als Vorbild monastischen Lebens*, in: Edith-Stein-Jahrbuch Bd. 7, Würzburg 2002, 48-64.

SCHLOSSER, Marianne: *Der Pilgerweg des Menschen zu Gott – Kommentar*, in: BONAVENTURA, *Itinerarium mentis in Deum – Der Pilgerweg des Menschen zu Gott*, Lat.-dt., übersetzt und erläutert von M. SCHLOSSER, mit einer Einleitung von P. Zahner, Münster 2004, 113-186.

SCHLOSSER, Marianne: *Wahrheitsverständnis bei Bonaventura*, in: Enders M./Szaif J. (Hrsg.), *Die Geschichte des philosophischen Begriffs der Wahrheit*, Berlin/New York 2006, 181-190.

SCHLOSSER, Marianne: *Affectio/affectus* bzw. *extasis*, in: Caroli E. (Hrsg.), *Dizionario Bonaventuriano*, Padova 2008, 150-156 bzw. 390-395.

SCHULZ, Michael: *Sein und Trinität. Systematische Erörterungen zur Religionsphilosophie G.W.F. Hegels im ontologiegeschichtlichen Rückblick auf J. Duns Scotus und I. Kant und die Hegel-Rezeption in der Seinsauslegung und Trinitätstheologie bei W. Pannenberg, E. Jüngel, K. Rahner und H.U. v. Balthasar*, St. Ottilien 1997.

SCHULZ, Walter: *Der Gott der neuzeitlichen Metaphysik*, Pfullingen 1957.

SCHULZ, Walter: *Hegel und das Problem der Aufhebung der Metaphysik*, in: Neske G. (Hrsg.), *Martin Heidegger zum siebzigsten Geburtstag. Festschrift*, Pfullingen 1959, 67-92.

SCHULZ, Walter: *Philosophie in der veränderten Welt*, Pfullingen 1972.

SCHÜTZ, Achim: *Phänomenologie der Glaubensgenese. Philosophisch-theologische Neufassung von Gang und Grund der analysis fidei*, Würzburg 2003.

SCHÜTZ, Achim: *Wahrheit und Vermittlung. Das Wahrheitsverständnis im absoluten Idealismus Hegels*, in: Gregorianum 87/1 (2006), 102-127.

SEEBERGER, Wilhelm: *Hegel oder die Entwicklung des Geistes zur Freiheit*, Stuttgart 1961.

SIEP, Ludwig: *Die Bewegung des Anerkennens in Hegels Phänomenologie des Geistes*, in: Köhler D./Pöggeler O. (Hrsg.), *G.W.F. Hegel. Phänomenologie des Geistes*, Berlin 1998, 109-129.

SIEP, Ludwig: *Der Weg der Phänomenologie des Geistes. Ein einführender Kommentar zu Hegels „Differenzschrift" und „Phänomenologie des Geistes"*, Frankfurt a. M. 2000.

SMITS, Luchesius: *Die Utopie des mystischen Zeitalters bei Bonaventura (1217-1274)*, in: Franziskanische Studien 67 (1985), 114-133.

SPEER, Andreas: *Triplex Veritas. Wahrheitsverständnis und philosophische Denkform Bonaventuras*, Werl 1987.

STOEVESANDT, Hinrich: *Die letzten Dinge in der Theologie Bonaventuras*, Zürich 1969.

SZABÓ, Titus: *L'extase chez les théologiens du 13ᵉ siècle*, in: Dictionnaire de spiritualité, Band IV, Paris 1960, 2120-2131.

TAYLOR, Charles: *Hegel*, Frankfurt a. M. ³1997.

TEICHTWEIER, Georg: *Die aszetisch-mystische Methode im Itinerarium mentis in Deum des Bonaventura*, in: Theologische Quartalschrift 136 (1956), 436-461.

THEUNISSEN, Michael: *Hegels Lehre vom absoluten Geist als theologisch-politischer Traktat*, Berlin 1970.

TÖPFER, Bernhard: *Das kommende Reich des Friedens. Zur Entwicklung chiliastischer Zukunftshoffnungen im Hochmittelalter*, Berlin 1964.

ULRICH, Ferdinand: *Begriff und Glaube. Über Hegels Denkweg ins »absolute Wissen«*, in: Freiburger Zeitschrift für Philosophie und Theologie 17 (1970), 344-399.

VANNI ROVIGHI, Sofia: *La concezione hegeliana della storia*, Milano 1942.

WAGNER, Falk: *Was ist Theologie? Studien zu ihrem Begriff und Thema in der Neuzeit*, Gütersloh 1989.

WEISSER-LOHMANN, Elisabeth: *Gestalten nicht des Bewußtseins, sondern einer Welt – Überlegungen zum Geist-Kapitel der Phänomenologie des Geistes*, in: Köhler D./Pöggeler O. (Hrsg.), *G.W.F. Hegel. Phänomenologie des Geistes*, Berlin 1998, 185-209.

WESTPHAL, Merold: *Hegels Phänomenologie der Wahrnehmung*, in: Fulda H.F./Henrich D. (Hrsg.), *Materialien zu Hegels ‚Phänomenologie des Geistes‘*, Frankfurt a. M. 1973, 83-105.

WIELAND, Wolfgang: *Hegels Dialektik der sinnlichen Gewißheit*, in: Fulda H.F./Henrich D. (Hrsg.), *Materialien zu Hegels ‚Phänomenologie des Geistes‘*, Frankfurt a. M. 1973, 67-82.

ZAHNER, Paul: *Die Fülle des Heils in der Endlichkeit der Geschichte. Bonaventuras Theologie als Antwort auf die franziskanischen Joachiten*, Werl 1999.